U0666295

高手控局

中国历史中的殿堂级处世智慧

白羽 著

九州出版社
JIUZHOUPRESS

图书在版编目（CIP）数据

高手控局：中国历史中的殿堂级处世智慧 / 白羽著 . -- 北京：九州出版社，2023.9

ISBN 978-7-5225-2150-3

Ⅰ.①高… Ⅱ.①白… Ⅲ.①心理交往—通俗读物 Ⅳ.①C912.1-49

中国国家版本馆CIP数据核字(2023)第173624号

高手控局：中国历史中的殿堂级处世智慧

作　者	白 羽 著
责任编辑	王文湛
出版发行	九州出版社
地　址	北京市西城区阜外大街甲 35 号（100037）
发行电话	（010）68992190/3/5/6
网　址	www.jiuzhoupress.com
印　刷	三河市九洲财鑫印刷有限公司
开　本	710 毫米×1000 毫米　　16 开
印　张	16
字　数	202 千字
版　次	2023 年 9 月第 1 版
印　次	2023 年 9 月第 1 次印刷
书　号	ISBN 978-7-5225-2150-3
定　价	52.00 元

★版权所有　　侵权必究★

序

处世之学，反映了人的格局。

中国古代史上有大量有趣、有料、有胆的故事，展现了古人的话术、见识、谋略，以及对人性的洞察和解决实际问题的能力。这些故事从表面上看是"术"，但实质上是"道"。如《孟子·公孙丑上》中说："虽有智慧，不如乘势；虽有镃基，不如待时。"对形势的分析与把握，远比盲目的行动更加重要。这就好比一个农夫，尽管身强力健，拥有充足的农具，但由于不懂得把握时令物候，所以无论怎样辛勤劳作，所获都会十分有限。孟子所说的"乘势"与"待时"，狭义上可以理解为借势与等待合适的机会，广义上则包含了更丰富的内容。"势"可以是知识储备、社交魅力、口碑影响、人力资源、自身建设，"时"则是机遇、关键点、客观条件，等等。

我们与古人的生活环境虽然迥异，但就人性而言并无多少不同。处世之学，总的来看有三种关系：其一，如何自我管理；其二，如何与他人交往，建立有清晰边界的人际关系；其三，如何与这个世界相处。

以自我管理为例：一个人犯了错之后，他有没有纠错能力、纠错周期是多久，决定了一个人的路可以走多远。本书中讲的曹操宽宥了反叛两次的张绣，其实就是为张绣提供了自我纠错的机会，让他从自己身上找问题。与他人交往的能力，决定了人的事业边界。古代著名的创业家，如汉高祖刘邦、蜀昭烈帝刘备、晋宣帝司马懿（追封），都是著名的交际大师。他们在创业过程中结交了大量的优秀人物，并将合适的人才引入自己的团队，从而拓展了自己的事业版图。另一些有生存智慧的人，则能在复杂的局势中，依靠对人性的洞见和对社交圈子的布设，改变自己的命运，实现生命突围。《黄帝内经》中所述"行不欲离于世，举不欲观于俗"，说的就是我们与这个世界相处的方法——人的行为虽不能脱离于世俗，但是在行动上要有自己的认知，不落窠臼，不陷俗套——这就是高手。成事者，通常能做到和光同尘，但又有独立的见识，打破常规思维。

当然，作为在复杂社会中生存的普通人，我们往往要用半生甚至更多的时间去参透和领悟种种处世之道。不过说到底，我们仍旧要在俗世中提升自己的修为。《资治通鉴》中指出："才者，德之资也；德者，才之帅也。"一个人的才与德，是他安身立命、成就事业的根本，是拥有交际、成就事业、解决问题、吸引他人和领导他人的核心力量。

某电影中有一句经典台词："见自己，见天地，见众生。"这说的何尝不是处世安身、问鼎人生的大旨微言？

是为序。

二〇二三年四月四日于北京

目

录

壹

方圆·成事者的大人情观

　　人情即"人之常情"，其本质是人性。世故是透彻了解事物运转的规律，懂得过去、现在、未来三者之间的关系，是对人性历史的洞悉。一个人不论是何种身份，居于何种位置，他首先是一个人。明白了人情，也就抓住了人性的本质。在为人处世中，尽可能地了解别人，站在对方的角度思考问题，在合作中寻求利益的一致性，远优于其他任何方法。真正的大人情观，不是拍马逢迎的小道，而是一种价值观。

刘邦：千人千面，不拘一格

> 所谓不拘一格，其实质是自身拥有大格局，能与不同的人和睦相处，并与他们拧成一股绳。"我不牛，但我能带领一群牛人"，这就是能量。

汉高祖刘邦起家泗水亭长，出身十分低微。有些学者认为他的职务相当于现在的派出所所长，其实是不正确的，亭长的职级比这还要低。

秦朝实行郡县制，在县之下设基层单位乡，乡之下设亭，亭之下又设里。乡作为基层单位，设有三老、有秩、啬夫、游徼等职位。其中，三老管风俗教化；有秩管大乡，啬夫管小乡，职责是收税和处理地方政务，颇似乡长；游徼负责缉捕盗贼——正牌的乡派出所所长。至于亭，是乡的下一级单位，大约相当于村。刘邦这个级别，大概扮演的是村治保主任的角色。在秦朝，像他这个级别的小吏数不胜数。无论如何，人们都无法想象有朝一日他能当皇帝。秦失其鹿，天下共逐。被灭的六国贵族纷纷崛起，凭借旧有的影响力，不但迅速获得追随者，而且拥有了地盘。那么，刘邦是凭什么逆袭，最终上位的呢？

刘邦是草根出身，故而他从来不看追随者的身份，只看他们是否有能力，能力强者委以重任，能力弱者也能给个小官，使得他们人尽其才。

我们不妨看看他的起家班底。他最倚重的萧何是主吏掾，相当于县令的秘书，不入流，没有品级；曹参，狱掾，是管理看守所的小官，相当于现在的狱警；周勃在人家办丧事时，充当乐队的吹鼓手；夏侯婴，厩司御，是管理车马的小吏；卢绾身份不明，是刘邦的发小，大概也是个平民；樊哙，屠狗夫……

从起家班底的名单中我们可以发现，他们不但没有一个是贵族出身，甚至没有一个当过县令。但就是这些人，成为帮助刘邦建立沛丰集团的基础人才团队。

最初，刘邦的确是打算靠沛丰集团里的这些铁哥们儿打天下的。他们占据了几个县，抱上了项梁的粗腿，拥护了义帝。但若与项羽争天下，仅靠他的这个团队是远远不够的。这是因为他的团队有几个先天性不足：其一，缺乏战略性人才，不能对整个社会形势进行整体判断；其二，缺乏执行人才，无力开拓新局面；其三，缺乏公关人才，无法在诸侯中争夺话语权。

刘邦最先得到的是公关人才。当他的大军到达砀郡时，一个自称高阳酒徒的狂生来拜访他。此时自以为已是一方诸侯的刘邦却不甚在意，一边让两个美女伺候自己洗脚，一边接待来客。高阳酒徒郦食其十分不满，阴沉沉地问道："你是想帮助秦朝打诸侯，还是想率领诸侯推翻秦朝呢？"

刘邦很愤怒，天下人都知道他是反秦的，岂有帮助秦朝的道理？因而，他激烈地斥责了郦食其。郦食其当即怼了回去，认为这不是一个人对待长者应有的态度。这时候，刘邦身上的草根精神就显露出来了，态度来了个一百八十度的大转弯——向郦食其认错。**对于草根来说，面子不是最重要的，只要你能帮助我，我就将你纳入我的旗下。**

郦食其是刘邦手中最强的公关人才，有着战国时期纵横家的风采。正是因为他，刘邦才能在诸侯中纵横捭阖、应对自如，不必再一座城市、一座城市地厮杀，就赢得了大小势力的支持。郦食其凭借其三寸不烂之舌，说服秦朝的武关守将放弃抵抗，从而使刘邦率先进入关中，可谓一言胜过百万兵。

刘邦得到的最重要的人才，还有被称为"汉初三杰"之一的张良。正是张良，为他打开了战略布局。为什么必须是张良呢？沛丰集团里没有这样的人吗？还真的没有。萧何、曹参等人的才能当然也都不低，但他们属于平民精英，缺乏进行顶层设计的政治眼光。张良出身韩国贵族，祖上数代为相，从他出生的那一刻起，就在为成为高层管理者做着准备。只是张良虽然和刘邦有较深的渊源，但是他一直谋划复国，始终追随韩王成，所以刚开始并没有真正加入刘邦的团队。直到韩王成在彭城被项羽所杀，他才归于刘邦。一方面，他运筹帷幄之中，决胜千里之外；另一方面，他辅佐刘邦驾驭各方势力，为自己所用。紧接着，刘邦又吸纳了战略性人才陈平。

当然，如果没有优秀的执行人才，刘邦仍旧不能成就帝王之业，这就不得不说到韩信。韩信是典型的开拓型人才。张良制定的战略布局，是由韩信实现的。在刘邦的团队中，韩信是唯一能够率领大兵团作战的人才。为什么这么说呢？冲锋陷阵，斩将夺旗，樊哙就可以；率领一军，夺取一城，曹参能做到；但是要率领百万之师，协调多个军团，同时解决管理与作战问题，屡出奇谋，大破强敌，则非韩信不可。他攻魏、灭代、破赵、挟燕、掠齐，为刘邦消除了最多的敌人。这也是"汉初三杰"中萧何、张良被封侯，而韩信被封王的原因所在。

回过头来，我们再说说沛丰集团。对于刘邦来说，这个具有乡党性质的团队最重要的一点就是忠诚和可靠。在刘邦最困难的时候，这个团队里的人没有放弃他。萧何是他的财务总管和后勤部长，为他的每一场战争提供了财力支持、后勤补给和兵员供应，故而即便战争失败了，刘邦也能尽快回血。曹参是沛丰集团中罕见的既能率领兵团作战又具有管理能力的综合型人才，曾攻破两个诸侯国，夺取120多个县，为刘邦立下了赫赫战功，后来还继任萧何做了丞相。至于周勃、樊哙、卢绾，他们都是能打的战将，可确保刘邦拥有一个稳固的、以自己为核心的军事集团。

在刘邦的团队中，人们往往忽略文人集团。刘邦年轻时虽然讨厌儒生，并且多次戏弄他们，但在成就帝业的过程中，对儒生却十分礼遇。除了郦食其外，陆贾、叔孙通都是儒者，他们为刘邦构建了称帝后的礼法框架。刘邦称帝后，陆贾曾屡次引儒家经典说教。对此，刘邦撒泼地说："我马上打得天下，要诗书何用！"陆贾立刻怼了回去："马上得到天下，岂能在马上治天下！"就像当年面对郦食其的批评一样，刘邦再次展现出创业家的胸襟，接受了陆贾的一系列建议。

在与最大的竞争对手抗衡之前，刘邦几乎笼络了所有能笼络的势力，包括那些曾背叛过他的人。赵王张敖、淮南王英布、燕王臧荼、梁王彭越、长沙王吴芮……这些人有的很早就起家了，具备成为一方诸侯的实力，如彭越；有的是敌方阵营的将军，如英布。但只要是能在后面捅项羽的屁股，或者在肋下给他一刀者，刘邦都视其为自己阵营的人。其目光之长远，用人之不拘一格，远胜项羽。举凡诸侯王、纵横家、策士、儒生、出身低微的贩夫走卒，杂而用之，可以说是刘邦最终获得成功的重要原因。

萧何：与领导相处——到位不越位

> 团队中有两种关系最微妙：一是忠诚，二是服从。二者都需要权衡干预。"鸟尽弓藏，兔死狗烹。"当你毫无保留地付出的时候，就是你被踢出局的时候。

在团队创业早期，由于核心人员拥有共同的奋斗目标，因而他们能够彼此坦诚，形成向心力。但发展要经过一定的阶段，一旦完成创业，并且做大做强，乃至一家独大，这时候团队内部就会产生新的纷争，甚至分裂。

刘邦创业团队中的初始成员当然是他的铁哥们儿，如萧何、周勃、曹参、卢绾、夏侯婴、樊哙等。至于张良、韩信，只能算是半道加盟，彭越、英布等则几乎算是合伙人。后来，韩信拥有了与老板分庭抗礼的力量，即属于半合伙人的性质。刘邦在称帝初期，便将这个半合伙人淘汰出局了。那么，那些持有原始股，最早帮助刘邦打天下的伙伴，结局又如何呢？

这其实反映了下属与领导相处的智慧。其中，最具代表性的当属萧何与卢绾：前者是成功的代表，后者是失败的典型。

萧何是刘邦起家团队中最具管理才能的人。从刘邦沛县起义开始，萧何就承担了刘邦事业发展中的钱粮筹划、人员调配、物资输送等重要工作，堪称合格的经理人。当然，这仅是其中一项。

在人才引进和战略规划上，萧何同样功不可没。他为刘邦引荐了精英人物韩信，从而助力刘邦的事业一日千里。当刘邦大军进入咸阳，团队中的大多数成员沉迷于成功的喜悦中时，萧何却想好了帝国的发展道路，率先将秦朝有关国家户籍、地形、法令等图书档案收集起来，为日后团队的长远发展做准备。

按理说，以萧何的才能，以及他多年追随刘邦的感情，刘邦应该对他有足够的信任才对。事实却不然，**所谓忠诚，尤其是建立在权力关系基础上的忠诚，往往与利益挂钩。**

刘邦被封为汉王后，事业上取得了阶段性成功，当年追随刘邦的团队成员也都成长为各自领域的大佬，在权力场中有了自己的地位。他们既能效命于刘邦，当然也能效命于项羽。项羽的大将、被封为九江王的英布，不就投靠了刘邦吗？所以，在楚汉争霸战中，坐镇关中的萧何源源不断地为前线的刘邦输送物资和兵员，使得刘邦每次战败后都能很快回血。但是刘邦依旧对他存有怀疑，多次派使者慰劳——所谓慰劳，不过是一种政治考察。萧何的门客提醒他，应该派遣能从军的子侄兄弟到刘邦身边，在军前效力。对此，萧何心领神会，也立刻照做了。

《史记·萧相国世家》中记载，萧何家的子弟到了军前，"汉王大悦"。很显然，这是萧何自送子弟为质，是取信于刘邦。刘邦当然是心照不宣，此后便不再派人慰劳。**让领导释疑，但不显山露水，这就是萧何的智慧。**

汉王朝建立后，萧何功劳最大，封户数最多，并以出众的管理才能，成为丞相的不二人选。大定天下后，刘邦先后将韩信、彭越和英布清除出局。在刘邦亲征英布时，萧何与太子留守后方。与楚汉之争最危险的时期一样，刘邦即便是在最忙碌的时候，也不忘问来自长安的使者一句："丞相在做什么？"使者如实回答："丞相除了兢兢业业地工作外，还善于安抚百姓，在百姓中有好的名声。"听了这话，刘邦默然无语。

按理来说，下属恪尽职守，领导在和不在一个样，这样的好员工，不应该得到几句口头表扬吗？刘邦为何反而默然无语呢？这是源于领导者的思考方式。萧何已是一人之下、万人之上，不但熟知权力运作模式，而且手上有兵有钱，如果他要造反，缺的是什么呢？当然是号召力。号召力从哪里来呢？当然是道德魅力。他在百姓中有好的名声，那不就是号召力的来源——道德魅力吗？这能不让刘邦沉默无语吗？

萧何与刘邦之间的这层嫌隙，有没有人看得出来呢？

有。萧何有个名叫召平的门客，原来是秦朝的东陵侯，当别人都在为萧何备受皇帝信任而祝贺时，他却穿了一身孝服。萧何斥责他没有规矩，他却告诉萧何："你的死期不远了。"萧何大吃一惊，恭敬地询问，召平陈说了其中的利害。萧何能走到这一步，当然是一点就透的，于是立刻向召平请教。召平给他的对策只有两个字：自污。

何谓自污呢？当然就是败坏自己的名声。自此，萧何开始抢占民田，做一些伤害民众的事。《史记》中记载："上乃大悦！"刘邦这才放了心。

凯旋而归的刘邦，在路上遇到的都是告御状的苦主，且矛头都直指萧何。刘邦于是责问萧何："我封了你那么多的地，你为何还抢占百姓土地？快快去向百姓请罪！"萧何当然知道戏还得演下去，吞下的土地是吐出来了，但他又向刘邦请命，说长安地狭人多，皇帝应该把自己的园林让出来，交给百姓耕种。刘邦认为这是萧何收了商人的好处才这样说的，于是将萧何投入监狱，命令廷尉审判。当然，他很快就回过味儿来，将萧何放了出来，让其官复原职。

在这种微妙的关系中，看似是刘邦拿捏有方，实则是萧何应对有余。在为刘邦立下汗马功劳的臣子中，萧何成了罕有的获得善终者之一。反观燕王卢绾，他与刘邦同年同月同日生，而且是同窗，可谓妥妥的发小。即使在刘邦最落魄、到处躲藏的时期，卢绾也没有放弃他。比之萧何、曹参那些人，他与刘邦可谓亲如骨肉。从能力上说，他并不弱，还立了不少功劳，成了沛丰集团中唯一被封王的。然而，就是这么一个备受刘邦信任的人，最后却因谋反的罪名不得不逃窜到蛮荒之地。

卢绾的封国与匈奴接壤。在陈豨叛乱事件中，为了拉卢绾下水，陈豨集团说服了卢绾的属下张胜。就这样，卢绾一步步走到与刘邦对抗的局面。实际上，卢绾未见得真有反心，他在遭到汉军进攻的情况下率领人马逃到长城外，还希望能获得当面向刘邦解释的机会。直到听说刘邦驾崩，自知吕后不会容他，这才投奔匈奴，并郁郁而终。卢绾的错，就在于他未能处理好与刘邦之间的信任问题。身为一方诸侯，本就让老大不放心，加之管不好自己的属下，以致其到处给自己挖坑，能不败亡吗？

陈平：职场弯道超车实用技术

高手破局，讲求的是阶梯和路径。在真正的利害面前，面子问题根本不是问题，拿来主义才是实用主义。

西汉宰相陈平出身低微，是典型的穷小子。他的一生，堪称逆袭的典范。

秦末天下大乱，这样的境况为陈平实现人生理想提供了舞台。不过要登上这个舞台需要资本，资本从何而来呢？

陈平出生于战国末年的魏国，经历了秦国扫六合的时代，父母早亡，由哥哥抚养长大。他家有 30 亩地，哥哥整日劳作，陈平却不喜干农活，只愿意抱着书本读，或到处交朋友。《史记·陈丞相世家》中记载："伯常耕田，纵平使游学。"

陈平的哥哥虽然是个农夫，但却心胸宽广。弟弟不愿意耕田，喜欢读书交友，他不但不责怪，而且全力支持。陈平虽然出身穷苦人家，但却长得一副富贵相，身材高大而皮肤白皙。乡里人经常嘲笑他，有个邻居在村子里遇到陈平的嫂子，就故意问道："你家陈平吃了什么，长得那么白？"平常就厌恶小叔子的嫂子一听，立刻揭短地说："他一个穷酸相，吃的还不是糠！"陈平的哥哥得知此事后，立即就将妻子赶回了娘家。

陈平到了结婚的年龄，乡里的上层人都嫌他穷，不肯嫁女给他。他又不甘心娶社会地位低的女子，就这样成了大龄剩男。乡里有个巨富名叫张负，他的孙女嫁了五次人，都是刚过门丈夫就死了，因此被视为"克夫命"，再没有媒婆肯上门了。陈平却不怕，一心想娶张家女子，但他太穷了，根本沾不上人家的门边儿。

好在陈平脑子灵活，他得知张负好交游，经常出现在社会贤达的筵席上，于是找到一个机会，为一家办丧事的人帮忙，并为张负提供方便。张负看到这个人高大英俊，鹤立鸡群，十分欣赏。散场后，他要求和陈平同行，并去陈平家拜访。陈平也不扭捏，带张负去了他位于陋巷里的家。陈家虽家徒四壁，破席为门，细心的张负却发现，陈家门前的泥地上有很多车辙痕迹。这一番往来，虽然彼此没有摊牌，但都了解了对方的目的。

张负回到家后告诉儿子张仲，要将寡居的孙女嫁给陈平。张仲当时就笑了，陈平可是全县的笑柄。《史记》中只记录了一句张负的回应："人固有好美如陈平而长贫贱者乎？"翻译成白话文，就是：你见过像陈平那么帅，但能长久贫穷的吗？

谁说长得帅不能当卡刷？这桩婚事还真就成了！张家不但倒贴钱给陈平，而且出酒肉宴请宾客，为他们风风光光地办了婚礼。张负在送亲前一再告诫孙女，千万不能因陈家贫穷而怠慢，要像对待父母一样对待陈平的兄嫂。张负将孙女嫁给陈平，眼光自是不凡，这番话更体现了他能成为巨富的教养、胸襟和格局。

陈平借妻家之力提高了身份，又因是读书人而常被邀请主持社祭。社祭是一项公众性的祭祀活动，主持人一般是社会贤达，其中一项工作是将祭祀后的酒食分给参加活动的人。在当时的社会，酒和肉都属于奢侈品，因此分酒食这项工作往往要由有威望的人来做。陈平挥刀分肉，每个得到肉的人都很高兴，认为他很公平，并不由自主地赞扬他。事实上，分肉要善于把握人心，参加社祭的既有头面人物，也有穷苦百姓。面对一整头猪，有的人喜欢瘦的，有的人喜欢肥的，有的人喜欢带骨头的。陈平不是分得均匀，而是抓住了人的心理，其对人性的洞察能力可见一斑。故而，当人们赞扬他"善为宰"时，他也禁不住飘了起来，说了一句大话："让我宰持天下，也如同分祭肉啊！"

有了妻家的支持，陈平交朋友的层级立刻就不同了。当时陈胜、吴广揭竿而起，六国贵族纷纷复国，陈平也被朋友拉着一起投奔复国的魏王咎，担任太仆。陈平积极地为魏王咎出谋划策，但遭到魏王咎身边人的诋毁，谋划也就无法实施。陈平是个聪明人，他不会把才智浪费在一个愚蠢的人身上，因此立刻就逃跑了。他追随的第二个东家是项羽。在项家军中，他很快就崭露头角，被封为"信武君"，和大将项悍一起领军。是时，刘邦出汉中与项羽争天下，项羽所封的殷王很快被击败，投降了刘邦。陈平在此事中无所作为，遭到了项羽的迁怒。于是，陈平封金挂印，再一次逃跑了。

陈平两次换东家，相当于进行了两次风险投资。很显然，陈平是一个理性的投资人，他不会堵上全部的身家性命，一旦风险评估达到警戒线，就会立刻抽身。这也是他能够在风起云涌的秦末乱局中生存的智慧。相较之下，张耳、陈余、郦食其等人不能不说是豪杰，但都在第一波浪涛中就被拍死在了沙滩上。

陈平的逃亡路上还有一段插曲。他离开项羽后，走到一条河边，上了一条渡船。船到河心时，他看到从船舱里又走出来一个人，极不面善。陈平明白了，这俩人恐怕是劫道的，见自己长得俊美，以为是携带钱财的有钱人。他立刻装作要帮忙的样子，将衣服脱下来扔到舱板上，光着膀子帮忙划船。见其衣服掉落没有发出任何声响，身无长物一目了然，两个水寇也就作罢了。要知道，水寇害命，无非为财，既然无财，也就不必杀人。陈平非常了解这类江湖人物的心理，故而一见二人，便摸清了他们的路数，使出了保命手段。

陈平的第三个东家是刘邦。不过此时刘邦已是一方诸侯，不是随便什么人都能够见到的。这时陈平善交朋友的好处就显现了，在刘邦处任职的往昔友人魏无知向刘邦引荐了他。在史书中，魏无知就是个打酱油的，连附录在别人传记后的资格都没有，而太史公却用了整整一个篇章来写陈平。但要是没有这么一个不起眼的朋友，陈平的命运很有可能会被改写。所以，**不要轻视任何一个人，鸡鸣狗盗之徒，用对了地方，依旧不失有用武之地。**

刘邦与陈平谈得很投机，问他在项羽手下担任什么职务，陈平回答是都尉。刘邦于是任命他同样的职务，并让他担任自己的参乘，负责监督诸将。古代乘车，车上除了有驭手外，还有一个陪坐人员，即"参乘"，一方面充当主人的保镖，另一方面有参谋的性质，其被信任度自不可言。与刘邦一同起家的铁哥们儿见陈平这个新来的菜鸟受到刘邦如此重视，都愤愤不平。尤其是让他监督诸将，这等于是骑在了老伙计们的头上！大将周勃、灌婴率先发难，向刘邦告了一状。周勃说："陈平虽然长得好看，但就像帽子上的玉饰，好看不中用，先是在魏王麾下，后来又跑到项王麾下，现在又到了大王您的帐下。他收取将领们的好处，谁给的好处多，他就把谁安排在好的地方。对于这种反复无常的小人，您怎么能重用呢？"

毫无疑问，周勃的话在刘邦的心中撬开了一条缝。对于刘邦而言，与能力相比，忠诚更加重要，何况陈平的能力尚未得到验证呢！不过，刘邦不是那种被人牵着鼻子走的人，要责难陈平，首先得从推荐人身上下手。于是，他召见了魏无知。魏无知并不否认陈平身上的缺点，但却向刘邦提出另一个问题："方今天下大乱，我向您推荐的首先是有能力解决问题的人。假如推荐像孝己、尾生那样道德高尚但无助于胜利的人，您有机会重用他们吗？现今争胜负，只要有助于胜利，一些品德上的小瑕疵算得了什么呢？"很显然，魏无知避开了陈平的品德问题，而是自己荐人得当与否。在这一点上，他就很好地抓住了刘邦的心理。**大乱之世，没有行动力，一切都是空谈。**

刘邦没有怪罪魏无知，而是召见了陈平。刘邦的问题直指忠诚度，而陈平的回应也很简单："我侍奉魏王，魏王不肯用我的筹划，所以我离去了；我侍奉项王，项王信任和重用的都是他的亲眷故旧，所以我离去了；听说大王重视人才，我光着身子来投奔您，不接受众将的钱财就没有资用。我的计谋大王能用就用，不能用钱财都还在，一分都没有动，请让我离开吧。"

陈平的这一席话，有三层含义：其一，魏王、项王都不是成大事的人，前者不听进言，后者只信任小圈子里的人；其二，大王您重视人才，我才来投奔您；其三，我确实接受了众将领的钱财，但是做任何事情都得花钱，况且我并没有私用，而是准备做大事。他先是指出魏王、项王的短处，而后戳中刘邦小圈子诋毁自己的事实。但是，他没有撇清自己，而是十分务实地指出了钱财的作用。

刘邦对陈平的话很满意，让他继续监督诸将。此后，再没有人来刘邦耳边聒噪了，连立下战功最多的周勃都撼不动的人物，别人就更不用说了，何况陈平用实际行动证明了自己的能力。此后，他连出奇计，为刘邦夺取天下立下大功。

汉高祖、高后驾崩之后，面对吕氏夺权、刘氏不稳的局面，陈平又成为稳住大局、迎立汉文帝的人。他是高祖大臣中的智囊，也是创业团队中成员相继陨落后少见的几个平稳走向人生落幕的人。回过头来说，汉高祖平定天下后论功行赏，陈平被封为户牖侯，后又改为封户更多的曲逆侯。他向刘邦提起了此时已被边缘化、当年推荐他的人魏无知，刘邦根本不记得还有这号人物。经陈平提醒，他才封魏无知为高良侯（或作高梁侯），使其位居列侯。

张鲁：短期看输赢，长期看影响

在大利益面前，成败只是相对概念。智者行事只需掌握三条原则：第一，正确看待客观事实；第二，进行准确判断；第三，做出英明的决策。

张鲁是汉末割据群雄之一。相比于袁绍、刘备等人，他的地盘不够大、人马不够多，也没有称孤道寡，但是论对历史的影响，却有过之而无不及。

张鲁是张陵之孙。早在汉明帝时期，张陵就创立了五斗米道，即教徒只要上交五斗米，就可以被授记为徒众。张陵在巴蜀地区设立"二十四治"（后来增加到28个），每一治的首脑被称为"祭酒"，实际上是具有极强组织性的教团。张陵死后，其子张衡继承这一事业，继续在巴蜀民间扩大影响力。张衡死后，其子张鲁继承大业。他不满足于宗教上的影响力，试图通过母亲获得更大的世俗权力。

张鲁的母亲擅长养生，兼职做五斗米道的教母，因而成为益州牧刘焉的座上客。张鲁依靠母亲的关系，被刘焉任命为督义司马。这个官职虽低于将军，但却有领兵作战的实权。

刘焉是西汉鲁恭王刘余的后裔，建议汉灵帝设置州牧，凌驾于刺史之上，可谓货真价实的"皇叔"。刘焉被任命为益州牧之后，野心迅速膨胀，不断打击巴蜀豪强势力，希图站稳脚跟后建立一个独立王国。他下令让张鲁和别部司马张修一起进攻朝廷任命的汉中太守苏固。苏固的门客陈调教其防御之术，苏固不听，结果战败被杀。二张夺取汉中后，又灭了南郑豪强赵嵩，截断了斜谷道，断绝了朝廷使者与益州的通道。明面上，这是张鲁所为，但实际上是刘焉的授意。

这样一来，刘焉没有了朝廷的约束，就成了蜀中的土皇帝。张鲁虽然听命于刘焉，却也有了起家的资本。

刘焉死后，刘璋继任益州牧，但在对待张鲁的问题上失策，导致张鲁离心离德。刘璋以张鲁不听调遣为名，尽诛张鲁母亲及其留在益州的家人，同时派遣大将庞羲攻打张鲁。张鲁将庞羲杀得大败，又夺取巴郡，从此彻底断绝了和益州刘氏集团的关系。

张鲁治汉中，以南郑为统治中心，自号"师君"，既管理教众，又管理政务，实际上是将他的教徒组织成了兵民一体的军事集团。他下令在各地设置义舍，提供衣食，行路者可以免费使用。老百姓犯了小错，罚修道路一百步；犯了大罪，原谅三次而不悔改者再处以刑罚。这正是汉中能够安定的因素之一。各地受战乱影响，逃往汉中的百姓日益增多，仅从子午谷逃往汉中的百姓就有上万家。当时曹操无暇顾及汉中，只好承认了张鲁的地位，奏请朝廷任命张鲁为镇民中郎将，领汉宁郡太守。

张鲁统治巴郡、汉中长达30年。有人垦地时挖出来一枚玉印，将其视为祥瑞。文武官员都劝张鲁称王，只有功曹阎圃劝他不要称王。阎圃向他分析道："汉川不过十万户，财富多，土地肥沃，地势险要，能够自我保护。如果辅佐天子，能够成为齐桓公、晋文公那样的人物，最差的也能像归附光武帝的窦融那样，不失富贵。就实际而言，你能按照自己的心意任命官职，独自决断汉川事务，不用称王，但有王的实权。一旦称王，就会招来无穷祸患。"张鲁接受了这个建议，拒绝称王。

建安二十年（215），完全腾出手来的曹操亲率十万大军征讨汉中，抵达阳平关。张鲁原本打算投降曹操，但其弟张卫不愿投降，便率领数万兵马在阳平关抵抗，结果被曹操击破。这时，张鲁打定主意要投降，但功曹阎圃认为，此时投降属于被迫，必定不会得到曹操的重视，应该退守朴胡抵抗，在曹操攻不下来时再投降，才能体现出价值。张鲁接受了这个建议，率军前往巴中。属下建议他临走前烧掉府库里的钱粮物资，以免资敌。但张鲁拒绝了这个建议，他认为烧掉府库里的钱粮物资，就断绝了百姓的希望，一旦有灾荒，百姓肯定会饿死很多。因此，他封存好府库，率军离去。

两军交战，既然已到了厮杀的程度，那么烧掉府库里的钱粮物资乃至坚壁清野，都是不得不用的手段。但张鲁拒绝这么做并非失策，而是基于两点：**既然觉得要用和平手段解决问题，那就要给双方都留出余地**——避开曹操的兵锋，是为避免直接交战，再见面时不至于没有台阶下；不烧府库，是为表达诚意，况且府库里的钱粮物资是统治的基础，是百姓最后的依赖，一旦烧了府库，他不但会开罪于曹操，也会失望于百姓。这种双输的事，张鲁当然不干。

曹操大军进入南郑后，见府库完好，钱粮物资未动分毫，十分赞许张鲁的行为，就派人去宽慰招降。张鲁率领家人和文武官员来参拜，曹操奏请朝廷封张鲁为镇南将军、阆中侯（有的文献记载为"襄平侯"），食邑多达一万户。张鲁的五个儿子和功曹阎圃，全被封为列侯。与此同时，曹操还让儿子曹宇娶了张鲁的女儿。从表面上看，张鲁投降曹操，失去地盘，肯定是输了；但从整个历史的维度看，张鲁不仅赢了，而且是大赢。

张鲁降曹后，曹操为了削弱他的影响力，下令让他和他的教众北迁到长安、洛阳和邺城，这使得五斗米道的影响力渗透到了整个中原地区。魏晋时期，上至公卿贵族，下至黎民百姓，多成为其道徒，五斗米道遂改名为"天师道"，教首被称为"天师"。

张鲁之后，其子都亭侯张盛在江西龙虎山继续立教。曹魏从曹操奠基，曹丕称帝，魏明帝曹睿继立，实际的皇帝只有两位，即文帝和明帝。后面的曹芳、曹髦、曹奂都是司马氏控制下的傀儡，可以说曹魏政权乃二世而亡。

张鲁所创的天师道则不同，北迁之后，其影响力从三辅渐遍全国。历代统治者为了笼络其势力，不断对其进行赏赐和加封，使"天师"成为千年一系的"教首"。如宋真宗赵恒曾加封第二十四代天师张正随为"真静先生"，宋仁宗赵祯加封第二十六代天师张嗣宗为"虚白先生"，元世祖加封第三十六代天师张宗演为"嗣汉天师"……直至清末，尚有加封。张鲁的天师世系传了63代，仅次于孔子世系，在中国古代思想界有巨大的影响力。这是曹操始料不及的。

究竟谁才是最后的赢家呢？站在更高的角度，拥有宽广的心胸，这样的人往往会被称为伟人。张鲁不肯烧府库里的钱粮物资，**其心不在私而在民，这是最大的人情世故。**

黄权：进取有建树，退而能全身

> 人生，一味退缩，终会退无可退；只知前进，也难免会有去无回。需要牢记三件事：一知进退，二识深浅，三懂取舍。

黄权早年在巴西郡担任低级官员，后来得到益州最高行政长官刘璋的赏识，被征召为主簿，相当于秘书长。

黄权很有远见，当得知刘璋准备引刘备入川，用来抵御汉中的张鲁时，他就曾极力反对。他对刘璋说："刘备和他的属下骁勇善战，引他入川，如果将他当下属，则无法满足其心愿；如果将他当宾客，则一国无二主。如果宾客稳如泰山，则主人危若累卵。将刘备引来，很危险啊！"刘璋不仅没有听黄权的忠告，反而将他外派到广汉当县令。

刘备入川后，果然如黄权所料，反客为主，夺取益州。刘备的大军进攻广汉时，黄权闭门不降，后来因主公刘璋投降，他只得投降。刘备让刘璋驻守荆州，逐渐将他边缘化。对于黄权，刘备非常欣赏他的才能和志节，封他为偏将军。建安二十年（215），曹操南征张鲁，黄权对刘备说："汉中好比蜀地的大腿和手臂，如果汉中被曹操占领，我们就危险了。"刘备认为黄权很有远见，便任命他为中护军。之后，刘备攻破巴郡首领杜濩、朴胡部族，又发动汉中之战，在定军山斩杀曹操的大将夏侯渊，进而占领汉中。这一切，都是黄权在背后做操盘手。

章武元年（221），刘备称帝，准备讨伐东吴。黄权认为这个行动从战略上来说过于轻率，蜀汉军队在上游，顺流而下，易进而不易退。他请求率领前锋做试探性进攻，让刘备坐镇后方，待机而动。刘备未采纳他的建议，而是任命他为镇北将军，率领江北军队监视曹魏动向，避免自己进攻东吴时被曹魏捅屁股。

事实再次证明了黄权敏锐的洞察力。刘备的大军在夷陵遭到陆逊的火攻，精锐尽丧，败退到白帝城。与此同时，黄权返回蜀地的道路也被吴军阻断。**面对这种局面，相较于投降当时的仇敌东吴，投降曹魏对蜀汉的伤害较轻，因而黄权率军投降了曹魏。**

蜀汉方面得知黄权的举动后，有人便劝刘备逮捕黄权的家人。刘备说："是我辜负了黄权，并不是黄权辜负了我。"他对黄权的家人依旧如初。

魏文帝曹丕问黄权："你舍弃刘备归顺于我，是效仿从前的贤人韩信、陈平吗？"

黄权回答道："我受到刘备的隆遇，道路阻断才无奈来降。况且败军之将，怎能与贤人相比呢？"

曹丕认为黄权内心醇厚，是难得的人才，因而任命他为镇南将军，封育阳侯，加侍中。值得一提的是，在魏晋时期，往往对重臣才加侍中衔，可见曹丕对黄权的重视。

过了一段时间，有传言说刘备杀了黄权留在蜀中的家人。曹丕以此来看黄权的反应，黄权说："我与刘备、诸葛亮坦诚相待，早已表明志节，现在情况不明，还是等等看吧！"因此，他拒绝发丧。后来传来确切消息，黄权的判断是准确的。曹丕越加雅重黄权，认为他器宇非凡。

魏明帝曹睿登基后，更加看重黄权。景初三年（239），黄权被升为车骑将军、开府仪同三司，成了位比三公的重号将军。黄权有韬略，又善于治理民政，对于上司的问询，每每都对答如流，多次获得嘉奖，因而即便是到了司马氏掌权的时代，他依旧在朝堂上享有高位。

正始元年（240），黄权病逝，魏帝曹芳下诏建祠纪念他。在纷乱的三国时代，大将一旦被俘，极有可能身败名裂。前有于禁，后有麋芳，他们虽然保全了性命，但却终生背负耻辱，最终郁郁而死。黄权则不同，无论是在蜀汉，还是在曹魏，乃至在司马氏掌权的后曹魏时代，他都始终备受尊崇，进取有建树，退而能全身，这是十分罕见的。这一方面是因为他强大的治世之才，另一方面也与他巧于应对不无关系。

鲁肃：内悉人情，外具大略

有这样一些人，他在时你无感，等到失去他时，你才会知道，没有他的世界大不相同——看看鲁肃死后东吴的各种瞎操作，孙权一定会认同这句话。

由于"演义"的影响，鲁肃一直被后世人忽视，乃至误解。事实上，他是东汉末期最具战略眼光的狠人之一，甚至可以说在某种程度上决定了三国的历史走向。

鲁肃出身临淮士族世家，不但喜读书，而且精于骑射。汉末朝政混乱，军阀割据，鲁肃意识到苟全乱世不易，因而经常与游侠来往。一时间追随他的青年有数百人，他就将这些人组织起来，在山中操练军阵，模拟战场厮杀。当时的人都将他视作狂生，族人更是哀叹，恐怕他会导致鲁氏衰败。

袁术听闻鲁肃的名声后，便派人来征召他。但鲁肃认为袁术气量狭小，难以成就大事，不值得自己辅佐。当时，周瑜也在袁术帐下。正值军中缺粮，他听说鲁肃家中粮秣充足，便率领几百战士去借粮。既然是借粮，备好礼物登门拜访就行了，干吗要带兵去呢？因为周瑜对鲁肃的大名早有听闻，知道他门下多健儿，如果自己一人登门借粮，只怕对方不会就范。未曾料到，鲁肃不但没有拒绝，反而指着两个高大的粮囤告诉周瑜，每囤贮粮三千斛，兵丁们可自取一囤。这令周瑜大为惊异，将其视为奇人。

其实，鲁肃不但深通韬略，而且更懂人情。当年大旱，江淮颗粒无收，街头常有饿殍，军中粮食同样难以为继。周瑜此次摆出这么大的阵仗来借粮，必定是志在必得，鲁肃不借也得借。**他是个狠人，但不是个蠢人，与其和一支披坚执锐的劲旅对抗，不如顺水推舟做个人情。**孰能想到，他就此与周瑜这个英杰成了密友。

鲁肃认为，淮泗一带是兵家必争之地，在群雄并争的时代难以安居，而江东沃野千里，民富兵强，是一片乐土，既能避开危险，又能待时而动。他将这一想法告诉了那些追随自己的健儿，他们一致响应，都愿意举家与他同行。

鲁肃对这支三百多人的队伍做了行军部署，细弱的在前，老人和孩子在中间，他亲率强壮者为一队殿后。袁术听说鲁肃率领一支人马离开，立刻派骑兵追击。鲁肃发现追兵后，便让前面的队伍继续前行，他则率领殿后的队伍停下列阵，命令战士勒住马、拉满弓，对追上来的领兵头目说："如今天下大乱，有功得不到奖励，不追赶我们，你们也不会被追究责任，为何苦苦相逼呢？"他亲自扛起一个大盾牌，将其放到几百步远的地方，引弓连发数箭，每一箭都将盾牌射穿。

追兵头目觉得鲁肃的话有理，且仅凭自己的人手也制不住他，便放他们走了。从这件事上，我们颇可看出鲁肃的老道。大部分人做事，都会考虑利害关系。他先陈明利害，再亮明实力，对领兵头目来说：既然无利可言，就犯不着拼命，何不放人走呢？所以，一切都是按照鲁肃的计划发展的。

就这样，鲁肃到了江东，再次见到老朋友周瑜。孙策遇害后，孙权接管了江东基业，成了新的掌门人。周瑜立刻将鲁肃引荐给孙权。当时，宾客非常多，鲁肃在席上并没有发言，在孙权接待结束后，他也一同告辞了。不过，孙权很快就单独召见了他。孙权对鲁肃说："现在天下大势，犹如大厦将倾，四方扰乱，我继承了父亲和兄长创立的基业，企望像齐桓公、晋文公辅佐周天子那样，建立不世之功。先生，您有什么好的建议吗？"听了这话，鲁肃就笑了。他反问孙权："过去汉高祖刘邦也想辅佐义帝王，为何没有成功呢？"

孙权说："是因为项羽害死了义帝。"

鲁肃说："如今的曹操，掌控朝廷时远胜于项羽掌控义帝，将军您怎么可能实现齐桓公、晋文公的理想呢？"

孙权请鲁肃明言。

鲁肃说："以我的私人见解，大汉王朝的权威已不可能恢复，短期内也不可能除掉曹操。只有占据江东，才能更好地观察天下形势。如今北方已陷入混乱之中，您可借这个机会，荡平黄祖的势力，同时夺取刘表的荆州，控制长江以南的土地，然后打出帝王的旗号，夺取天下，建立与汉高祖一样的事业。"

孙权摇了摇头说："我只想尽一方力量，辅佐汉室，你所说的，恐怕非我能及。"

鲁肃在诸侯并争、势力各据一方、江东何去何从尚不明朗的情况下，就为孙权指明了今后的发展方向，不得不说其才大如海。只是这时候的孙权虽然是江东之主，但内心是犹疑不定的。他的哥哥孙策活着的时候，用武力压制住了吴郡、会稽郡、丹阳郡、豫章郡、庐陵郡、庐江郡等江东六郡的士族集团。这些士族在当地拥有强大的影响力，并未彻底向孙氏的军事集团俯首，而是一直处于观望状态。以华歆为例，他虽然投降了孙策，但却未出任孙策团队的官职，而是辗转逃到江北，最后进了曹操的阵营。孙权能够统御父兄留下的文武官员，让江东士族与自己合作实属困难。鲁肃的一席话，表明他早就看清了江东的发展方向。

汉献帝建安十三年（208）七月，曹操大军南下，直扑荆州。当年八月，刘表病死，其子刘琮投降，屯兵樊城的刘备得知消息后弃城而去，在当阳被击溃。曹操拿下荆州，下一步就是占据江东了。孙权只有两条路可以走：一是战，二是降。朝堂之上，持投降态度的人并不少，尤其重臣张昭，更是认为只有投降一条路。众人你一言我一语，唯有鲁肃沉默不语，他趁孙权上厕所时跟了上去。孙权见鲁肃逡巡，就问道："子敬，你有什么话要对我说吗？"

鲁肃说："我和朝堂上的那些人都可以投降曹操，只有将军不能。"

孙权问："为何？"

鲁肃说："我们投降了曹操，纵然是做个小官儿，慢慢升迁，再不济也能做到州郡的长官。将军您投降了，该给什么官职呢？"

由此可见，进言的时机、地点、方式非常重要。对此，鲁肃可以说做得恰到好处。张昭等一众文武官员言降时，如果鲁肃直言抗敌，必定会遭到大佬张昭的斥责，甚至会遭到众人的围攻，陷入孤立之境。这种劣势的"主战派"，难以让孙权动心，甚至会产生戒心。厕所是个私密的地方，会让人暂时放松下来，而且有一定的保密性，如果孙权内心有抗敌但又不想让群臣知道的想法，在这里表达出来最为妥帖。在投降这个问题上，鲁肃首先说的仍然是利害。曹操收复江南，必定会重用江南士族，那些投降者照样会做官，只是换了个主子而已。孙权本就是主子，他该去哪儿呢？

这是打动孙权并最终坚定其意志的关键。

另外，鲁肃已经想好了联合刘备抗击曹操的战略。为什么一定要是刘备呢？

除了军事上相互依赖外，刘备的皇叔身份在这里起了很大的作用。因为曹操征讨孙权打的是朝廷的旗号，孙权名义上还是汉朝的讨虏将军、会稽太守，若反抗就是地方不服从朝廷，属于叛逆。有了刘备的皇叔身份，无疑会提高孙权的政治影响力，使他能以讨伐汉贼的名义与曹操对抗。

待孙权坚定了自己的想法后，鲁肃立刻渡江寻求与刘备的联合。在长坂坡，鲁肃找到了刘备。此时的刘备损兵折将，对前途也缺乏清晰的认识。在他的奋斗之路上，每一次失败都是寻求依附新的势力。当鲁肃问他何去何从时，刘备的回答是："投奔老朋友，苍梧太守吴巨。"鲁肃直言吴巨是个庸人，不值得投奔，并拿出了孙刘联合的方案。接下来那场影响历史走向的大战已不必细说，鲁肃和周瑜、诸葛亮一起奠定了三分天下的基础。

在孙刘联盟中，鲁肃扮演了非常重要的角色。他深谙人情，在孙刘之间充当着润滑剂。正是在鲁肃为都督主政大局的时期，孙权和刘备都获得了发展的机会，避免了被各个击破的危险。

司马懿：弯得下腰，抬得起头

败而不耻，败而不伤，何败之有？胜而不骄，胜而益强，方为常胜！

赢家从不把一时胜败挂在嘴边，他们只要最终的果实。

司马懿在三国群雄中虽是后起之秀，但也是最大的赢家。

总结司马懿的成功之道，可用八字概括：弯得下腰，抬得起头。

　　司马懿出身士族世家，其高祖父司马钧在汉安帝时官至征西将军，曾祖父司马量曾任豫章太守，祖父司马儁曾任颍川太守，父亲司马防曾任京兆尹，相当于首都特别市市长。可以说，他是妥妥的官五代。汉末群雄并起，有才能的人纷纷建功立业，但司马懿却躲着走。建安六年（201），担任司空的曹操听闻他的名声，征召他出来做官。他自称有风痹症，不适合出仕。曹操晚上派人偷偷刺探，来人发现司马懿躺在床上，宛若不能动一样。这是司马懿第一次与高人过招，他拒绝了踏上仕途的机会。他深知，乱世身负奇才，同样是一种祸患，因而低调行事，遮蔽锋芒。

　　时间过去了整整八年，曹操已经完全掌控朝政，成了大丞相。他再次派人征召司马懿。曹操当然不相信司马懿有风痹症，便告诉给司马懿传布书信的使者，如果司马懿再装病，就把他给我捆来。**在拥有绝对实力的聪明人面前"装象"，无异于找死**，所以这次司马懿乖乖地来了。

　　在最初的十年里，司马懿一直充任的是掌奏议或参谋性质的官职，如文学掾、丞相主簿、黄门侍郎、议郎等职。曹操作为一个强人，有独特的人才管理模式：一方面，招纳各种牛人加入自己的团队；另一方面，又将可能挑战自身权威，并可能借助自身资源发展壮大的强人清除出局。

　　从人脉共有的角度来说，在一个团队中，中层管理者是团队运行的实际操控者，他既是团队最高管理者的下属，又是下层员工的领导。也就是说，他与最高层的领导共同拥有下层资源和人脉。司马懿出身河内郡望族，祖辈数代为高官，是汉末士大夫中的顶流，因而有巨大的影响。曹操将他吸收进自己的团队，既要用其才智，又要防止他成为竞争对手。相比较而言，对于那些在战场上厮杀的将军，无论是能独当一面的于禁，还是能冲锋陷阵的张辽，只要根据贡献不断晋升就可以，管理起来相对容易些。

　　在曹操的团队中，司马懿并非唯一的士族顶流。比如陈群，出身颍川陈氏，堪称士族阶层的扛把子。同样，曹操最初给他的任命也是属官，司空西曹掾，其发迹路径与司马懿有着高度的相似性，虽然升迁速度比司马懿快得多，但出掌的多是议事和监察。这就是说，曹操无法避开士族顶流，他需要士族的代言人与自己共同创业，因而不会将注意力只放在司马懿一个人身上。司马懿也意识到曹操对自己是士族顶流的忌惮，因而既在合适的时候为曹操献奇谋，同时又夹着尾巴做人，保持低姿态。当然，姿态低并不代表闲着，他与曹操的儿子曹丕建立了良好的关系，并将之作为自己发展道路上最重要的投资。

在曹丕被立为世子，也就是曹操的继承人这个过程中，司马懿是智囊团成员之一。曹丕称帝后，作为回报，他任命司马懿为尚书，后来转督军、御史中丞，爵封安国乡侯。我们再来拿他和陈群做个比较。曹丕称帝时，晋陈群为尚书仆射，加侍中，徙尚书令，爵封颍乡侯。陈群与司马懿的封爵一样，都是乡侯，职位上都是以朝臣身份辅佐政务为主。

无论是魏文帝曹丕的时代，还是曹丕之子、魏明帝曹睿的时代，司马懿的做法都是弯低腰，尽好下属应尽的义务。他很清楚，文帝、明帝所掌握的政治资源和人脉优势，对他都是碾压性的，只要他有任何不轨和妄动，一纸诏令就能使他丧失所有，因为二帝的政治权威不可撼动。一旦最高层管理者的权威下降，次一层的领导者势必会借机而上。

从某种程度上说，司马懿的体格天赋也占了优势，那就是活得够长。曹丕生于 187 年，司马懿生于 179 年，比曹丕还要大 8 岁，结果他不但比曹丕活得长，而且比曹丕的儿子活得还长。可能曹家的基因在曹操这里出了问题，曹丕也好，曹睿也罢，都没能活过 40 岁。文帝、明帝父子二人，只要有一个人活到曹操的年龄，基本上就没有司马家什么事了。**所以，对创业者而言，身体也非常重要，不然就是在为他人做嫁衣。**

尽管文帝、明帝时代司马懿扮演的仍旧是弯腰打工的角色，但还是有区别的。

在曹丕时代，司马懿要么担任朝臣，要么留守后方，从未拥有大军团的统兵权，可见曹丕和其父曹操一样，对司马懿仍旧是用，但也防范。在明帝时代则不一样，蜀汉方面来犯，明帝会派遣司马懿抵御蜀汉；孙权来犯，明帝会派司马懿抵御孙权；公孙渊自立为王，明帝会派司马懿镇压公孙渊。可以说，东南西北哪一边有战事，明帝就派遣他去哪一边。表面上看，司马懿扮演的是救火队长的角色，实际上他不断"借壳上市"，在军中扩大自己的政治影响力，与将士们建立了深厚的感情。当然，大力提拔亲信为军队将领是必不可少的。

所以，当曹睿驾崩、司马懿被任命为托孤大臣之一后，他的影响力已经无人可敌。但他依旧韬光养晦，因为他在等待一个机会，那就是曹氏政权的权威下降。所以从 239 年到 248 年，他依旧像一条蛰伏的巨龙，等待着这个机会。掌握着巨大政治资源的曹氏宗亲，在这些年都做了什么呢？在与蜀国的战争中，他们不听建议，吃了大败仗；在与吴国的战争中，还是不听建议，再次吃了大败仗。在朝堂内部，专权和腐败导致其阵营分化，曹爽竟然采用邓飏的谋划，强行将魏明帝的遗孀郭太后（魏帝曹芳未成年，故而郭太后有巨大的影响力）迁到永宁宫软禁起来，置于自己的对立面。

嘉平元年（249）正月，魏帝曹芳率领大将军曹爽、中领军曹羲等人离开洛阳去祭拜高平陵（曹睿的陵墓）。接下来的一切堪称神操作，显示了司马懿对人情世故的洞察力。他命令担任中护军的儿子司马师率领屯兵控制京师，之后立刻把被幽禁的郭太后请了出来，并启奏废掉曹爽兄弟辅政大臣的位子。郭太后几乎没有犹豫，立刻就同意了。

这里必须说说郭太后。郭氏原本是曹睿的嫔妃，明帝临死前才被立为皇后，这实际上是曹睿死前的顶层设计。《三国志》中记载："值三主幼弱，宰辅统政，与夺大事，皆先咨启于太后而后施行。"郭太后有最高的顾问权限。这是一个由内廷代表郭太后、宗室代表曹真、大臣代表司马懿组成的"三驾马车"，互相制衡，谁也不能独大。但曹真偏偏打破了这个设计，还把郭太后置于自己的对立面。司马懿很清楚，身为外戚的郭太后，一直在等待机会。所以，迎奉郭太后出来后，他立刻就获得了支持。

当时留守京师并在军队中有影响力的朝廷大佬大有人在，比如大司农桓范、司徒高柔、太仆王观、太尉蒋济等。桓范立刻就洞悉了司马懿的意图，因而第一时间逃出洛阳，去向曹爽报告。司马懿则让高柔假节，行大将军事，统领曹爽留下的军队；让王观行中领军事，统领曹羲留下的军队。他还对高柔说："你现在就是我们的周勃啊！"

熟悉西汉史的人都知道，汉初以周勃为首的武将与陈平、陆贾等文臣联合，诛杀了专权的吕后（此时吕后已死）家族，其根本原因就在于吕氏集团压缩了功臣集团的利益，实际上是功臣集团另立皇权的政变行为。高柔、王观等人并非太尉蒋济那样的曹氏铁杆，而且司马懿给他们制造了一个假象：他们能改变曹爽专权的局面，重塑秩序，找回原来的利益。所以，高柔与王观一边倒地支持司马懿，愿意与司马懿合作。

控制住了京师内部的朝堂众臣，司马懿立刻派兵在洛水浮桥边迎接魏帝曹芳。桓范看清了司马懿的意图，劝告曹爽与众臣一起保护曹芳去许昌。那里是当年曹操劫持汉献帝建立政权的根据地，曹家在那里依旧有着较大的影响力。只要皇帝在自己手中，他就可以发布圣旨，征调天下兵马勤王，灭掉司马懿。应该说，这是个很有战略性的建议，奈何曹爽不听，而是派侍中许允、尚书陈泰查探虚实。司马懿趁机陈说曹爽的罪行，并让许、陈二人劝曹爽交出权力。

事实上，许允、陈泰都是曹魏的铁杆支持者，为何会劝曹爽放弃权力呢？这是因为曹爽兄弟的无能与腐败连二人也看得出来，他们忠于的是曹魏，而不是曹爽，实际上间接帮了司马懿。当时的曹爽手中不但有皇帝，而且有朝中一半以上的重臣，因此不但能借助皇帝的权威，还能借助朝臣的运作能力。他派遣许允、陈泰的行为，等于是自行瓦解己方阵营。在司马懿一波又一波的外交攻势下，曹爽回去交权了，还天真地以为能保住富贵。无怪乎桓范哭着大骂他："曹子丹佳人，生汝兄弟，犊耳。"（曹真是牛人，怎么生了你们这些蠢蛋啊！）

皇帝和朝臣们回归京师后，司马懿立刻下令抓捕了交权的曹爽，并灭了其亲信何晏、丁谧、邓飏、毕轨、李胜、桓范三族。此时，司马懿依旧扮演着"汉初功臣消灭诸吕"的正义者的角色，毕竟很多大臣还是曹魏政权的拥护者。

在此次政变中，作为领导者，司马懿获得了更加尊崇的地位，但他再次放低姿态，称病不上朝。为此，皇帝不得不一次又一次去他的府上咨询大事。因为他需要继续麻痹朝臣，等待一个打击曹氏诸王的机会。机会很快就来了。车骑将军王凌见魏帝曹芳对司马懿言听计从，司马家的府邸俨然朝廷中枢，因而密谋拥立楚王曹彪为皇帝，准备再来一次政变。司马懿立刻行动，上奏皇帝灭了王凌三族，并命令有司讨论曹彪的罪行，逼得曹操留下的这个英武的儿子自杀。司马懿借口曹魏分封到各地的诸王不利于正统，因而将他们全部迁到邺城，并命人监视，不准互相交流。

打击了曹魏宗室后，朝臣们很快分化为两派：一派是曹魏的铁杆，另一派是司马氏的支持者。司马懿对自己的支持者加官进爵，将曹魏的铁杆边缘化，把他们逐渐踢出朝堂，或者让他们退休。就这样，司马懿架空了魏帝。此时的司马懿俨然当年的曹操，只是他没有接受丞相的任命，也没有接受加九锡（这几乎就是给篡位者准备的）的特殊礼节就去世了。他的影响力留给了两个儿子司马师和司马昭。最终，在司马家的第三代司马炎手中，改朝换代得以实现。

司马懿的一生中，最重要的一点就是弯得下腰杆。对曹魏的前三个大佬——曹操、曹丕、曹睿自不用说，对能拉拢利用的朝臣们，他仍然如此。保持低姿态，一则麻痹了敌手，二则让盟友接受了自己。但在该抬头的时候，司马懿也毫不畏缩，而是果断出手，展现了其性格中的另一面。

曾国藩：笨小孩的核心力量

在你还没有足够的实力时，与其热衷于那些无用的社交，不如提升自己。你自己的层次，决定了你所处的社交圈的层次。记住，你永远只能和与你同一个层次的人在一个圈子。

曾国藩出生于湖南长沙湘乡荷叶塘白杨坪的一个普通农家，小时候并不算聪明，然而他一生中在社交场上纵横捭阖、领袖群伦，被各方大佬视为领头羊。那么，他的核心社交力量是什么呢？

曾国藩一向不觉得自己是个聪明人，有一个故事足以证明这点。小时候，一天晚上，曾国藩进书房读书前来了一个贼，这个贼听到门外来了人，就躲到了房梁上，想等主人睡着后再离去。曾国藩进了书房后，点上灯便开始读书，一篇文章读了几十遍，依旧背不下来。躲在房梁上的贼实在耐不住性子跳了下来，指着他的鼻子骂他笨，并将那篇文章背了下来，然后抢过曾国藩手里的书扔在地上，夺门而去。原来那个贼在房梁上听曾国藩读了一遍又一遍，听都听会了。问题是，这个聪明的贼最后究竟如何了，无人知晓。曾家的这个笨小孩，仍旧是继续读书、考试，为他出将入相的梦想铺路。

古代考试有所谓的"三大战役"，即秀才、举人、进士。有的人考了一辈子还是秀才，有的人不停地考连秀才也捞不到。

曾国藩的祖父叫曾玉屏，他对儿孙们的期望很高。曾国藩参加秀才考试的那一年，他的父亲曾麟书也一同参加了。父子同堂，也算是一段佳话，然而结局惨不忍睹，父子双双落榜，背着考篮和笔墨，徒步数百里，几乎是哭着回去的。然而，曾氏父子并不气馁，他们继续读，继续考，继续落榜……曾国藩连续考了 7 次，23 岁时才考上秀才；他的父亲竟然考了 17 次，43 岁时才榜上有名。曾麟书大概也知道自己不是读书的料，加之中了秀才也算是读书人，便不再考了，而是专心供儿子读书。

对于这段考试时光，曾国藩回忆道："府君（指其父）既累困于学政之试，厥后挈国藩以就试，父子徒步囊笔以干有司，又久不遇。"

中了秀才的曾国藩似乎开了窍，一年后就中了举人，他异常喜悦。只是他高兴得有点早：道光十五年（1835），他赴京参加会试，名落孙山；道光十六年（1836），不甘心的他再次参加会试，依旧是落榜。

好在曾国藩是个反应弧比较长的人，这要是一个心理脆弱的恐怕早就放弃了。两年后，他再次参加会试，终于中了进士，二甲殿试第 42 名，赐同进士出身。按照惯例，中了进士后要拜访座师。只是以曾国藩的成绩，恐怕见不到主考官穆彰阿，点翰林更是没有他的份，那必须是头几名才行。运气好一点，他会被分配到一个偏远的县当县令。当然，曾国藩也预料到了这个结局，但是他不甘心，因而找湖南同乡郭嵩焘聊天。郭嵩焘建议他去找另一个同乡劳崇光。劳崇光是穆彰阿的得意门生，与曾国藩的私交颇为不错。

为了给穆彰阿留下好印象，曾国藩写了一首诗，请劳崇光代呈。写诗是要靠天分和才华的，一个考了 7 次才中秀才的人，写出来的诗必定四平八稳、庸常可知。穆彰阿只看了一眼诗稿，就将其放在一边。劳崇光纵然是得意门生，也不敢问。过了几天，曾国藩见没有动静，又挖空心思写了一篇诗文，请劳崇光代呈。可想而知，结局还是一样。

曾国藩这个人最大的特点，就是足够执着。他又一次写了诗文，请劳崇光代呈。这一次，劳崇光是硬着头皮答应帮忙的，并警告曾国藩不会再有下次了。然而，正是这一次打动了穆彰阿。当然，不是他的诗写得好，而是他太执着了，穆彰阿看重的正是这一点。

　　曾国藩的木讷、老成持重，也许在旁人看来是缺点，但在穆彰阿眼里恰恰是优点。就这样，曾国藩点了翰林。穆彰阿是道光帝跟前的红人，位居首席军机大臣、文华殿大学士。有了他的提携，曾国藩10年间获得7次升迁，在礼部、兵部、工部都干过副职（侍郎），成为二品大员。除了穆彰阿之外，曾国藩还搭上了三朝帝师、领班军机大臣祁寯藻的线，正是这条线日后挽救了他的仕途。按理来说，就算他是翰林，也很难与这样的显贵搭上关系，毕竟在京城扔一块砖头都能砸中一堆红顶子。但曾国藩就是有这样的手段，他与祁寯藻的胞弟祁宿藻是同榜进士，十分投缘，一来二去，也就与这位同学的大哥熟悉了。

　　道光帝驾崩后，咸丰帝上台。早在还是太子时，咸丰帝就很讨厌穆彰阿，登基后便一纸诏书将穆彰阿罢了官，就差没砍他脑袋了。至此，穆彰阿的党徒们的运气也就到头了。曾国藩作为穆彰阿的得意门生，是妥妥的穆党铁杆，自然也在打击的范围之内。刚好当时咸丰帝下诏求进言，曾国藩便写了一道《敬陈圣德三端预防流弊疏》，说得好听点是直白地指出皇帝的不足，实际上是把咸丰帝骂了个狗血淋头。咸丰帝看了奏章，气得暴跳如雷、七窍生烟。史载："疏上，帝览奏大怒，摔诸地，立召军机大臣，欲罪之。"这时候，站在一边的老臣祁寯藻轻轻说了一句："主圣臣直。"这一记马屁拍得极是时候，不但给咸丰帝降了火，也有了进一步进言的机会。祁寯藻向咸丰帝解释，求直言的诏书是皇帝下的，如今像曾国藩这样敢说真话、直话的臣子不多，如果就此把曾国藩处理了，那么就会失信于群臣，再也不敢有人进言了，您也就听不到真话了。所以，咸丰帝不但没有治曾国藩的罪，反而给他派了新的差事。

　　从道光十八年（1838）起，曾国藩整整做了13年京官。除了日常公务外，他还干了另外一件事，那就打造坚实的朋友圈。太常寺卿唐鉴、大学士倭仁、刑部侍郎吴廷栋、江西道御史窦垿、通政司副使王庆云……这些官员有的精通理学，有的擅长诗文，有的好金石学，有的是通儒，在气质上与曾国藩相通，因而在公务之余，他们经常饮酒畅谈。所谓"十年磨一剑，一朝试锋芒"，曾国藩的京官生涯，使他在为人、为学、为官等方面都炼得炉火纯青，在人性的洞悉方面更是登峰造极，剩下的就是做一番大业了。

太平天国的爆发，给了曾国藩这个机会。咸丰二年（1852），曾国藩的母亲去世。按照惯例，他要回乡丁忧，也就是离职守孝。此时，太平军已经杀入湖南，并占领了岳州（今岳阳）。曾国藩上书请求进行团练，在地方上组织乡民抵抗太平军。得到允许后，他便与湖南巡抚张亮基一起练兵。为了训练出一支敢战、善战的军队，曾国藩亲自挑选军官，尤其注意将有师生、同窗、同乡关系的读书人招入军中。他拒绝社会上的闲散人员当兵。因为这些人固然悍勇，然而往往也十分油滑，遇到攻坚战容易开溜。有师生、同窗、同乡关系的人，彼此知根知底，作战时能形成牢固的协作团体。而且，这些人有一定的文化知识，能够很好地了解作战意图。就这样，曾国藩的湖南老乡、双峰教书先生罗泽南进入军营，罗泽南的学生王鑫、李续宾、李续宜、李杏春、蒋益澧、刘腾鸿、杨昌濬、康景晖、朱铁桥、罗信南、谢邦翰等一干人也都进了军营。这些人后来都成了湘军的大将，不少人官至督抚。

曾国藩率兵与太平军一再血战，但一直挂着京官侍郎的虚衔给咸丰帝打工，并未获得实职。不过，曾国藩对此并无怨言。拿破仑·希尔说过："提供你所得酬劳的服务，很快酬劳就将超出你所提供的服务。"一个人如果总是盯着自己的待遇，是会失去待遇背后的成长机会的，曾国藩显然深谙其中的道理。他很清楚，**在时局中，什么花言巧语都不及实力，用实力说话比什么都有力量**。这也是为何京中大佬的门前车水马龙，而小官员们只能坐冷板凳。只要你拥有实力，上司也好，同僚也好，下属也好，都会踊跃进入你的社交圈。咸丰四年（1854）十月十四日，湘军从太平军手中夺回武昌。咸丰帝下诏，让曾国藩任湖北巡抚，虽然只是代理，但总算成了一方大员。

曾国藩在与太平军的较量中有赢有输，总结起来就是四个字——屡败屡战。咸丰十年（1860），曾国藩终于被实授两江总督，成为封疆大吏。与他合作过的督抚，无论是胡林翼、骆秉章、张亮基还是左宗棠、彭玉麟等皆是人杰，为何他们会折服于曾国藩呢？当然是因为实力。曾国藩早年在穆彰阿座下，除了品行外，靠的是官场上的人脉；领军之后，靠的则是实力。就连大清皇帝，也要依赖他保住江山。

在现代社会，决定人的社交地位的，除了人品外，更重要的是能力。你能够为企业发展提供效能，为团队发展提供绩效，你的社交地位才可能比较高，硬实力才可能比较强。曾国藩带给我们的启示，正在于此。

左宗棠：为什么人人都看重我

当你对他人的一切足够了解，能够深入他的领域，和他在各方面找到共同点、在同一层次上对话时，你才能真正与他产生联系。记住，人脉永远是近路。

左宗棠是湖南湘阴人，虽然读书十分用功，但是中了举人之后，就再也未能更进一步。这是因为，左宗棠偏重于实用之学，而晚清的会试内容依旧走在八股的老路上，与其学术取向不尽一致。左宗棠虽然没有考上进士，但却以举人的学历，最后成为疆臣，建立了不世的功业，与曾国藩、李鸿章并称"晚清三大名臣"。

要知道，明清以来，入阁必须是翰林，也就是进士中的头筹，这几乎成了一条定律。左宗棠却以举人的学历进入内阁，成为大学士，这不但在清代的历史上罕有，在整个中国古代史上也是罕见的。他的身上真的闪烁着"主角光环"吗？

左宗棠出身书香门第，他的父亲左观澜担任过知县。从 6 岁开始，他就跟着父亲在省城长沙读书。相较于八股之学，他更热衷于经世致用的学问，尤其喜欢读明人顾祖禹的《读史方舆纪要》、顾炎武的《天下郡国利病书》，把解决现实问题的学问当作毕生之学。19 岁那年，父亲去世了，守孝的左宗棠听说长沙名士贺长龄在籍，便去拜访。

贺长龄比左宗棠大 27 岁，是二品的布政使，但与这个青年有了一席谈话后，便连呼他为"国士"。原来，那本著名的实学巨著《皇朝经世文编》挂的是贺长龄的名，实际是魏源所编，左宗棠拜访他，等于找到了自家的门。

贺长龄极力提倡经世致用之学，左宗棠的出现怎能不令他视若"国士"呢？当左宗棠谈及节衣缩食买书来读时，贺长龄痛快地表示：以后你不必买书了，想读什么书，来我的藏书楼取便可。此后，左宗棠成了贺家的常客。不论左宗棠提出读哪本书，他都亲自一级一级地登上狭窄的楼梯，把书取来交给这位年轻人，有时候还要上上下下跑好几趟。每次左宗棠来还书，两人都会就书中的内容畅谈半日。贺长龄叹息地说："天将降大任于君矣，望季高（左宗棠的字）笃志践行之！"

道光十一年（1831），得到贺长龄关照的左宗棠来到长沙城南书院读书。这里的书院山长是贺长龄的胞弟贺熙龄，他同样是经世致用之学思想的践行者。城南书院位于妙高峰，可以说是传播湖湘文化的中心。贺熙龄比左宗棠大 24 岁，翰林出身，曾担任湖北学政、山东道监察御史等职，虽然只教了左宗棠一年，但此后十年二人书信不辍，保持了终生的师友关系。他在名为《舟中怀左季高》的诗中写道："九月湖湘水倍清，卷云亭上故交行。六朝花月毫端扫，万里江山眼底横。开口能谈天下事，读书深抱古人情。而今迈步从头越，莫叹前程未可寻。"同样出身湖南的毛主席，写过一首名为《忆秦娥·娄山关》的词，其中一句"而今迈步从头越"就出自此诗。可见湖湘文化精神影响之大。

湖南巡抚吴荣光在长沙创办了湘水校经堂，贺熙龄便推荐左宗棠来这里读书。吴氏不但是封疆大吏，而且是经世派的学者。他认为学子读书只偏重科举之学实为陋习，故而在学院里大力倡导通经史，用于治世的学问，树立起一股新学风。这对左宗棠而言，简直是如鱼得水。他的学习成绩极为优异，"书院膏火以佐食"，相当于获得了助学金，从此不用交学费，还有生活补助。

左宗棠在校经堂的考试中多次获得第一，然而参加乡试时却落榜了。因为考官是八股文专家，不可能看上左宗棠的文章。巧的是当年正值道光帝五十大寿，要从落榜的士子中"搜遗"，也就是挑选遗落的人才。这样一来，左宗棠的考卷入了选。尽管考官对卷子内容仍有质疑，但是在吴荣光的坚持下，左宗棠终于位列举人。

中举之后的数年里，左宗棠进京参加会试，但都与进士无缘。他的老师们却官运亨通，就连在北京考试时结识的好友胡林翼也中了进士。眼看左宗棠科场蹭蹬，他的老师们都觉得过意不去。吴荣光推荐他到醴陵渌江书院当山长，相当于任校长。在这里，左宗棠遇到了他人生中的另一位大佬——两江总督陶澍。

道光十七年（1837），陶澍回乡经过醴陵。如何安排这位湖南大佬的食宿，当地县令想得非常周到，他请左宗棠专门在馆舍门上写了一副对联：春殿语从容，廿载家山，印心石在；大江流日夜，八州子弟，翘首公归。陶澍见了这副对联，击节称赞，派人询问对联是谁写的，要求立刻相见。陶、左二人一见如故，不知不觉聊到了天亮，从而成为忘年之交。左宗棠在写给夫人的信中说："督部勖望为近日疆臣第一，而虚心下士，至于如此，尤有古大臣之风度。"

道光十八年（1838），左宗棠又一次进京参加会试，绕了一个大圈跑到南京拜访陶澍。陶澍视左宗棠为上宾，指着自己的位置说："将来你也会坐上这个位子的，甚至还会在我之上。"当他得知左宗棠之女左孝瑜的年龄后，还为儿子陶桄求了亲，从此陶、左两家成了亲眷。陶澍完全忽视两家的门第，以总督之家向布衣之门提亲，可见左宗棠身上闪烁着何等的魅力。毕竟，英才身上的光辉是遮不住的。

陶澍任两江总督时，江苏巡抚是林则徐，督抚同城办公，二人志同道合。陶澍多次夸赞左宗棠，还未见面，左宗棠就给林则徐留下了深刻印象。后来，林则徐调任云贵总督，请左宗棠当幕僚。当时陶澍已病逝，左宗棠因照顾陶家老小脱不开身。多年后（1850年），林则徐返乡回到福建，特意绕道长沙，邀请左宗棠见面。两人在湘江的船中彻夜长谈，林则徐把自己在新疆整理的资料交给左宗棠，认为将来能够整顿西北大局的，唯有左宗棠。后来，林则徐向他人谈及这次会面时，称左宗棠是"绝世奇才"。

咸丰二年（1852），太平军围攻长沙，好友郭嵩焘向湖南巡抚张亮基举荐左宗棠，使左宗棠成为入幕之宾。张亮基在左宗棠的协助下，多次击退太平军的进攻。太平军围攻长沙三个月后，最终无功而去。湖南注定要成为左宗棠的发迹之地。张亮基调任湖广总督后，左宗棠也曾追随入幕；但张亮基被调往山东为巡抚后，左宗棠却回到了湖南。当时，太平军在湖南北部驰骋，贫苦的人接连起事响应，长沙危如累卵。湖南巡抚骆秉章焦头烂额，左宗棠又一次进入湖南巡抚幕府。骆秉章把军事事务悉数交给左宗棠，自己乐得做甩手掌柜。左宗棠也不负所托，昼夜思虑对敌，逐渐扭转了湖南的糟糕局面。

左宗棠的名声越来越大。在一干大僚的举荐下，清王朝赐予他四品卿衔。由此，左宗棠终于看到了人生的曙光。从40岁开始，一直到49岁，左宗棠先后在张亮基、骆秉章、曾国藩的幕府当师爷。然而，仅仅过了4年，他就被任命为浙江巡抚。这一跃升固然与他镇压太平天国的军功有关，然而在过往的大半生里，他的社交往来和人脉铺垫已经使他的名声上达天听。陶澍、林则徐、胡林翼、曾国藩、骆秉章、张亮基无不成为他成功之路上的风帆。备受咸丰帝信任的大臣潘祖荫在一封奏折中写道："是国家不可一日无湖南，而湖南不可一日无左宗棠也。"此后，左宗棠历任闽浙总督、陕甘总督，并为维护祖国的主权完整，率军进入新疆，立下了彪炳千秋的功勋。

现在，我们可以回答本节标题的问题了：为何人人都看重左宗棠？一个人在社交中的魅力，来自他自身。**一个人的人品、才华和能力，决定了他会结交什么样的朋友。优秀的人之间，具有天然的作用力，彼此之间既是试金石又是磨刀石，既能检验对方又可互相提高。**

胡雪岩：给他人撑伞，为自己铺路

所谓资源，就明晃晃地摆在那儿，不是有没有的问题，而是谁来用、怎么用、用来干什么的问题。想明白这三问，你就读懂了胡雪岩。

胡雪岩在晚清商界是一个传奇。他没有受过多少教育，12 岁父亲病故后，就不得不想办法谋生。他的人生之路，是从小伙计，也就是从最底层开始的。他最初在杭州的杂粮行、金华火腿商行干活，后来到了杭州的"信和钱庄"，工作内容是打扫卫生和倒夜壶，直白地说就是杂役。他虽然干的是杂役，但是为人十分乖巧，很会来事，尤其是能看懂老板的眼色。所以三年之后，他成了钱庄的业务伙计，这就好比环卫工人转成了银行柜员。

胡雪岩的发迹，始于阜康钱庄。那一年他 19 岁，在钱庄当学徒。钱庄的老板姓于，没有儿子，便将胡雪岩视作亲儿子，临死前把钱庄的经营权交给了胡雪岩。那时的胡雪岩虽然年轻，但是在钱庄的历练让他明白了一个道理——花花轿儿人抬人。

人要懂得彼此成全，也就是建立自己的人脉网，有了这张网，才能赚大钱。这时候，一个名叫王有龄的读书人出现在他的视野里。胡雪岩和他进行了一番交谈后，发现他对衙门里的运作十分熟悉。原来王有龄的父亲王燮担任过知县，曾将儿子带进衙门为自己办文案。王有龄办文案的能力很强，但是考试却不得要领，以致考了好几回，连个举人都没有捞着。无奈之下，家里就给他捐了官。所谓捐官，就是花钱买官。当时，清王朝的财政十分困难，为了增加收入，捐官之风盛行。不过，捐官多是候补，要有了补缺机会才能实授。不然，只有其名，而无其实，就领不到一分钱的俸禄。王有龄既然捐了官，那么缺的就是一个机会。胡雪岩从商人的角度考虑，**生意不会自己找上门，补缺也一样**。他将500两银子交给王有龄，让他去打点，王有龄的机会就这样来了，不久就补了实职。

清咸丰元年（1851），王有龄调任湖州知府，开始"反哺"胡雪岩。很快，胡雪岩得到了代理湖州公库的机会。所谓湖州公库，也就是当地的财税收入，相当于拿到了政府财政管理经营权。

胡雪岩先是办起丝行，他用公库的现银扶持农民养蚕，蚕产得丝后，拿到杭州、上海出手，除去利润后，将公库的钱上交浙江省"藩库"，这个过程是不需要交一厘利息的。胡雪岩做事八面玲珑，与浙江官场上各方人物的交往日深，生意越做越大。当时他得到一个消息，浙江巡抚黄宗汉将离任。他立刻带了一船土特产和1.5万两银子直奔苏州，拜见江苏学政何桂清。

此次拜访中，他向何桂清表达了两个意思：一是浙江巡抚将空缺；二是赶紧进京打点，拿下这个职位。何桂清得到内部消息，又有了资本加持，于是立刻运作，果然被任命为浙江巡抚。有了何桂清的支持，胡雪岩的钱庄、生丝、药店、当铺遍布整个浙江省，并朝全国发展。

咸丰七年（1857），何桂清升迁两江总督，王有龄也成为江苏布政使。有了此二人的支持，胡雪岩的生意在江浙一带无往不利。胡雪岩的飞跃性发展，得益于1860年英法联军的入侵，大量的募兵经费被存入他的钱庄。当时王有龄已调任浙江巡抚，他将办理粮草、军械乃至浙江省的漕运等事务都交给了胡雪岩。可以说，胡雪岩掌控了当时浙江省一半的财政。

当然，生逢乱世，难以避免风险，关键在于如何掌控风险。咸丰十一年（1861），太平军攻破杭州，王有龄自尽，何桂清早已逃跑。从表面上看，胡雪岩的两大靠山都倒了。但是，山可以崩，人也可以动。左宗棠出任浙江巡抚后，胡雪岩很快又搭上了他的线。胡雪岩能得到左宗棠的重视，一个很大的原因在于他的理财手段。左宗棠可以通过军事取胜，但不能用同样的方法安民。收复杭州城后，最重要的事情就是善后。胡雪岩出钱办粥厂、施医药、抚恤受到战祸的百姓，获得了了好的名声。左宗棠将浙江全省的钱粮、军饷都交给他处理，也使他获得了巨大的利润，进而走上官商之路。

胡雪岩的善铺人脉和高超的交际手腕，与其深谙人性是分不开的。下面以为左宗棠筹措军饷、向洋行借款为例进行探讨。胡雪岩向左宗棠引荐了泰来、汇丰两家洋行的经理，其中汇丰是中间人，泰来是借款方，事情办得相当顺利。事后，左宗棠有一事不解，既然是向泰来借款，为何要拉上汇丰？胡雪岩解释道："汇丰是洋行的行业领袖，有了汇丰出面，调度款项会更加顺畅。好比朝廷派钦差来浙江办差，到了地方与大员沟通，事情未必顺畅，但这时候左大人一出面，不但地方上配合，朝廷也认可。"这一顿彩虹屁，即便是左宗棠，也难免落入彀中。

当时清廷向洋人借款，要以海关税收为抵押，也就是需要海关出具税票做担保。由于胡雪岩的生意大、信用好，重要的是钱庄确实有大量银子，故而洋行免了这道程序。当左宗棠询问这一道流程时，胡雪岩并不显摆自己，而是将此归功于左宗棠在外国人心目中的分量。

同治十一年（1872），胡雪岩的资本达到 2000 余万两，他不但掌控着多个行业的生意，还购置了万亩良田。左宗棠向朝廷奏报他的功劳，他被授予江西候补道，赏穿黄马褂，成为真正的红顶商人。

左宗棠率军出征，实际上已经脱离了胡雪岩的商业基本盘浙江省。不过，胡雪岩的目光更加长远，他积极满足左宗棠的军事需求，解决军械、粮草和药品短缺等问题。当时，向上海的洋行借款十分艰难，因为英国人对左宗棠的西征持观望态度。不过，胡雪岩转变思路，向借款利率最高的英国人借款，这使得英国人的态度发生 180 度大转弯，不但给予金钱支持，还为西征军提供了大量快枪。胡雪岩先后主导向洋人借款 1870 万两银子，从而解决了西征军的军饷、粮秣和军械问题，保证了左宗棠军事上的成功。

胡雪岩的成功，有时代的原因，但更与其个人有着莫大关系。无论是对王有龄、何桂清还是左宗棠，他首先都是成就了对方，对方成功了，他也就成功了。他精通社交之道，商业上的成功，与其说是对事业的投资，不如说是对人的投资。

吴棠：不为送错的礼物懊悔

很多人不是没有过好运气，而是当运气来临时，他没有本事接住！

做正确的事，不见得一定会成功，但起码可以在好运来临时，不至于让机会白白溜走。

吴棠于道光十五年（1835）中举，此后宦途蹭蹬，一直到道光二十九年（1849）才被任命为淮安府桃源县（今属江苏）县令。在任三年，吴棠为官十分清廉，经常布衣草鞋，到乡村间访贫问苦，严厉打击地方上的不法分子。他不但肃清了原来的匪患，还组织百姓治理了多年未能解决的水患。不过，这些良政并未引起上级的注意。之后，他被平调到淮安府的清河县做县令。

清河县是一个问题县，多年来胥吏们织成了一张错综复杂的关系网，私自向百姓摊派杂税。而且，当地赌博成风，盗贼十分猖獗。吴棠到任后，决定先从吏治开始。他先将县衙里的老书吏除名并驱逐县境，从而使得小吏们群龙无首。之后，他又将为恶的两名衙役处以杖刑，赶出县衙。他向上级淮安府请兵，亲自带兵剿匪，只用了一个月，就将当地的匪患肃清了。他又在乡村实行联防政策，由士绅组成禁赌会，一旦发现设赌的村落，就向当地士绅问责。吴棠在清河的政绩，同样没有引起上级的注意，倒是因打击盗寇的手段而得到了嘉奖。

咸丰二年（1852），邳州发生暴动，吴棠被调任为代理知州，去围剿暴民。吴棠到任后发现，当地百姓暴动，纯属活不下去了。原来邳州连年发生水灾，百姓歉收，但是官员们腐化堕落，税赋丝毫不减。吴棠仍然先从吏治入手，打击贪腐，然后进行赈灾。

在剿匪问题上，他十分清楚，**所谓的"匪"都是百姓，要么是被裹挟，要么是求个活路，因而他命令士兵到处张贴"首恶必惩，协从解散"的布告，亲自带兵捉拿"匪首"**。很快，暴动就被瓦解了。他知道，匪患发生的主要原因在于百姓没有生计，因此不从根本上解决问题，就不可能彻底肃清。老百姓有了活路，才能缓解与朝廷的对立情绪。因而，匪患一缓和后，他立刻亲自勘察地形，兴修水利，并以工代赈救济饥民。他还下令由士绅和官方合办育婴堂，收养弃婴，使2000名婴儿得到收养。邳州的另一个暴乱源头，是从山东过来的捻军。于是，他亲自领兵在郯（郯城）、沐（沐阳）交界的高塘沟设伏，击退捻军，斩首数百级，从而保全了地方。

吴棠在官场上没有任何靠山，企图凭借清廉的官风和一己之力获得升迁，这在腐败的晚清官场中是不可能的。上级用他的时候，会给他一个代理知州的职务；一旦当地靖安，立刻又将他撵回清河县，让他继续当县令。不过，吴棠的转机很快就来了。他无意中结交上一个贵人，使得他从此通天，在官场上一路青云。

一天，有人向吴棠报丧，说他的好友某人去世了，运载灵柩的官船就停在河边，准备返回原籍。吴棠一听，立刻命仆人先准备300两银子送过去，自己随后吊唁。仆人拿着银子到了河边，果然看到一艘官船上挂着白色的孝布，就将银子交给了船上两个泪流不止的年轻姑娘，并说这是自家老爷的一点心意。家属收下银子后，写了个帖子向吴棠表示感谢。

仆人将帖子交给吴棠后，吴棠越看越疑惑，因为帖子上的落款是"镇江府"，而他的那个朋友从未在镇江府任过职，显然是送错了银子。原来，吴棠朋友的家人报丧后，急着赶回原籍，回船后就立刻起锚了。停留在运河边的丧船，运载的是从镇江府来的另一位名叫惠征的官员灵柩。既然送错了，也不可能再把银子要回来，吴棠干脆就将错就错，以地方官身份亲自登船祭奠。船上的家属见吴棠与自家先前并无往来，仅因地主之谊，既送银子又祭奠，大为感动，牢牢记住了他的名字。

惠征虽是旗人，但并无什么权势，到死也只在安徽做到四品道台。不过惠征有一个女儿却大名鼎鼎，那就是叶赫那拉·杏贞——慈禧太后。

吴棠送银子的时候，叶赫那拉氏还没有出阁，回京后不久就被选秀入宫，得到了咸丰帝的宠爱。咸丰十年（1860），吴棠被任命为四品徐海道台。这一年，叶赫那拉氏已经成为身份尊贵的懿贵妃，在清廷内部有了极大的影响力。一年后，吴棠被任命为二品江宁布政使，同时代理漕运总督。吴棠中举后踏入仕途长达25年，无论他怎么拼搏，如兴修水利、剿匪、赈灾，都仍只是县令。可是遇到贵人后，他只用了两年时间，就从九品县令飞速上升到二品布政使，升迁之快，令人咋舌。

此后，吴棠可以说是坐上了升迁的火箭。同治二年（1863），吴棠被实授为漕运总督。仅仅过了一年，朝廷就让他署理江苏巡抚，接着署理两广总督。因漕运事务太过繁杂，吴棠未能到任，朝廷就让他就近署理两江总督之职。慈禧太后对吴棠当年赠送银子、登船吊唁的情谊，给予了巨大的回报。清朝的大员"署理"，是指前任官员离任后，暂时让别的官员代理。这种代理往往有挂职锻炼的性质，意味着将向更重要的位置迈进。同治五年（1866），吴棠被调任为闽浙总督，它是清朝九大总督之一，妥妥的封疆大吏。

同治六年（1867），吴棠被调任为四川总督，四年后署理成都将军。清朝在四川设总督，又另设将军，这在别的地方是极其少见的职权设置。为了相互制衡，两个职位通常委派此前在不同地域任职的官员，由一人兼任两职更是少见。在清朝260余年的历史上，共有75位成都将军，只有8位是汉官，吴棠就是其中之一，可见清廷对他的信任。

吴棠的发迹，一方面与其个人优异的才能有关，另一方面也是因为他搭上了慈禧这个贵人。若非仆人送错银子，为他促成那次吊唁，也许他的才能不会得到真正的施展。可见，**能力对于一个人来说固然重要，社交中能否遇到贵人同样重要，这对今人仍有借鉴意义。**

贰

纵横·顶尖的社交艺术

　　作为独立的个体，人最重要的属性是社会性。真正懂得社交的人，绝不是处处谨慎、趋利避害的滑头，而是像游弋海里的鱼、翱翔于天际的鹰——既有傲然独立、自由前行的能耐，更有与海天融为一体、和光同尘的本事。

赵仓唐：正确使用社交语言

> 婉转的语言，适合说给有智慧的人听。而且，永远要记住——婉转本身不是目的，给双方留有足够的回旋余地才是目的。

魏击是魏文侯的嫡长子，是魏文侯重点培养的继承人。在魏击年幼时，魏文侯就专门聘请子贡（孔子高足）的弟子、大儒田子方给他当老师。这使得魏击受到了良好的文化教育。魏国与秦国争雄，在西河发生激烈的战争。魏文侯任命魏击为将军，由他亲自领兵作战，夺取了秦国的繁、庞（约在今陕西韩城东南）两座城，受到军事的洗礼。

魏国的国力不断上升，赵国的国力却持续下降，这是因为在赵国与燕国之间，由鲜虞人建立的中山国逐渐摆脱了赵国的压制，开始反击。早在赵襄子为赵氏当家人之时，他就夺取了中山国的代郡，形成钳形攻势，使得中山国无力扩张。到了赵烈侯时期，他对中山国的控制有所松懈，中山国反过来袭扰赵国，并取得胜利。为了灭掉中山国，赵国请求魏国与自己一起出兵。魏文侯同意了赵国之请，派遣乐羊为大将，太子魏击随军出战。魏文侯四十年（前406年），用了整整三年时间，联军终于灭掉了中山国这根赵国的后背之刺。

魏国和中山国之间隔着赵国，魏国要控制这块好不容易得来的飞地，就需要派遣重要的人物镇守。因此，魏文侯将中山的灵寿（今河北平山）这片土地封给了立下大功的乐羊，封太子魏击为"中山君"，还派遣重臣李悝担任国相，辅佐魏击。从表面上看，太子魏击得到了魏文侯的重用，但实际上是被剥夺了继承人身份。中山国形式上是魏国的封国，是臣属之国，作为中山君的魏击名为封君，实则是臣。要想继承魏文侯的衣钵，魏击必须回到魏国的都城，这需要一个机会。

三年后，这个机会出现了，它源于一个人——赵仓唐。

赵仓唐成为中山君魏击的大臣后，问道："您多久没有见主上了？"

魏击说："自从我被派到中山国来，就再也没有机会回去过，只是逢年过节写信而已。"

赵仓唐说："身为人子，三年不面见父亲，这是不孝；身为父亲，三年不关心儿子，这是不慈。"赵仓唐一针见血地指出魏文侯父子之间的隔阂。

事实上，魏击早就想打破与父亲之间的隔阂，只是他不知道用什么样的方式比较合适，因而对赵仓唐说："我一直想打破这个隔阂，可是没有合适的人作为使者。"

赵仓唐说："我就是那个合适的人。"随后，他问魏击魏文侯有什么喜好。魏击告诉他，魏文侯喜欢晨凫（一种野鸭子）和北犬。

赵仓唐当即命人捕捉晨凫，又购买了矫健漂亮的北犬，然后带着这些礼物来到了魏国的国都。到了宫门外，他对侍臣说："请您向君侯呈报，就说不孝子魏击派了使者来，不敢和满朝的大夫们一起觐见您，希望将晨凫交给您的后厨，把北犬交给您的侍从。"

赵仓唐的话说得非常得体，礼物也送到了魏文侯的心坎上，因此魏文侯单独召见了他，问道："击，好吗？"

赵仓唐的回答是："唯。"

魏文侯感到很奇怪。赵仓唐的回答十分含糊，让他不明其意。因而，魏文侯又问了一遍，结果赵仓唐的答复还是一个"唯"字。

这让魏文侯十分不快，说道："好就是好，不好就是不好，'唯'是几个意思？"

赵仓唐说："您已经封我的主上为中山国之主，但仍然直呼其名，所以我不敢回答您的问题。"

魏文侯恍然大悟，赶紧改口说："中山君还好吗？"

赵仓唐说："我来拜见您时，他亲自送我登上了车。"

赵仓唐的这番话说得非常有深意：一方面说明魏击身体很好，另一方面说明魏击对这次派使者见父亲非常重视。

魏文侯又指着宫廷里的侍从说："中山君长高了吗？你看和他们谁差不多呢？"

按照当时的贵族礼仪，只有身份相当的人之间才能比身高。与比自己身份高的人或社会地位比较低的人比身高，都是非常失礼的行为。所以，赵仓唐瞄了一眼那些侍从，答道："身份不相等，臣不敢回答。"

在魏文侯的心里，魏击是自己的儿子，所以说得很随便。而对于赵仓唐来说，魏击是自己的主上，得处处严格遵守礼仪。这也让魏文侯意识到，魏击不再是他的孩子，而是一个有身份地位的人，所以赶紧改口说："和我比吧，他长到我的哪儿了呢？"

赵仓唐说："臣不敢。您赐给我家主上的衣服，都很合身，腰带也合适，不必增减尺寸。"魏文侯听了十分高兴，这个赵仓唐太会说话了。魏文侯与赵仓唐聊天的兴趣十分浓厚，问道："中山君最近读什么书呢？"

赵仓唐答道："学诗。"（此处指学习《诗经》。）

魏文侯又问："他最近学习了哪几首诗？"

赵仓唐答："《晨风》和《黍离》。"

魏文侯轻轻地吟诵道：

> 鴥彼晨风，郁彼北林。
>
> 未见君子，忧心钦钦。
>
> 如何如何，忘我实多！

山有苞栎，隰有六驳。

未见君子，忧心靡乐。

如何如何，忘我实多！

山有苞棣，隰有树檖。

未见君子，忧心如醉。

如何如何，忘我实多！

这首诗出自《诗经》十五国风中的"秦风"，晨风是鸟的名字，诗中表达的意思是想见的人却见不到，因而十分思念，忧心如醉，很不快乐，怪对方忘了自己。学习《诗经》是先秦贵族的必修课，也是社交必备。魏文侯当然熟知诗中意思，吟完后笑着说："看来你家主上是埋怨我呀。"

赵仓唐的回应很有意思："我家主上时刻挂念着您，但绝不敢埋怨您。"

魏文侯又吟诵起另一首诗：

彼黍离离，彼稷之苗。

行迈靡靡，中心摇摇。

知我者，谓我心忧，不知我者，谓我何求。

悠悠苍天！此何人哉？

彼黍离离，彼稷之穗。

行迈靡靡，中心如醉。

知我者，谓我心忧，不知我者，谓我何求。

悠悠苍天！此何人哉？

彼黍离离，彼稷之实。

行迈靡靡，中心如噎。

知我者，谓我心忧，不知我者，谓我何求。

悠悠苍天！此何人哉？

这首诗的意思就更加明显了，是在埋怨父亲将自己扔到了远离国度的地方。**但贵族的社交礼仪就是这样，有话不明着说，中间要隔着一层，如果说得太过直白，不但显得粗鄙，而且会丧失回旋的余地。**

赵仓唐用这两首诗，明白无误地传达了魏击的意思。当然，魏文侯也懂了，当即让侍从准备一套衣服，放进衣箱里，嘱托赵仓唐带回去给中山君，临走时一再嘱托，一定要在天亮前送达。

赵仓唐不敢怠慢，驾着车一路狂奔，在天亮前把衣服送到中山国，交给了魏击。魏击先对着赏赐的东西行了一番大礼，然后打开衣箱。

只见赏赐的衣服乱糟糟的，吓得赵仓唐大惊失色，以为是自己走过于匆忙弄乱的。谁知魏击不但不怪罪他，反而笑着对他说："快给我准备车马，君上召见我回去呢！"

赵仓唐不解地说："我走的时候，君上没有召见你的指令啊。"

魏击也不多加解释，吟诵道："东方未明，颠倒衣裳，颠之倒之，自公召之。"

这也是《诗经》里的诗，名为《东方未明》。魏文侯命赵仓唐天明之前将衣服送达，而且故意将衣服弄乱，暗指"自公召之"。

魏击准确地理解了父亲给自己的这个诗歌暗号。

果然，魏击的出现，令魏文侯大喜。他召集臣僚，举行盛大的宴会欢迎儿子的归来，并向大臣们告知，恢复其太子身份，改派另一个儿子去中山国镇守。在宴会上，君臣们弹琴饮酒，吟诗祝贺。魏击趁着酒兴，上前向魏文侯祝酒，并吟诵了一首诗：

凤凰于飞，翙翙其羽，亦集爰止。

蔼蔼王多吉士，维君子使，媚于天子。

这是《诗经·大雅》里的诗，原本讲的是周天子出游，大臣写诗称颂。这里当然不是说魏文侯可比天子，而是借这首诗称颂君明臣贤，贤臣们聚集在明君的身边，犹如百鸟拱卫凤凰一般。这个彩虹屁，不但让魏文侯受用，也使满朝的大臣们都得到了赞美。不得不说，赵仓唐和魏击都是社交高手，善于使用社交语言。

魏文侯五十年（前396），文侯病重，召见吴起、西门豹等重臣，让他们努力辅佐太子魏击。不久，文侯薨，魏击登上宝座，是为魏武侯，在位 25 年，使魏国霸业更大了。

吕不韦：一代名相的起步抓手

> 一致的爱好、一致的思想、一致的话题、一致的经历……这些统统比不过一样东西——一致的利益。真正有效的社交活动，其实都是在围绕"寻找共同的利益"这一亘古不变的主题展开的。

吕不韦是战国时期秦国的名相，在秦国的统一事业中做出了巨大的贡献。但是在没有踏入政坛之前，他只是卫国的一名商人。吕不韦的起步抓手在何处呢？答案是社交。他悟出了一条社交的黄金法则——**社交的最高境界是寻求利益的一致性**。

不过，与普通的商人不同，吕不韦喜欢社交，经常与进出货之地的达官显宦饮宴，在六国建立了人脉，生意也越做越大。

当时，秦国公子异人被送到赵国充任质子。所谓质子，就是人质。战国时期，为了结盟或取得外交上的互信，王室之间经常把公子送到对方国家为质。这种作为人质的公子，结局往往有两种：一种是"镀金"；另一种是成为"弃子"。

在大多数人看来，公子异人无疑是一枚弃子。他是秦国太子安国君的儿子。安国君有20多个儿子，异人的母亲夏姬出身低微，根本不受恩宠，安国君甚至未必记得有这么个儿子。何以这么说呢？只因当时秦赵交恶，秦国明知有人质在赵，依旧多次对赵国用兵，赵国没有杀了异人，已算是他的幸运了。

秦国提供给异人的生活用度也十分寡薄，导致他在邯郸的生活相当窘迫。吕不韦却从商人的角度看问题，认为投资异人，实乃"奇货可居"，假如弃子能活，这必将是一本万利的大买卖。他着意结交异人，请他参加自己的宴会。他见异人穿的衣袍都是旧的，就给他置办新的袍服，还赠送他华美的裘皮，以抵挡邯郸冬天的寒冷。异人的马车早就坏了，他出行不得不靠步行，吕不韦就将自己的车驾送他。当时这种车驾只有贵族和吕不韦这种巨商才能乘坐，吕不韦送给异人车驾，相当于今日送出一辆超跑。

异人由此对吕不韦感激不尽，并多次表示，自己是个没有影响力的公子，否则一定会重用他。吕不韦继续拿钱砸向异人，使他的生活具备了王室公子的体面。

吕不韦已经和异人搭上了关系，那么如何才能让他成为"有影响力"的公子呢？他开始了第二步社交，就是结交安国君的正室华阳夫人。

华阳夫人的门槛很高，吕不韦一时进不去，就找上了华阳夫人的弟弟阳泉君。阳泉君由于姐姐的关系，在朝堂上占据重要的位置。吕不韦对阳泉君说："你恐怕不久就要大祸临头了……"阳泉君问他原因，吕不韦说："你的姐姐华阳夫人无子，而另一位夫人的公子子傒很受重视，将来子傒登上王位，你还能保持现在的位置吗？"

阳泉君想了想说："不能。"

吕不韦说："你现在权势如此煊赫，到时候能善终吗？"

阳泉君说："请先生告诉我怎么办。"

吕不韦说："我听说在赵国的公子异人很贤明，但没有依靠，如果华阳夫人肯收他为嗣子，现在太子正宠信夫人，一定会立异人为继承人。异人登基为王后，必定会感激夫人，你的地位不也就稳固了吗？"

阳泉君点头称善，于是引荐吕不韦进宫见华阳夫人。吕不韦对华阳夫人说："您现在姿容正盛，固然能得到太子的宠信，但是没有儿子，将来年老色衰，只怕会失去依靠啊。"（以色侍人者，色衰而爱弛。）华阳夫人认为他说的话有理。吕不韦趁机提及公子异人，并以异人的名义奉上大量珍贵礼物。华阳夫人告诉吕不韦，她希望能经常与异人互通信息，加强情感上的沟通。

一天，华阳夫人见安国君很是高兴，便趁机向他赞扬公子异人的才能，哭诉自己无子，希望能立异人为继承人，将来才有寄托。安国君认同夫人的想法，于是二人剖符立誓，确认异人为继承人。异人成为继承人后，立刻得到了安国君送来的大量赏赐与财物，生活也发生了巨大的变化。赵国获悉了异人地位的变化，对他的礼遇也不同了，将他从偏僻破败的馆舍换到了更加宽敞、豪华的居所。

异人的地位得到改变，吕不韦是第一功臣。一次，异人到吕不韦府上参加宴会，看到吕家的歌姬很美，就目不转睛地看着。吕不韦领会了他的意思，立刻将歌姬送给异人，并成了异人之妻，她就是赵姬。后世传说，赵姬当时已经怀孕，孩子就是未来的秦始皇。

前251年，秦昭王去世，安国君继位为王，是为秦孝文王，异人顺理成章地成为太子。秦孝文王在位时间非常短，登基三天就死了，异人登上王位，即秦庄襄王。吕不韦立刻获得重用，被任命为丞相，赐爵文信侯，以洛阳十万户为食邑。

我们回头来看，吕不韦之所以会取得这样的成功，与他的社交能力强有很大的关系，因为**社交的本质在于建立人脉。**他以异人为起点，进而把人脉延伸到对太子安国君有巨大影响力的华阳夫人。在无法直接与华阳夫人建立联系时，他退而求其次，搭上了华阳夫人弟弟阳泉君的线。这些都有一个共同点，那就是大家的利益具有一致性，即异人、阳泉君和华阳夫人有共同的利益基础。正是因为看透了这一点，吕不韦才成为战国末期顶级的操盘手。

馆陶公主：三朝社交达人

> 结交正确的人，才有通道做正确的事。与其说做事先做人，不如说做事先"交"人。

馆陶公主刘嫖，是汉文帝刘启与皇后窦漪房的女儿。她在汉初的政治格局中有相当大的影响力，与其长袖善舞的社交有密切的关系。

文帝时期，刘嫖被封为长公主，嫁给了汉初功臣陈婴之子陈午。由于窦皇后的宠爱，刘嫖性格泼辣，不拘泥于流俗，再加上汤沐邑丰厚，故而她广交朝中贤达，以致官员们争相奔走其门下。

汉景帝即位后，刘嫖作为与皇帝一母同生的胞妹，更加荣宠无比，被加封为大长公主。当时汉景帝的妃子栗姬所生的儿子刘荣被立为太子，为了能够在以后仍然屹立不倒，刘嫖着意结交栗姬，想将女儿嫁给刘荣。栗姬仗着自己是太子的生母，完全没有将这位公主放在眼里，于是拒绝了她的好意。

刘嫖见此路不通，转而与景帝的另一个妃子王夫人交好。王夫人深知刘嫖在宫廷中的影响力，因而经常参加公主的宴会。一次，王夫人带着四岁的儿子胶东王刘彘（后改名为刘彻）参加公主的宴会。公主将这个可爱的小侄子抱在怀里，开玩笑地说："儿啊，你想要媳妇吗？"

刘彘点了点头。

大长公主刘嫖就指着身边的女官和侍女一个一个地问："你要她做你的媳妇吗？"

刘彘都摇头否定了。

之后，刘嫖指着女儿陈阿娇说："那你要娶阿娇吗？"

刘彘奶声奶气地说："若能娶阿娇，我就用黄金造一所房子给她。"

刘嫖见这小娃儿的话这么有气概，非常高兴，便向汉景帝请旨，将女儿阿娇许配给刘彘，这得到了汉景帝的同意。至此，大长公主刘嫖和王夫人结成了政治同盟。

为了更进一步巩固与王夫人的关系，刘嫖请求汉景帝将王夫人所生的隆虑公主嫁给儿子陈蟜。这样一来，刘嫖的女儿成了王妃，儿子则成了驸马，堪称亲上加亲的双保险。有了这几层关系，刘嫖出入宫廷就更加频繁了。为了推倒太子刘荣，刘嫖不断地在汉景帝面前诋毁其母栗姬。汉景帝虽然念及与栗姬的旧情，但其实与她已产生嫌隙。

汉景帝身体不佳，栗姬正好在身边侍候，汉景帝对她说："我百年之后，希望你能善待其他妃子们。"此时，汉景帝实际上已有托孤之意。刘荣被立为太子，一旦自己驾崩，太子登基为帝，其生母势必被加封为皇太后，成为宫廷最有权威的人。由于栗姬平常就对其他妃子们嫉妒不已，此时听了汉景帝的话，更加愤怒不已，完全不搭话，而且出语反讽汉景帝。汉景帝怏怏不乐，但是没有当场发作。

刘嫖经常出入宫禁，对宫里发生的一切了如指掌。她获悉汉景帝与栗姬的裂痕后，伺机而动。恰好汉景帝的皇后薄氏被废黜，刘嫖就指使朝臣奏请立栗姬为皇后。汉景帝刚废了他祖母薄太后在他是太子时指定的正妻，还没缓过神来，大臣就来掺和，顿时大怒，指责大臣所奏不当，处死了奏事的大臣，同时迁怒于栗姬母子，并废黜了太子刘荣，改封他为临江王。

由于大长公主刘嫖经常在哥哥面前称赞胶东王刘彘贤明，王夫人也顺从汉景帝的心意，在皇后的位子空悬了一阵子之后，最终王夫人成了赢家，儿子刘彘则被立为太子。

汉武帝登基后，立陈阿娇为皇后，身兼姑母和岳母的刘嫖又有拥立之功，因而地位更加显赫。因她是汉文帝窦皇后的女儿，随窦皇后的姓氏，被尊为"窦太主"，凭借太后令牌，拥有在皇帝的御道上行车的特权。

刘嫖历经汉文帝、汉景帝、汉武帝三朝，堪称政坛常青树，直到后来皇后陈阿娇无子失宠，汉武帝也对这位权力欲十足的姑母有了猜疑，她的影响力才逐渐减弱。尽管如此，在刘嫖生命的最后，汉武帝也曾驾临其庄园的宴会。汉武帝还将女儿夷安公主嫁给了刘嫖的孙子昭平君。

纵观刘嫖的一生，其手腕之高，影响力之大，在整个中国皇室公主中也是罕见的。**不论是朝臣，还是内官、皇妃，都愿意与她结交，这与她热衷于社交是分不开的。正因如此，在每个关键时期，她都有广泛的人脉可用**。即便是晚年失势，她仍然能得到爱叔这样的高人指点，从而得到汉武帝的肯定，确保其尊荣不倒。

韩安国：社交也是种领导力

有时候，能"平事儿"比能"做事儿"更容易受到器重。这是因为，世上能做事儿的人已经足够多，但真正能平事儿的人却是凤毛麟角。

西汉名臣韩安国是历史上著名的社交狂人，尤以结交高端人物著称，并以其社交能力一次次化解危机，成为领导的得力臂膀。韩安国是梁国成安县人，后徙居睢阳。他最初的BOSS是梁孝王刘武，被任命为将军。西汉实行的是郡国并行制，除了直属中央的郡县外，皇帝将宗亲分封为王，赏赐大批土地。这些王爷在封国内权力很大，不但可任命官职，而且可铸钱冶铁，拥有军队。汉景帝时，诸王发动叛乱，直接进逼西汉中央政府，这就是"七国之乱"。梁孝王的封地在河南，刚好夹在叛军与长安之间，于是他派遣张羽和韩安国抵挡叛军。二人不辱使命，挡住叛军三个月，从而使得汉廷有时间调动军队和物资，最终平息叛乱。自此，韩安国声名鹊起。

韩安国的BOSS梁孝王是当朝皇帝汉景帝刘启的胞弟，是与皇帝血缘最近的王，因而受封的土地非常广阔。他的梁国，北以泰山为界，西达高阳，共有40余城，而且多数是大县。加之他在"七国之乱"中立下大功，地位更加荣宠无比。不过，发动"七国之乱"的吴王刘濞、赵王刘遂、济南王刘辟光……哪一个与皇帝没有血缘关系呢？哪一个地位不荣宠呢？种种迹象表明，汉景帝对这个亲弟弟已经有所忌惮。就连太后，也就是刘武的母亲，也拒绝接见梁国派来的使者，而这个使者就是韩安国。

真正的高手，当一扇门被关上的时候，他会寻找另一扇门。韩安国正是这样的人。被太后与皇帝拒绝召见，韩安国便搭上了汉景帝的姐姐馆陶公主刘嫖的线。刘嫖告诉韩安国，梁王行为不检点，触怒了皇帝，故而皇帝不肯见梁国使者；至于太后，则是因此事迁怒于梁国使者而已。原来，梁王刘武自从立下大功后，自以为是皇帝的一母同胞，便开始有点儿飘，出行时竟然使用和天子一样的仪仗与车驾。汉景帝认为胞弟有不轨之心，故而生了嫌隙。知道原因后，韩安国立马在馆陶公主刘嫖面前演了一出戏。他一边哭一边说："太后对儿子的孝心，皇上对弟弟的忠诚，为何不能明察呢？当初七国叛乱，函谷关以东的王国都联合起来向西进军，梁王想到太后和皇帝哥哥在关中，便命令我们以死抵抗，经常因为担忧而流泪。他使用的仪仗和车驾也是当今皇上赏赐的啊，为了彰显荣耀，才在荒僻的小地方炫耀一下。平定七国叛乱，梁王是立了大功的，为何因一些小节而不怜惜他呢？"

馆陶公主认为韩安国说出了实情，因而对他青睐有加，并把他的话告诉了太后。窦太后很高兴地说："我要亲自向皇帝转达。"汉景帝得知后，解开了心中的疙瘩，立刻接见了梁国派来的使团，并对每个人都进行了赏赐。窦太后、馆陶公主则单独给予韩安国重赏。由于韩安国此次出使的成功，梁王的地位不但转危为安，而且更加巩固。

汉景帝是释然了，但梁王刘武的行为却丝毫未加收敛。他招纳策士公孙诡、羊胜为自己谋划，企图得到皇位继承人的身份，还派人刺杀了汉景帝的干臣袁盎，请求汉景帝封自己为皇太弟。汉景帝十分生气，派人调查这是谁的主意。得知谋主后，他便派官吏赴梁国缉拿公孙诡、羊胜二人。刘武竟将二人藏在自己的宫廷里，使得连续来了十批官员都抓不到人。韩安国求见刘武，对他说："大王，您与当今皇上相比，有当年高皇帝与太上皇的关系亲近吗？"韩安国所说的高皇帝是汉高祖刘邦，太上皇则是刘邦的父亲刘太公。刘武回答道："我与当今皇上是兄弟，高皇帝是太上皇的儿子，我比不了。"韩安国又问："那当今皇上与临江王，与你相比呢？"刘武说："临江王是当今皇上的儿子，我也不能比。"

韩安国说："那就对了，太上皇是高皇帝的父亲，尚且不能参与政事；临江王是当今皇上的儿子，犯了错还自杀了……为何您觉得可以超越他们，为所欲为呢？"

刘武听后大汗淋漓，向韩安国认错，赶紧把公孙诡、羊胜交给了汉朝中央政府派来的官员。后来，公孙诡、羊胜二人自杀。韩安国再次化解了汉廷与梁国之间的嫌隙，其处事能力得到汉景帝和窦太后的注意。

梁孝王刘武自知登上皇位无望，便郁郁寡欢，后来患热病去世了。其子刘买继承了王位。韩安国因为犯了小错，被罢免闲居在家。汉武帝即位后，他的舅舅武安侯田蚡担任汉朝太尉。韩安国就与田蚡结交，给他送礼物。在田蚡的举荐下，韩安国被召入汉廷，任命为北地都尉，后升迁为大司农。田蚡担任丞相后，韩安国被任命为御史大夫，成为朝廷的高级官员。

田蚡与魏其侯窦婴不合。窦婴圈子里的官员灌夫就借酒在田家的酒宴上骂座，武安侯与魏其侯的争端闹到了汉武帝面前。汉武帝命令他二人在长乐宫辩论。二人互相指责对方，抖对方的黑料，闹得很不成样子。汉武帝十分生气，向韩安国咨询，韩安国回答道："魏其侯说灌夫的父亲在七国叛乱中为国捐躯，灌夫本人也冲入敌营死战，身负重伤，立下大功，这些都是事实，不能因为借酒骂座就被判死刑；丞相说灌夫结交奸邪，欺压百姓，横行颍川，积累财富以亿计算，丞相的话也有实据。还请英明的主上自己裁决。"汉武帝对韩安国的回答很是满意。

离开朝堂后，田蚡招呼韩安国上自己的车，很不高兴地说："我对付一个秃老头，你怎么还言语那么犹豫呢？"田蚡是在埋怨韩安国没有明确地和自己站在同一战线上。韩安国说："在皇上面前，魏其侯诋毁您，您应该摘下官帽，解下印绶，还给皇上，并向皇上请罪说：'我因为是皇上的腹心，侥幸得到现在的官位，本就不称职，魏其侯所言太及时了，请求自解官职。'皇上听了您的话，会认为您有退让的美德，这样魏其侯不会因此而羞愧吗？怎么能像市井小人物一样互相攻击呢？"

田蚡一听，说："一时冲动，竟然没有想到这一点。"他不再责怪韩安国。后来，魏其侯窦婴、灌夫被杀，并且遭到灭族之祸。田蚡更加认为韩安国的话很有道理。

从韩安国的一生我们可以发现，他是一个非常有军事才能的将领。但与一般征战于疆场的战将不同，韩安国有着很高的外交手腕，善于与上流人物往来，而且总能化解危机，使事情得到良好的处理。无论是汉景帝时期，还是汉武帝时期，他与内廷、外朝的关系都十分好。在一个组织系统里，他是典型的润滑剂式的人物，能够在各方关系中进行转圜，疏解芥蒂，因此非常重要，不可或缺。可以说，无论是梁孝王还是汉武帝，得到了韩安国这样的臣子，都等于得到了有力的臂膀。

顾荣：善待低微，是最有性价比的投资

> 越优秀的人，越会保全他人的体面，让人感到舒服。只要他人有一技之长，就不能轻视他。眼界太窄，看不到他人的长处，关键时刻身边难免无人可用，实在是境界太低。

顾荣出身吴郡四大姓"顾、陆、朱、张"中的顾氏，祖父是东吴丞相顾雍，父亲是宜都太守顾穆，从小接受了良好的教育。西晋灭吴，顾荣和江南士族一起迁到洛阳，仕于西晋王朝。由于顾家在江南为士族领袖，故而到了洛阳后，他得到了北方士族的青睐，受到推荐，在朝中担任要职。顾荣很有父、祖的名士风，不会因出身显赫就轻视寒门之人，因而很受人们的尊重。

西晋一统三国后，上层迅速腐化，贵族们终日饮宴。顾荣先后在赵王司马伦、齐王司马冏、长沙王司马乂、成都王司马颖、东海王司马越五位亲王执政时出任朝官，亲眼目睹了年轻王爷们为夺权而相互残杀场面，因而非常失望。他出身政治世家，但在黑暗的政治环境里毫无作为，只能终日饮酒以避祸，免得成为政治炮灰。

一次，顾荣受邀参加一个高级别的宴会，与会的都是洛阳的达官贵人。主人准备了丰盛的宴席，每个客人都有仆人侍候，有个高大的男仆负责为顾荣烤肉。顾荣看到那人紧紧盯着烤肉，很是眼馋的样子，就将自己的那一份赠予他。贵族高官们看到他的举动，都笑了起来，认为他这样做有失身份。但顾荣不以为意，还说："岂有终日制作烤肉却尝不到肉味的人呢？"然后，又将一壶酒赠予那人。

当时，世家大族的身份极高，一些非世家出身的官员，连与他们同席而坐的机会都没有，更不要说仆人了，待遇可谓天壤之别。但顾荣不这样认为，在他看来，即便只是宴席上的侍者，也应当获得尊重。

八王之乱，导致整个北方社会开始衰败，北方大族渡江到南方寻求生存空间，这就是著名的"衣冠南渡"。当年与顾荣一起饮酒的贵族们，多死于战乱和流亡路上。逃亡的顾荣发现每当自己遇难，都有一个高大的身影帮助自己。顾荣感到奇怪，就拉住那人询问。那人说："我正是您在宴席上赠予烤肉的人啊！"

正是因为当年的一个小小善举，顾荣得以保全性命。永嘉元年（307），琅琊王司马睿移镇建业（今南京），顾荣被任命为军司马。由于顾氏家族百余年来在江南树立的人望，这个初具规模的小政权对顾荣十分尊崇。顾荣也不负所望，推荐江南大批人才为官，这为东晋的建立奠定了重要的人才基础。后来，顾荣去世，晋元帝司马睿追赠他为侍中、骠骑将军、开府仪同三司。

顾荣虽出身高门大族，但是没有世家子弟的轻薄浮华，不看重浮名，能够折节与比自己身份低的人结交，这很可能是受到其祖父顾雍的影响。

他举荐人，看重才能，不看重身份，故而能够选拔出一批真正的人才。他很清楚，西晋一统全国后很快腐化堕落，从内部瓦解，导致永嘉之祸，神州陆沉，根本问题在于人心腐坏，士族阶层整体堕落，重出身而轻才能，导致掌管枢机的是一群无才无德之人。

顾荣对仆人的态度，实际上反映了他在社交中秉持的一个理念，**那就是不轻视比自己社会地位低的人，即便是仆人，也有可取之处。** 事实证明，这个仆人身上不但闪烁着忠信的光芒，而且勇敢，有感恩之心，这在任何时代都是非常珍贵的。顾荣对待仆人尚且能够如此，对那些真正的有才德之士，就更加毫无偏颇了。从这个角度来说，顾荣的社交段位之高，以及在团队中发挥的作用之大，绝对是国士无双。

王猛：在交游中寻找有才能的合作者

> 关系是"跑"出来的，门路是"走"出来的，脑筋是"动"出来的。一动不动啥也不干，结果就是没关系、没门路、没脑筋！

王猛出身寒微，少年时后赵已席卷中原，东晋则偏安于江左。他和众多的北方人一样，遭遇战争与饥荒，颠沛流离，生活十分悲苦。尽管如此，他仍然手不释卷，以天下为己任。

一次，他参加后赵司隶校尉徐统举办的宴会。徐统很赏识他，想征辟他为功曹。他很感谢徐统的赏识，但是拒绝了这次踏入仕途的机会，认为后赵此时虽然实力强大，但是内部危机重重，对自己来说并非一个好的时机。

世事果如王猛所料。后赵在一年之中有三个帝王轮番上台，内部爆发了血腥夺权的战争。东晋永和十年（354），东晋将领桓温北伐，进兵关中，关中父老夹道欢迎。王猛想一睹桓温的风度，也去拜访了。

桓温请王猛谈谈他对天下时局的看法，王猛一边捉身上的虱子，一边纵谈天下大局，旁若无人。桓温对他的气度和格局都暗暗称奇，因此道出了自己心中的一个疑团。他说："我奉天子之名，统率精兵讨伐凶蛮之徒，为百姓谋取安宁，为何关中豪杰却不来我的大营投效呢？"

王猛十分清楚，桓温此次北伐，目的在于靠军功谋求声望，并不是真的想为晋朝收复北方。因此，他直言不讳地说："您率领大军不远千里而来，却不肯渡过灞桥收复长安，关中豪杰看不透您的心思，故而不来。"

王猛一句话就戳中了桓温的心窝子。他之所以不肯进攻长安，是因为夺取长安会消耗他的实力，但夺取的国土属于晋朝，而不属于他。他虽进军中原，但也有留敌自重的想法。王猛的见识再一次让他折服，他很有感触地说："江左没有一个人比得上您的才能啊。"桓温离开关中前，赠予王猛豪华的车马，希望他能随自己南归，帮自己成就大业，但是被王猛拒绝了。他虽与桓温结交，但无意辅佐桓温。他很清楚桓温虽身为晋朝臣子，但心怀篡逆之心，这在世家大族盘踞的江左首先就失去了道义上的支持，因而不可能成功。王猛有拯救天下的志向，但桓温并非他最好的选择。

良禽择木而栖。青年时期的王猛，交游广泛，不乏上层人物，然而在乱世，他不会轻易地加入某个团体。 早期参加社交活动，实际上是王猛为了方便他对各方人物做深入调研，以此发掘合适的伙伴。

王猛与前秦尚书吕婆楼交好，他们经常讨论天下大事。当时前秦君主苻生是个暴君，动辄诛杀臣子，以致大臣们都很害怕他，宗室皇亲也离心离德。东海王苻坚素有拯救天下的大志，但是无人为他出谋划策，吕婆楼便向他推荐王猛。王猛与苻坚彻夜长谈，越谈越投机。苻坚欣喜若狂，将王猛比作诸葛亮。

在王猛的谋划下，苻坚登上了皇位。苻坚因始平县豪门最多，难以治理，任命王猛为始平令。很显然，这也是苻坚对王猛治理才能的一次考验。王猛上任伊始，就诛杀了当地为非作歹的滑吏，只用了几个月就让始平秩序井然。苻坚很高兴地对他说："你真的是子产、管仲一类的人物。"

36岁时，王猛在一年之内连续5次升职，任尚书左仆射、辅国将军、司隶校尉，获得了与年轻时赏识他的徐统一样的官位（司隶校尉）。

王猛虽然位高权重，但因为在打击权贵时采取了铁腕政策，因而在朝中树敌很多，被氐族贵族们孤立。名将邓羌战功卓著，但位在王猛之下，王猛却能放低姿态，故而邓羌对他十分尊重。甘露元年（359），王猛与邓羌为整肃朝纲，通力合作诛杀了违法的20多位贵族，由此吏治为之一清。苻坚也因此更加看重王猛，让他监督百官。

在消灭前燕的战役中，王猛担任统帅，节制十员大将，率领6万大军东进。符坚将其送行到长安的灞上，表示自己将率领大军为后援。王猛胸有成竹地说："我扫荡残敌，犹如秋风扫落叶，大王您只要建造好给俘虏的屋舍就行了。"符坚听了大喜。

在此次东征中，王猛以6万精兵打破前燕的30万大军，夺取了前燕的重镇晋阳。在向前燕国都邺城外围发起进攻的前一个晚上，他派遣大将徐成查探敌情。徐成因未能按规定期限回营，被王猛下令处死。当邓羌和别的将军求情时，王猛并未答应。

邓羌不满地回到自己的营帐后，王猛立刻赦免了徐成。邓羌认为，这是王猛给自己面子。当王猛下达军事任务时，他又向王猛要官，希望他能向符坚进言，把司隶校尉的位置留给自己，王猛都答应了他。这令邓羌十分高兴。作战时，他率领诸将奋力厮杀，以一当十，击溃前燕大军，使对方损失5万人。

扫平邺城外围的敌军后，前秦大军包围了这座著名的都会，前燕的君臣不得不开门投降。

由于王猛在政治、军事上的一系列成就，符坚任命他为丞相。符坚经常说，自己遇到王猛，就像蜀汉先主刘备遇到诸葛亮，如鱼得水。在王猛的辅佐下，符坚统一了整个北方，建立了十六国时期势力最强大的王朝。

王猛的成就，一方面与其卓越的政治、军事才能有关，另一方面又和他善于社交有关。在没有出仕之前，他就与各方势力广泛交往，后赵、东晋、前秦都希望他能出来做官。但是他没有草率地做决定，就像高卧隆中的诸葛亮，对局势有清醒的判断，最终加入了一个能最大化施展自己才能的团队。

王导：长袖善舞的领头羊

什么是社交向心力？简而言之，就是把自己的人弄得多多的，把敌人弄得少少的。

西晋短暂地统一了三国后，不久就陷入"八王之乱"的内斗中。匈奴、羯、羌、氐、鲜卑等部族纷纷建立了自己的政权，导致神州陆沉，司马氏丢掉北方的政权。东晋就是在这样的背景下建立起来的。

东晋的建立，与名臣王导有很大的关系。无王导则无东晋，这也是"王与马共天下"的深层内涵。以建业（今南京）为都城的东晋，内部有多股大大小小的力量。把这些力量拧在一起，撑起一个新政权，王导这个领头羊的社交能力起了极大的作用。

永嘉元年（307），安东将军司马睿还只是一个亲王时，王导就劝他移镇建业。建业原来是吴国的都城，西晋灭吴时，战争烈度并不大，以吴国末代君主孙皓的投降完成统一，因而未遭毁损，长江以南的经济也未遭到破坏。移镇建业，是王导替司马睿获取基本盘的第一步规划。吴国被灭后，江东士族成了二流，未能跻身晋朝上层，但他们在本土的影响力并未下降。司马睿到建业，是带着自己的团队来的，属于客寓入主的政权。他们要扩大统治基础，还必须得到江东士族的支持。只有得到北来的流寓士族和当地土族的共同支持，政权才能稳固。因此，争取江东士族的支持，是王导的第二步规划。

顾荣是东吴丞相顾雍之孙，贺循是东吴中书令贺邵之子，他们虽是前朝贵族之后，但也是本土的士族领袖。因而，王导专门结交二人，与他们建立了良好的关系。吴地的士族阶层最初并不看好司马睿，但随着顾、贺二人向司马睿靠拢，风向立刻就变了。

汉赵大将刘曜、王弥攻破洛阳后，俘虏了晋怀帝，西晋就此灭亡。王导于太兴元年（318）与江东士族一起拥立司马睿登上皇位，建立起东晋朝廷，重续晋朝的国祚。义兴周氏是江左的强族，周玘是原东吴名将周鲂之孙，很有军事才能，先后平定了石冰、陈敏、钱璯等人发动的三次叛乱，客观上对东晋朝廷的稳定发挥了重要作用。但由于朝中官位有限，北方士族多，因此朝中官位多为北方士族把持。周玘对此非常不满，密谋叛乱，但因事机泄露，未能成功，后来患急病而死。晋元帝司马睿想灭他的族，但王导认为，义兴周氏在江左影响巨大，如果妄加屠戮，会引起更大的叛乱，最终不但没有追究周玘的罪名，反而赐予其谥号"忠烈"。周玘之子周勰因父亲留下的"报仇"遗言，也想作乱，但因为王导与周家人交好，周勰的叔叔将消息透露了出去，导致其密谋失败。周勰由此变得消沉，过量饮酒，最后死在临淮太守的任上。王导同样劝晋元帝不要追究其罪责，从而使得叛乱消弭于无形。

当时，王导在朝内执政，哥哥王敦在外领兵，王氏兄弟权重，导致王敦野心膨胀。王敦多次向王导表示应该废掉司马睿，改立年龄较小的司马氏血脉，以便更好地控制，均遭到反对。盖因当时北方士族南下，与江东士族彼此牵制，司马睿是南北士族都认可的代理人，一旦王敦篡位，必然会打破这种平衡，遭到士族们的共同反对，王氏家族必将有灭顶之灾。江东豪族义兴周氏的叛乱，每次都被泄密，本身就反映出士族阶层寻求稳定的特点。因此，王敦作乱时，王导不但没有参与，反而竭力抵制，使其野心未能得逞，郁郁而终。

王导先后辅佐了晋元帝司马睿、晋明帝司马绍。明帝驾崩前，诏命他和外戚庾亮一起辅政，但因庾亮是明穆皇后的哥哥，因而实际上是他说了算。苏峻是北方的流民帅，此前被东晋朝廷此前征召抵抗过王敦，获得了很高的声望和地位。

执政的庾亮对他不放心，想召他入朝，名义上是给他升官，实则是为了剥夺他对军队的掌控。王导不同意，认为这会引起苏峻的怀疑，从而逼迫他叛乱，但庾亮不听。王导见庾亮一意孤行，便劝他整顿军备，防守京师，庾亮还是不听。果然，苏峻害怕入朝遇害，就与另一流民帅祖约发动了叛乱，杀入都城。此时庾亮却乘坐小船逃跑了，只有王导和部分大臣守护着晋成帝。谋士劝苏峻杀掉王导等大臣，但因王导早先在各种势力中所做的铺垫，包括在苏峻心目中留下的德高望重的印象，苏峻拒绝杀掉王导。

正是由于王导的平衡工作做得好，苏峻虽然发动了叛乱，但是并没有威胁到晋成帝的性命。

后来，苏峻叛乱被平定，晋成帝复位。由于都城遭到严重破坏，有的大臣建议迁都到豫章，还有的大臣则建议迁都到会稽，但都遭到了王导的驳斥。王导认为，豫章和会稽的地理位置都很偏僻，一旦迁都，必定会丧失人心，北方的游牧政权必定会趁机渡江，到那时东晋王朝很快就会覆灭。事实上，这只是王导给出的一个比较冠冕堂皇的说法。真实的原因是，迁都是一次新的权力洗牌，会导致王朝在大乱之后陷入新的动荡。平息苏峻叛乱，正是一个安定人心的好机会，宜静不宜动。最终，朝臣们接受了王导的提议。

庾亮因为在苏峻问题上失策，请求外放，从而成为都督江、荆、豫、益、梁、雍六州军事的封疆大吏，同时兼任江、荆、豫三州刺史。随着时间的推移，蒙在庾亮头上的阴影逐渐消散，庾亮再度膨胀，不满王导继续执政，打算将他赶下台，但是遭到另一掌握实权的大臣郗鉴反对，他只好作罢。在平定苏峻之乱中立下大功的封疆大吏陶侃，也想将王导赶下台，他向郗鉴征求意见，同样遭到反对。就这样，王导辅佐了三代君主。

王导的长袖善舞，使他能够平衡各方力量，挽大厦于将倾。后来，名臣谢安继承了他的施政方略，以平衡各方力量、拱卫皇室为基本方针，使得东晋政权拥有了100多年的国祚。王导的个人魅力，无论是在友方还是敌方，都具有春风化雨的力量，他堪称古代史上的社交大师。

刘渊：广结善缘，没有白铺的道路

> 事到临头才想起临时抱佛脚，佛没踢你一脚，是因为佛境界高、脾气好。想要结在关键时刻能用得上的"善缘"，就要在平日里多种"善因"。

刘渊是匈奴左部帅刘豹之子，也是汉赵王朝的开国皇帝。他以匈奴人的身份，建立了十六国时期的北方王朝，这一方面与他一流的军事水平有关，另一方面也与他卓越的政治才能有关。

刘渊是一个典型的、被汉化的匈奴人，这一切都与曹操管理匈奴人的政策有关。东汉末年，南单于率领部众入塞，帮助东汉政府讨伐黄巾军，自此留在汉地。到曹魏时，曹操将匈奴分为左、右、南、北、中五部，每一部单独设部落帅，互不统属，从而减弱其势力。司马氏篡夺曹魏政权后，基本上延续了这一政策。当时左部驻地在太原的兹氏，右部驻地在祁地，南部驻地在蒲子，北部驻地在新兴，中部驻地在大陵。从大的范围来看，匈奴五部分布在晋阳的汾水和涧水流域，地属并州。为了加强控制，司马氏政权将匈奴各部的年轻贵族们集中到洛阳来学习，刘渊也是其中一员。

刘渊的远祖据说是西汉时期匈奴冒顿单于。汉高祖刘邦曾将宗室女以公主身份嫁给冒顿，并相约为兄弟之国，故而西晋时匈奴左部贵族自称刘姓，以汉室后裔自居。

刘渊年少时以孝顺知名，母亲去世时，他悲伤得泪流不止，不能自已。曹魏司空王昶很欣赏他的人品，派人去吊唁，自此刘家开始与北方世家大族结缘。少时的刘渊十分好学，拜上党大儒崔游为师，学习《诗经》《周易》《尚书》。他特别喜欢《春秋左氏传》和《孙子兵法》，到了能背诵的程度。他也喜欢历史，能与当时的学者讨论《史记》和《汉书》。太原人王浑（王昶之子）名望很高，曾公开称赞过刘渊。刘渊不惜以匈奴左部所产的宝马相赠，王浑让儿子王济回拜。刘渊与太原王氏三代为世交，也开始受到并州一些豪族的接纳。刘渊出手阔绰，不断以名马相赠，短短几年就在太原、上党一带有声望的世家中树立了良好的形象。

刘渊博通经史，也很重视本族的弓马，经常跟随匈奴的骑士和射箭高手学习。他弓马娴熟，能够左右开弓，射连珠箭，在匈奴人中建立了很高的威望。再加上他身高八尺四寸，膀大腰圆，一部胡须垂到腰间，气势十分不凡，就连西晋的一些名士都认为他是非常之人。王浑多次向晋武帝司马炎推荐刘渊，使他得到召见的机会，宾主交谈得十分愉快。

事后，司马炎对王浑说："刘渊真的令人印象深刻，春秋的由余、汉代的金日磾也不过如此。"王浑毫不客气地说："刘渊的文韬武略超过由余、金日磾太多了，陛下要经营东南（指东吴），可以让他领兵，不愁不一鼓荡平。"司马炎对王浑的建议十分感兴趣，又咨询大臣孔恂、杨珧的意见。孔、杨二人听后，坚决反对，他们都认为刘渊是枭雄，一旦拥有独自领兵的机会，就如同龙游大海、虎入深山，而难以控制。司马炎这才作罢。

泰始六年（270）以后，秃发鲜卑部多次反叛，西经的秦州刺史胡烈和凉州刺史杨欣相继被杀。西晋派兵讨伐，均以失败告终。晋武帝下诏寻求能平叛的将帅，尚书仆射、上党人李憙推荐刘渊为帅。眼见刘渊再次拥有独领一军的机会，孔恂再次提出反对意见，他认为秃发鲜卑部的反叛只是小害，让刘渊去平叛将会酿成大害。司马炎再次放弃重用刘渊的打算。尽管刘渊早年未能得到西晋王朝的重用，但从朝廷重臣一再推荐他担任军事统帅这件事来看，他早年在并州种下的种子已经发芽。

刘渊胸怀大志，固然得到了一些朝廷重臣的重视，但同时也遭到部分士大夫的忌惮，故而有人向司马炎建议杀掉他，这令他非常忧惧。东莱人王弥与刘渊交好，准备离开洛阳回乡。刘渊在九曲河边为他践行，倾诉衷肠："我因与王浑、李憙是同乡，故而他们向朝廷推荐我，可是有些人妒忌我，竟然进言害我。其实，我并无做官之心，恐怕会死在洛阳，再也无法与你相见了。"

话刚说完，刘渊悲愤长啸，声音悲凉慷慨，使在座的客人都流下了眼泪。这事被司马炎的同母弟、齐王司马攸知道后，便派人去了解情况。得到呈报后，他立刻进宫向司马炎进言说："刘渊是一个霸才，应该赶紧杀掉他，不然并州就无法长久安定了。"王浑立刻阻止说："刘渊是一位长者，我可以为他担保。我们以诚相待，都是用德行感化远方的人使他们归附，怎能因胡乱猜忌而杀人呢？"司马炎接受了王浑的劝谏，没有杀害刘渊。

咸宁五年（279），匈奴左部帅刘豹去世，刘渊回去奔丧，暂时代理左部帅。10 年后，刘渊正式被任命为北部都尉，获得管辖一部匈奴的实权。期间，他将在洛阳学到的知识用到部族管理中，申明法令，力倡公正，打击不法之徒，得到了下层牧人的拥戴。他轻视钱财，经常接济败落的并州士族阶层，得到了一大批士子的投奔。乃至幽州、冀州的名士都因为他的名望，愿意为他效力。

永熙元年（290），晋武帝司马炎驾崩。刘渊终于松了一口气，感觉架在自己脖子上的那把刀终于消失了。新继位的是著名的白痴皇帝司马衷，由外戚杨骏辅政。他们对刘渊缺乏正确的认识，直接授予他五部大都督，封爵为汉光乡侯。

西晋爆发"八王之乱"，司马氏诸王火并，再也无暇顾及并州的事。匈奴五部的贵族们经常与刘渊书信往来，实际上已经收归在他的旗下。当时成都王司马颖

（晋武帝第十六子）暂时控制了皇帝，获得了朝政大权，便任命刘渊为屯骑校尉，后来又封他为冠军将军，希望他能为自己效力。刘渊建议司马颖以邺城（今河北临漳）为根据地，像当年的曹孟德一样另外建都，独立发展势力，这样盘踞在洛阳的其他宗室力量就鞭长莫及，然后将各怀鬼胎的贵族分散击败。司马颖大喜，封刘渊为北部单于、参丞相军事，让他回并州召集部众。从此，刘渊开始放飞自我。

刘渊回到并州的左国城（今山西离石）后，匈奴贵族刘宣立刻率领一干人拥戴他为大单于，聚集起能控弦的战士5万人。不久就传来司马颖战败，带着皇帝向洛阳方向奔逃的消息。刘渊跺着脚说："司马颖真是个蠢材，不听我的话，但我与他有约定，不能不去救他。"刘宣等人立刻反对，认为司马氏家族兄弟相残，正是他们恢复呼韩邪（汉武帝时南匈奴单于）事业的机会。

刘渊认为刘宣说得对。不过，他认为做呼韩邪那样的人，志向还是小了一点，要做就做出汉高祖那样的伟业，就算次一等也要能像曹操那样。他认为，刘备以益州的一州之地与天下抗衡，是因为打出了汉的旗号，得到了想光复汉王朝的有识之士的支持。他是汉朝皇帝刘氏的外甥，应该打出汉的旗号。

元熙元年（304），刘渊在南郊筑坛祭汉高祖刘邦、蜀汉昭烈帝刘备，追封刘禅为孝怀皇帝，自立为汉王，并设置百官与官署。乱成一团的西晋王朝得知后，立刻派司马腾率兵来剿，结果战败。司马腾逃往山东，刘渊趁机夺取了太原、泫氏、屯留、长子等大片土地。

西晋王朝为了剿灭刘渊，不断派兵进攻，但几乎每次都大败亏输。先前刘渊布下的线，都开始发挥作用，那些听闻他名望、曾与他交好的上层势力纷纷归附。上郡四部鲜卑大人陆逐延、氐族部落大人单征、早年的好友王弥、起兵的石勒都率领人马前来，都被刘渊授予官职。

永嘉二年（308），刘渊正式称帝，建立了"汉国"政权，迁都平阳。因其主要力量在河北，故而又称"汉赵""前赵"。后来，其子刘聪拿下洛阳，俘虏了晋怀帝，西晋彻底灭亡。

刘渊能够在凶险的"人质"生涯中活下来，并得到多方支持，为其未来建立霸业打下基础，与其善于社交、多方铺路有关。 西晋统一全国后，不少胡人上层贵族在洛阳为质。这些人虽是人质，但都有较大的人身自由，与士族阶层广泛交往。胡人的文化一度成为洛阳贵族的流行风尚。他们以高大的胡人为奴仆，以胡姬为妾，甚至穿戴胡人的衣服、演奏胡人的音乐。刘渊精通汉文化，能与清淡的名士谈论经史，更是被奉为上宾。刘渊反客为主，终日与洛阳名流往来，不但学到了政治学知识，还了解了西晋王朝内部的危机。这都彰显了他长于社交的一面。

李白：我曾照亮长安的夜晚

> 你有两张社交名片：
>
> 一张印在纸上，写着你的信息；
>
> 一张刻在人们心里，记录着你的"价值"。
>
> 事实上，当你有了第二张名片之后，第一张名片便无足轻重了。

说李白是大唐都城长安的第二社交明星，无人敢居第一。

李白的出身是个谜，就连他自己写的"简历"里也讳莫如深。他说自己的远祖是凉武昭王，也就是十六国时期的开国君主李暠。这么说，他与大唐皇帝是同一个祖宗。但是说到祖上三代时，他却语焉不详，除了知道父亲叫李客外，再往上的亲属就不得而知了。因而后世推测，这涉及唐王朝的一宗公案，那就是"玄武门之变"。后世认为，太子李建成有一个儿子在这场政变中活了下来，跑到了域外，李白就是他的后裔。玄宗时，这场政治斗争已经过去了半个多世纪，在中宗神龙年间，李白一家已经悄悄回到蜀中定居下来。

开元十二年（724），李白辞亲远游，离开蜀地，拉开了他一生的社交大幕。

后人认为，李白不但诗歌写得好，还是一位剑术高手，以诗剑并称"双绝"。**其实，李白还有一绝，那就是交友。可以说走到哪里，哪里就有他的朋友，超级社牛说的正是他。**

友人吴指南病故，他亲自安葬，数年后还亲自为他改葬。在扬州时，他一年散尽30万金，一方面说明他出手阔绰，另一方面说明他是真的有钱。在陈州时，他结识了书法家李邕，之后又与隐居鹿门山的大诗人孟浩然结交。孟浩然比李白年长12岁，但与李白十分投缘，两人经常在一起吟诗喝酒。从此之后，他们的友谊伴随了李白的一生。再说了，谁不愿意与高富帅做朋友呢？

李白谈吐不俗，又是一枚超级帅哥，在安陆（今属湖北）引起了当地望族许家的注意，前宰相许圉师的孙女许氏成了他的良偶。李白的志向显然不是做富家婿，靠脸吃软饭，而是以管仲、诸葛亮自比，在《上安州裴长史书》中说"大丈夫必有四方之志"，说明他也要做宰相一类的人物。

不过，在如何进入仕途的问题上，李白不屑于参加科举，他想通过社交的方式，引起最高统治者的注意。后世对李白不断干谒名流十分诟病，这是不大了解李白所受教育的缘故。李白早年受教于蜀中名士赵蕤。赵氏以纵横家思想闻名，这是顶级的博弈之术。受到这种教育的李白崇尚的是苏秦、张仪、管仲、乐毅这类人物，是要一杆子捅到天家，何曾听过管乐这样的霸要是靠参加科举从小官干起的？

李白娶了许圉师的孙女后，自称"酒隐安陆，蹉跎十年"，事实却是他并未安享家庭生活时光，而是不断地为他的社交添光加彩。开元十八年（730）初夏，他来到长安，拜见了宰相张说。

这位诗人宰相并没有照顾李白，他的儿子张垍却与李白十分投缘。张垍是当朝驸马，娶了唐玄宗的女儿宁亲公主。于是，他将李白引荐给了玄宗皇帝的妹妹玉真公主。这位公主好道，早年也是文艺女青年，对李白十分友善，天天请他赴宴，使他结交了众多王公大臣。李白这次在长安虽然没有求得一官半职，但是对长安的社交生活却已十分了解。

蜀中多才俊，不走寻常路。当年司马相如就是因为读了《子虚赋》，之后又献上了《上林赋》，得到汉武帝的极大赞赏和重用，从而在朝为官的。李白大概也想效法司马相如，故而先后向玄宗皇帝献上了《明堂赋》《大猎赋》。这次玄宗皇帝虽然未见他，但是知道了他的存在。

开元二十三年（735），李白结识了他一生中另一位最重要的朋友——贺知章。贺知章一见李白，就惊呼他为"谪仙人"。贺知章当时是玄宗皇帝跟前的红人，经他和玉真公主推荐，玄宗皇帝终于敞开了召见李白的大门。玄宗皇帝位是艺术家，对艺术有着极高的鉴赏水平。李白满纸纵横、飘逸绝伦的诗文他早已见过，身边的人天天说李白，他的耳朵都快生出茧子了。他见过帝国优秀的艺术家，身边也聚集了一大批才能出众的人。

然而一见到李白，他还是被李白身上那种玉树临风、岩岩若松、卓尔不群的气质所吸引。他从步辇上下来，亲自相迎，"以七宝床赐食于前，亲手调羹"。玄宗向李白咨询当下实务，李白应对如流，回答得十分妥当。之后，玄宗任命李白为"供奉翰林"，负责起草诏书，充任皇帝的高级秘书兼幕僚。这一天，可以说是李白的高光时刻。

最初，玄宗凡有出行，必让李白扈驾，并将饮宴、郊游都以诗文的方式记录下来。李白诗才敏捷，倚马可待，一再受到玄宗的嘉奖。

天宝二年（743），宫中的牡丹花盛开，玄宗与贵妃杨玉环以及王公贵族们举行聚会，下诏李白伴驾。为此，李白写下了那首著名的诗作《清平乐》。朝朝宴会，夜夜笙歌，没完没了的彩虹屁，最初李白还有一些被重用的错觉，但时间一久就明白了、厌倦了。他的志向是做帝国的宰辅，而不是当文学侍从，给皇帝装饰门面、粉饰盛世。

供奉翰林的身份，使他在长安拥有了更广的社交面，上至王公，下至布衣，只要能作诗、喝酒，或者与他性情相投者，都能成为他的朋友。他醉酒狂歌，与贺知章、崔宗之等八人彻底放飞，被时人誉为"饮中八仙"。

酒喝得多了，他在业务上逐渐怠慢，以至于玄宗派出宫廷内侍来召时，李白经常处在酒醉中，而无法伴驾。

一次，他酒醉中被召，奉命起草诏书，伸着脚让玄宗的宠臣高力士给自己脱鞋子，引得宫人事后诽谤。其实，玄宗很清楚，文学弄臣的身份是拴不住李白的，与其让他过这种不快乐的生活，还不如还他自由。李白的性格并不适合浊污的官场，至于宫人的诽谤还是其次。就这样，玄宗赐金，李白还山，结束了他短暂的官场生涯。

翰林是高级文臣，在某种程度上可以说是宰相的储备人才。如果李白遵循官场游戏规则，一步步晋升为相，并非不可能。这种规矩发展到后世，尤其是明清时期，虽然不设相，但内阁辅臣多为翰林出身，乃至成为一条铁律。

离开长安后，李白来到洛阳。在这里，他认识了另一位朋友——杜甫，大唐文学史上最闪亮的两颗星终于相遇了。杜甫比李白小 11 岁，是李白的小迷弟。李白完全没有大明星遇到粉丝的那种俯视感，而是像当年孟浩然对待他一样，以平等的姿态与杜甫相交，还与杜甫约定，一起游览梁宋（今开封、商丘一带）。当年秋天，他们践行诺言，同游汉代梁孝王园林遗址，期间遇到了另一位大诗人高适。都说同道中人拥有天然的吸引力，三人都胸怀大志、满腔报国抱负，再加上"三观"

一致，所以相处得十分愉快。这次会面，让杜甫终生念念不忘。

天宝四年（745）秋季，李白和杜甫在鲁郡（今山东兖州）第三次相遇。两人同游山东、河北一带，纵马驰骋，赋诗饮酒。

杜甫写了《赠李白》这首诗：

秋来相顾尚飘蓬，未就丹砂愧葛洪。

痛饮狂歌空度日，飞扬跋扈为谁雄？

"飞扬跋扈为谁雄"把李白身上那种狂放的姿态描写得十分传神，可以说是描摹李白形象最经典的句子。李白也写下《鲁郡东石门送杜二甫》回赠杜甫：

醉别复几日，登临遍池台。

何时石门路，重有金樽开？

秋波落泗水，海色明徂徕。

飞蓬各自远，且尽手中杯。

杜甫现存诗中有15首提到了李白，甚至在写给其他朋友的诗歌中也不忘问候李白。他在《春日忆李白》中写道：

白也诗无敌，飘然思不群。

清新庾开府，俊逸鲍参军。

渭北春天树，江东日暮云。

何时一樽酒，重与细论文。

杜甫对李白的诗歌艺术有深刻的认知，将他与北周的庾信、南朝的鲍照相提并论。尤其是"渭北春天树，江东日暮云"这两句写得实在太美了，一转而入对相见的期待，盼望着能与这位老朋友有诗有酒地再聚一次。

有研究者统计，**李白的朋友圈达 400 余人，而且与这些人都是有文字之交的。那些与李白有过交往，但没有被写进诗歌里的人，还不知有多少。**李白固然没有实现他做官"静胡沙"的大志，但是诗酒生涯成就了他的艺术。

唐朝出任过宰相的有 520 多人，1000 年后，提起他们的名字，有多少人能记得呢？但是说起李白，几乎是妇孺皆知。1000 年前的大唐，衣香鬓影，骏马如龙，仕女款款，无数个有宴席的夜晚，谁会记得呢？但是李白这位社交明星照亮过的这座繁华之都的夜晚，人们肯定会记得。

卢纶：我的朋友圈全都是大佬

受人类智力和精力的约束，一个普通人可以拥有的稳定的社交圈子，其人数大约在 150 人。所以，圈子是有极限的，并不是越大越好，我们要学会珍惜自己的"圈子名额"。

卢纶出身著名的豪族范阳卢氏，不过到他这一代时，家族已经没落。由于父母早亡，卢纶从小就被寄养在舅舅家，好在舅舅家也是当时的望族——京兆杜氏。当时有一句俗语，"城南韦杜，去天尺五"，可见杜家的显赫。所以，卢纶从小就受到了良好的教育。唐玄宗天宝年间，卢纶考中进士，但是他的运气实在是不好，正好碰上安史之乱，所以没有机会做官。一些文献记载，他其实并未考中。总之，他生活的大唐已经不再是昌明的巅峰期。

没有机会做官，就去隐居终南山。唐朝的终南山，距离京城长安很近，去那里归隐的名流数量，可以说堪比长安城里居住的达官贵人的数量。成语"终南捷径"说的是初唐有人名叫卢藏用（与卢纶同出范阳卢氏）的人，虽有一身才华，但一直没有获得重用的机会，干脆写了一篇《芳草赋》，去终南山隐居了。武则天时期，他"著名隐士"的身份终于被朝廷知道了，于是被征召出山，给了个左拾遗的小官儿。他以此起家，做到礼部侍郎。后来，人们便把以隐居的方式来沽名钓誉、博取名声称为"终南捷径"。卢藏用在后世成了一个受尽嘲讽的角色，但这改变不了唐代大量有才能的人会隐居终南山的事实。卢纶到了终南山后，结交了一些志同道合的朋友，也释放了多年蹭蹬不第的落寞情怀。他在《落第后归终南别业》中写道："久为名所误，春尽始归山。"

卢纶的隐士生涯并不长，因为他的诗名在长安已经广为人知，被不少大佬请去做客。比如王维的弟弟、宰相王缙就很看重他，另一宰相元载也极力向朝廷推荐他。**大约是从小寄人篱下的缘故，卢纶察言观色的本事非常大，因而在长安的上层社交圈里简直是如鱼得水。**可以说，半个长安城的显贵都加了他为好友，都看得见他发朋友圈。他与诗人李端、吉中孚、韩翃、钱起、司空曙、苗发、崔洞、耿湋、夏侯审等相互酬唱，夜夜组局聚会、吃烤肉，每次做的诗都能在长安城刮起一股流行风。时人将他们这个小团体称为"大历十才子"。

由于受两大宰相的举荐，卢纶被任命为阌乡县尉，类似于县公安局长的职务。莫要小瞧唐朝的县尉职务，很多人包括宰相元载，都是从县尉开始起家的。不过，这个微末小官与卢纶的期待甚远，好在他在长安的朋友圈中仍然发挥着作用，不久就被调入朝中担任集贤学士、监察御史。卢纶大概天生有"社交厉害症"，是宰相杀手，不但王缙、元载对他青睐有加，担任过宰相的常衮、李勉、齐映、陆赞、贾耽、裴均、令狐葱、马燧，包括眼高于顶的大诗人、大佬韦皋，精于骑射的大将军浑瑊，都对他十分礼遇。不过，**朋友圈太广是好事，但有时候也是坏事。**立下大功的宰相元载权力太大，遭到唐代宗的猜忌，后来被逮捕下狱处死。王缙、卢纶被视为他的同党，遭受牵连被罢官。

唐德宗即位后，受元载牵连的人逐渐被召回。当时卢纶的好友浑瑊出镇河中，担任主帅，招其到军营任元帅府判官。军营生涯使得卢纶的诗歌有了盛唐时边塞诗的气象，他的《塞下曲》成了千古绝唱。

> 月黑雁飞高，单于夜遁逃。
>
> 欲将轻骑逐，大雪满弓刀。

这首《塞下曲》又名《和张仆射塞下曲》，其实也是其社交产物。唐朝的"仆射"即宰相，诗题中的"张仆射"有两说：一说是张延赏，另一说是张建封。但无论是哪一位，都是执掌权柄的人物，可见其社交之广。由于文献缺失，我们已经无法全面了解卢纶的朋友圈，只能从其仅存的一些诗歌和有限的资料中去窥探。尽管如此，我们仍能看出他在长安社交圈中的影响。

卢纶的《塞下曲》共有六首，另一首同样知名，为他在大唐群星璀璨的天幕上争得一席之地。

> 林暗草惊风，将军夜引弓。
>
> 平明寻白羽，没在石棱中。

以汉比唐，是唐代人的一个传统。这首诗虽然写的是汉代飞将军李广，但也体现了诗人的雄心。他的诗歌很受德宗皇帝重视，德宗皇帝便将他调入朝中任户部郎中，负责朝廷的财务工作。只是此时的卢纶已经到了生命的尽头，未能施展抱负就去世了。

纵观卢纶的一生，他和李白一样，是少有的几个可能没有参加正式的考试，依靠社交和诗才进入官场的。要知道，唐朝虽然是强调人身依附关系的封建王朝，但是对士大夫的名分看得非常重，没有科举的加持，纵然出身豪门，有很多名流推荐，也无法在官场立足。尽管他的仕途并不顺，也相当短暂，但是他的大名被留在了历史的天空中，他"社交九段"的明星生涯被史家们一再提及。

叁

口舌·高手的精妙话术

> 每一句"神回复"的背后，都是极致的语言艺术；每一次成功谈判的桌面之下，都沉淀着过往的人生智慧。那些穿越千年依旧在我们耳边振聋发聩的传世箴言，更是浓缩了中华优秀传统文化高深的处世哲学。

张仪：看我怎么玩转话术

好的谈判家和金牌销售有一个共同点——他们的对手（顾客）会觉得：这个人是真的"为我好"！

张仪是先秦时期的话术高手。他本是魏国安邑人，拜著名隐士鬼谷子为师，成为其高足，后来入秦，成为秦国用来瓦解六国合纵的推手。所谓合纵，是指关东六国为了对付秦国而相互结盟，因六国基本呈南北分布，故而得名。

秦国作为战国七雄中最强的诸侯，采用各个击破的战略对付六国绝对是游刃有余的，可是一旦六国联合起来，秦国的处境则会非常危险。如何解除秦国的危机呢？当然是分化瓦解。

张仪先后出使六国，彻底瓦解了这个脆弱的联盟。我们不妨以张仪与魏王的一席话为例，来看看张仪是如何将言辞艺术发挥到极致的。张仪问魏王："魏国与秦国比，孰强孰弱？"

魏王回答："秦国虽强，魏国仍可一战，况且我与韩、赵、楚、齐结盟，有何畏惧？"

张仪微笑着说："魏国士兵虽然善战，但魏国地方不足千里，士兵不满30万，与韩、赵、楚、齐接壤，守军不满10万人，而且地势一马平川，没有高山大河为屏障，此乃四战之地也。如何与秦国对抗？魏国固然与列国合纵，可惜一奶同胞尚且为了争夺财物反目成仇，更何况是反复无常的诸侯们呢？合纵是不足依靠的。魏国若不亲近秦国，秦军就会先占领河外，占据卷衍、酸枣这些地方，再袭击魏国，拿下阳晋，这样就割断了赵魏之间的联系。赵国不能南下，魏国不能北进，彼此不能相救，盟约还有什么意义呢？"

一席话，让魏襄王背弃了合纵的盟约，投入了秦国的怀抱。

我们回过头来看一看张仪是如何说服魏王的。首先，他列出了魏国自身的不足，先说其内部环境，版图不足千里，缺乏纵深，退无可退，一旦失败就是灭国；再说士兵不满 30 万，一片平原，缺乏地形优势，又是四战之地，可谓无依无靠、守无可守，能调动的资源非常贫乏。如此劣势，与强大的秦国为敌，显然是自寻死路。其次，他罗列了外部危机，列国都是见利忘义的角色，只为争夺利益，一旦有机会就会背盟，背刺先前的兄弟，根本靠不住。最后，他还对魏王实施了恐吓策略，假设秦军夺取了魏国重要的地方，就会将魏、赵二国分隔开，使结盟丧失作用。

这一番话中，**张仪一步步地将魏王引入话术的圈套，让他被牵着鼻子走，在魏国与合纵的盟国间撬开一道裂缝。**张仪的话术能够成功，正是建立在他对魏国的深刻了解上。魏王任命他为国相，使得他对魏国的国土形态、人员构成、防御配备等情况了如指掌。实际上，他是秦国的间谍，取得魏国的信任是为了在战略上帮助秦国。

张仪先后在秦、魏二国为相，又在楚国待了很长时间，得到了楚怀王的信任，并将怀王骗到秦国。他还用同样的套路、同样的话术，先后到韩、赵、齐、燕等国，几乎使全部诸侯都落入他的彀中。

汉代时学家刘向说："苏秦为纵，张仪为横，横则秦帝，纵则楚王，所在国重，所去国轻。"他们被哪个诸侯国所用，哪个诸侯国的地位就会上升，否则该国就会人去国衰。这是一个智者频出的时代，也是一个依靠一张嘴巴就能建立功勋的时代。

子贡：三寸之舌胜于百万雄师

> 世上有两件难事：一是把别人的钱装进自己的口袋；二是把自己的想法装进别人的脑袋。事实上，如果你做成了第二件事，那么第一件事也就不难做了。

子贡，复姓端木，名赐，是孔子的学生，为孔门十哲之一，可以说是一位话术大师。春秋晚期，田常逐步掌握齐国的政权，为了进一步提高自己的权力和地位，准备进攻邻居鲁国。孔子得知后，派弟子中的外交家子贡去救鲁国。

子贡先到齐国，拜见了田常。他问田常："听说大夫您准备讨伐鲁国？"

田常点头。

子贡说："您这是把好处留给别人啊。"

田常不明所以地问道："请先生指教。"

子贡说："听说大夫您之前三次向齐王请封，都遭到了贵族们的反对和齐王的拒绝。您想想，如果进攻贫弱且离齐国很近的鲁国，您虽然很快就会胜利，但是壮了国君的声威，巩固了他的权力，您什么也得不到呀。"

田常问："那我该怎么办呢？"

子贡说："应该向南攻打强大的吴国。吴国距离齐国遥远，打输了，士兵们战死在外，减损了齐王在国内的形象；而且，贵族领兵在外，朝廷空虚，您也能更好地控制朝政。"

田常说："但是现在士兵已被派去攻打鲁国，如果调转战车攻打吴国，他们对我产生怀疑，该怎么办呢？"

子贡说："这很容易解决。您先下令让齐军停止前进，我去吴国让吴王来救鲁国，您就有攻打吴国的借口了。"

田常委任子贡为使臣，赐给他车马和仆从，让他奔赴吴国见了吴王夫差。子贡说："我听说大王您一直想称霸诸侯，显名于列国。现在齐国进攻鲁国，一旦他灭了鲁国，就会阻碍吴国的称霸脚步。您去营救鲁国，不但能遏制齐国，获得仁义的美名，还能对晋国敲山震虎，一举三得。"

吴王夫差十分认可子贡的说法，但他担心吴国出兵之后，吴国的世仇越王勾践会在自己的背后捅刀子，不如等他灭了越国之后再去救援鲁国。

子贡摇摇头说："您灭了越国，只怕鲁国也会被灭了。你担心越国背刺，可以让越国一起出兵，这样越国剩下的兵少，就掀不起什么大浪了。"就这样，子贡又充当吴王的使臣，奔往越国。

越王勾践一见子贡，就问道："不知先生来有何见教？"

子贡说："我是来救您的。"

越王请子贡说得详细一些。

子贡说："我请吴王去救援鲁国，可是他担心您在背后袭击他，准备先灭了您再去援鲁。"

越王大惊失色，跪下来对子贡说："还请先生指教。"

子贡说："吴国国君夫差暴虐不仁，他不肯听忠臣的话，受到奸邪的引诱，连年征战，百姓痛苦不堪。吴王好大喜功，您将丰厚的礼物送给吴王，请求他出兵，并承诺您会协助吴国，这样他就对您没有疑虑了。等他东征后，和齐军大打一仗，如果打输了，损兵折将，您就有了复国和报仇的机会。如果吴国击败齐国，一定会去向晋国展示军威，我去说服晋国，劝说晋君收拾吴王。吴军刚和齐军血战，又和强大的晋国作战，必败无疑。这样吴国的国力下降，您就能灭了它。"

越王接受了子贡的建议，派大夫文种带着大量礼物拜见吴王，并将一支军队交给了吴王。吴王大喜过望，率军东征。另一边，子贡又充当越国的秘密使臣，到了晋国。他对晋国的君臣说："吴国东征齐国，如果输了，越国就会在背后袭击它；如果赢了，它一定会进攻晋国。"

晋君立即决定把大军调集到边境，以应对不测。吴军东征后，果然击败了齐军，使得鲁国转危为安。胜利的吴军十分骄傲，又陈兵于晋国边境。但晋军早有准备，将疲劳的吴军杀得大败。越王勾践得知后，果然向吴国发动偷袭。夫差得到消息后，挥师教训越国。可是由于吴军长期作战，士兵疲惫不堪，几乎丧失了战斗意志，连战三次都失败了，吴国很快就灭亡了。越王称霸，成为春秋时期的最后一位霸主。

此次外交中，**子贡在鲁、齐、吴、越、晋五国间周旋，陈说利害，使得各国国君都对他俯首听命，堪比挂六国相印的苏秦。他以一己之力，保全了鲁国，打乱了田常篡夺国政的阴谋，还使得骄纵的吴国灭亡，又顺势恢复了越国，使其称霸。**说他的三寸之舌顶得上百万雄兵，丝毫也不为过。

蔡泽：说准领导的心事

在试图说服别人之前，先记住一个真理：世界上没有任何一个人——无论他是皇帝还是乞丐，是圣徒还是普通人——会轻易地认为自己的思想是错的。如果你不能理解这句话，你将说服不了任何人。

蔡泽是战国时期燕国人，他和当时的很多知识分子一样，想找一个好的平台，施展自己的才华。他先是到了赵国，结果不受礼遇；之后又去了魏国，不过运气不好遇到了劫匪。好在这些劫匪劫财不杀人，这才使他活了下来。在魏国运气不佳，在秦国必得重用，这算是一个没有道理的道理。商鞅、张仪、公孙衍、范雎都是在魏国混不下去，到了秦国就一步登天的人物。因此，蔡泽来到了秦国。

当时秦国的相邦是范雎，爵封应侯，秦昭襄王对他言听计从。可以说，他跺跺脚，整个咸阳都会抖三抖。

蔡泽首先拜访的就是范雎，他将此视为打开自己人生之路的撬杠。为了能够按照预定计划行事，蔡泽先开始造势，让人对外散布消息说，蔡泽是天下无双的辩士，到了秦国必定会取代应侯。范雎听了这个消息很不以为然，不过还是派人召见了蔡泽。

蔡泽见到范雎，只是作了个揖，并未下拜，这让本就不痛快的范雎十分生气，叱责他说："你扬言要取代我的位置，这是真的吗？"

蔡泽说："的确是这样。"

范雎忍住愤怒说："你且说说看，若是说得不对，我再治你的罪。"

蔡泽暗示说："商鞅相秦、吴起相楚、文种相越，都未能善终，你知道为何吗？"

范雎闻言一顿，态度变得缓和很多，绕开蔡泽的提问，辩解道："商鞅在秦国变法，使秦国成就霸业；吴起侍奉楚悼王，使私室不能损害国家；文种辅佐越王勾践，灭吴国报了仇。这三个人都是成就大业的榜样啊。"

待范雎话音一落，蔡泽立刻接着其话题说："有胸怀的人，谁不想成就大业呢？商鞅成就了秦国的霸业，但遭到五马分尸；吴起为楚国变法图强，但被贵族们乱箭射死；文种成就了越王，但被赐剑自尽。这难道是成就大业的人所期待的吗？"

蔡泽的话令范雎默然，他的神色变得十分沮丧。这是因为蔡泽戳中了长久以来困扰他的心事。范雎本是魏国人，是中大夫须贾的门客，一次随须贾出使齐国，听到齐襄王指责魏国反复无常，在当年燕国"五国伐齐"的战争中充当帮凶。作为使臣的须贾面对指责，竟然说不出话来。作为使团成员，范雎当即站起来反驳，其雄辩获得了齐襄王的尊重，使得魏国在外交上赢得了颜面。然而，须贾却觉得很丢脸，回国后便诬告范雎接受了齐国的重贿，给他安上了"通敌"的罪名。

魏国丞相魏齐大怒，命人将范雎捆了起来，鞭打得奄奄一息后扔进了厕所里。下人们以为他命不久矣，就将他扔到了荒野里。有个名叫郑安平的人知道后，救了他，并将他藏了起来。郑安平得知秦国的使臣王稽来到了魏国，就想尽办法安排他和范雎会见。王稽认为范雎是个贤人，就将他带回了秦国。

到了秦国后，范雎的身体逐渐恢复，他向秦昭王上书自荐，得到重用，成为相邦，制定了"远交近攻"的政策，为秦国开疆拓土，使秦国国力大增。随着范雎地位的上升，他的救命恩人郑安平和王稽也水涨船高。

范雎向秦昭王极力称赞二人的能力：郑安平被任命为将军，王稽也从谒者（传达和通报事务的官吏）一跃成为封疆大吏河东郡守。

然而，在秦赵大战中，郑安平和他的两万大军被赵军包围，郑安平随即投降赵国，被封为武阳君。王稽的结局更惨，他被下属告发私通诸侯，被弃市处死。由于荐人不当，范雎有了政治污点，这令他惴惴不安。蔡泽用商鞅、吴起、文种三人的结局，来暗示范雎应该懂得功成身退。范雎立刻改容，很恭敬地向蔡泽施礼说："请先生教教我吧。"

蔡泽说："《周易》上说，亢龙有悔。君子应该懂得水满则溢、功成身退的道理。"

范雎认为蔡泽说得对。几天后，他便辞去相位，并向秦昭王推荐了蔡泽。回到封地后，范雎不久就病逝了。蔡泽得到秦昭王的信任，被任命为新的相邦，封为纲成君。蔡泽在秦国为官长达十余年，经历了昭襄王、孝文王、庄襄王三位君主。

冯谖：脱颖而出的"技巧"

在正确的时间、用正确的方法说出来的话，即便不加修饰，也是"金玉之言"；在错误的时间、用错误的方式说出来的话，无论如何润色，终归都是废话。

孟尝君田文是齐威王的孙子、齐国宗室田婴的儿子。他继承了父亲的封地薛城，养了三千门客，与赵国的平原君、魏国的信陵君、楚国的春申君合称"战国四公子"。

孟尝君的门客里，有擅长剑术的技击高手，也有能言善辩的策士，还有身怀奇谋的谋士，当然也有一些吃闲饭的。田文认为，自己的封地物产丰厚，不在乎多养一个闲人，因而将那些蹭吃蹭喝的人都留着。冯谖就是这么一个人，孟尝君不知他有何长处，但还是留着他，给了他最低的待遇。

冯谖上马不能杀一敌，入幕不能定一策，但他认为自己并非那种可有可无的员工，最低待遇配不上自己。可是，怎样才能让老板知道自己不是一般员工呢？

一天，提供饭食的人员来了，将一碗没有肉的饭丢给他。冯谖就靠在柱子上，拔出长剑，用手指弹着剑锋。伴随着长剑发出虎啸龙吟的声音，冯谖唱道："回去吧，我们还是回去吧，吃饭连鱼肉都没有啊。"管后厨的人把听到的话告诉孟尝君，孟尝君下令给冯谖增加鱼肉，提高伙食待遇。

冯谖安生了几天，看到有的人出入坐着车，就靠在门边上弹剑唱道："回去吧，我们还是回去吧，出门没有车啊。"

很快，就有人打了小报告，把冯谖唱的歌告诉了孟尝君。孟尝君笑了笑，让人给冯谖安排车驾，从此他成了有车一族。有了车的冯谖经常出门拜访朋友，还对朋友吹嘘说："孟尝君非常重视我。"

冯谖尽管拥有了上等门客的待遇，但很快又弹起了剑、唱起了歌。这次唱的是："回去吧，我们还是回去吧，没有钱养家啊。"

其他门客都很厌恶冯谖，纷纷给孟尝君出主意，建议将他撵走。但孟尝君不为所动，派人调查了冯谖的家庭情况，得知他有一位老母亲，就让人送钱给他让他赡养老母亲。此后，冯谖就不再唱歌了。

享受上等门客的待遇，当然要为老板干些力所能及的事。一次，孟尝君派冯谖到封地薛城去收税。临走前，冯谖问田文："回来的时候，需要买点什么呢？"

孟尝君说："你看这里缺什么，就买点什么吧。"

冯谖到了薛城，把向当地人征税的凭证都烧了。为此，百姓们都称颂孟尝君的仁义。冯谖回来后，孟尝君看见他两手空空，便问道："你买了什么？"

冯谖："我为你买了义。"

孟尝君虽然心中不悦，但也没有说什么。

不久，齐王不再信任时任国相的田文，罢了他的官，让他回封地去。薛城百姓听说孟尝君田文回来了，都纷纷携老挈幼，出城十里来迎接他。这让田文真正产生了回家的感觉。

齐王得知这件事后，认为田文在百姓中威望很高，是自己错了，因而重新将他召回，让他继续担任国相。田文这才深刻地意识到，冯谖高瞻远瞩，不是一般的员工，好在自己一直容忍他。从此，冯谖成了他最重要的谋士。

冯谖深谙领导心思，适时地将自己的需求间接地告诉领导，获得了应有的待遇。在合适的机会，他又为领导可能面临的危机提供了前瞻性的解决方案。这样的好员工，哪个老板不想拥有呢？

商鞅：我如何了解老板内心的真实想法

如何说服身份比较高的人？

——让他觉得这个想法是他自己想出来的……

    商鞅出身卫国公族，但卫国是个小国，对于他这个大神来说庙有点儿小。因而他投奔魏国，想在那里找到施展自己才华的平台。魏国的国相公叔痤虽然看重商鞅，但到了病重临终前才向来看望他的魏王推荐商鞅。他对魏王说："我的门客商鞅虽然年龄不大，但是个英才，希望大王能重用他。"魏王随便答应了一句，便准备离开。公叔痤让左右的人都出去，悄悄地对魏王说："大王如果不打算用他，最好杀了他。"魏王随口答应了，但他认为公叔痤已病入膏肓，意识未必清醒，因而对他的话并不在意。

    魏王走后，公叔痤立刻叫来商鞅，对他说："刚才我向大王推荐了你，我从他的神情看出他不会用你；我又进言让他杀了你，你快走吧，走得晚了就可能会被抓。"商鞅摇了摇头说："大王不会听你的话用我，又怎会听你的话杀我呢？"于是商鞅并未逃走，依旧留在魏国。魏王果然没有重用商鞅，但也没有杀他。很显然，公叔痤并不了解他老板的真实想法。

    战国时代的国君广泛求贤，知识分子们也频频跳槽。公叔痤死后，商鞅知道他在魏国得不到建功立业的机会了，听说秦国发布了求贤令，就去了秦国。当时秦孝公当政，来面试的人很多，要想在众人中脱颖而出，就必须攫住领导的心，使他有了解自己的欲望。商鞅先在秦都的招贤馆住了下来，和那些被秦孝公召见过的人聊天，以了解情况。之后，他拜见了秦孝公信任的臣子景监，向景监陈说自己建功立业的雄心。景监被他打动，随即向秦孝公推荐他。当时，秦孝公已接见了一拨又一拨面试的人，其中多浮夸之人，少实学之才。

秦孝公见了商鞅，只听商鞅大谈"仁道"，为君应该像尧、舜那样，以仁义礼智来教化百姓……秦孝公尽管对这一套陈腐之说十分不耐烦，但见商鞅说得兴高采烈，只好耐着性子听下去。《史记》中记载："孝公既见卫鞅，语事良久，孝公时时睡，弗听。罢而孝公怒景监曰：'子之客妄人耳，安足用邪！'景监以让卫鞅。卫鞅曰：'吾说公以帝道，其志不开悟矣。'"通过这次接触，商鞅了解到秦孝公对做尧、舜那样的上古贤君没有兴趣。

五天之后，秦孝公第二次召见商鞅时，商鞅改谈"王道"。秦孝公把自己的坐席稍向商鞅的身旁拉了拉，然而越听越觉得乏味。面试结束后，他又一次责备了景监。不过，商鞅请求秦孝公再面试一次自己。

秦孝公第三次召见商鞅时，商鞅改说"霸道"。孝公越听越精神，不知不觉地与商鞅靠得越来越近。两人谈了整整一天，都不觉得疲倦。

之后连续几天，秦孝公都召见商鞅单独面谈，最终接纳了商鞅的治国之策，任命商鞅为左庶长，开始变法。后人们禁不住问：为何商鞅不在第一次就陈述"霸道"呢？这是因为，商鞅需要了解老板内心的真实想法，看他是否是自己的"真命天子"。战国乃是大争之世，如果秦孝公采纳了仁道或者王道，也许商鞅就拍拍屁股走人了，继续寻找下一个雄主。与公叔痤相比，商鞅更善于了解老板的想法，也懂得了解老板的方式。

对于有抱负的员工，找到合适的老板比找到一份高薪的工作更加重要。对于企业或团队来说，老板决定了其发展的天花板。如果天花板较低，即便是英才，也只能低着脑袋、弯着腰做人；反之，如果老板本身目光远大，则员工的发展不可限量。商鞅的三段式话术，是他测量秦孝公内心的一把尺子，也从另一个角度告诉秦孝公什么是适合秦国的、什么是不适合秦国的。通过三次谈话，商鞅既了解了老板的真实想法，也坚定了老板的变法意愿。毕竟在变法的背后，最坚定的支持者来自国君。最终，他在秦国掀起了中国历史上影响深远的一次变革。

毛遂：一针见血的力量

内心焦虑的人更容易被说服，如果他没有焦虑，就给他制造一些焦虑！

赵孝成王八年（前258），秦国大军围攻赵国都城邯郸。赵国公子平原君赵胜打算去楚国求救，建立合纵联盟，一起对抗秦国。他打算给自己的使团凑齐20个人，可是勉勉强强才凑了19个能入眼的。这时，一个名叫毛遂的人请求加入使团。赵胜见这个人有点儿面生，就问道："先生来我门下多久了？"

毛遂答："三年了。"

赵胜说："有能力的人，好比锥子放在布袋中，会脱颖而出。你来我门下三年了，没见有人称道你的优点，也没看到你有什么好的表现，你还是算了吧。"

毛遂答："我今天正是请求你将我放在布袋中，若是早日在布袋中，别说锥子尖露出来，只怕锥子柄都冲出来了。"

要想发挥一个人的才能，你得给他提供展示的平台。被置于无事可做的环境，纵然是管仲再世，也不会有所建树。毛遂的话，抓住了要害。于是，平原君赵胜立刻让他加入使团。赵国使团来到楚国后，平原君赵胜就向楚考烈王陈说合纵。两人从早上谈到中午，楚王依旧拿不定主意。这时站在台阶下的毛遂实在忍不住了，握着剑柄走上台阶，对平原君说："合纵之事，两三句话就能说清楚，你们怎么谈了大半天呢？"

楚王看到平原君使团的随员跑来插话，十分生气，呵斥毛遂说："我在和你的主君谈话，你跑来干什么？"

毛遂按着剑柄说："大王呵斥我，是因为楚国地盘大、人口多，现在我距离大王只有十步，人多势众发挥不了作用，我片刻间就能取大王的性命。既然我的主君坐在席上，你为何要呵斥我呢？我曾听说，商汤只有70里的土地，但能称王于天下；周文王只有百里的土地，但能使诸侯向他臣服。这难道是因为他们人多地大吗？这是因为他们擅长利用形势来发挥自己的力量。如今，楚国土地广达5000多里，披甲执锐的士兵多达百万，这样的力量足可称雄于天下。可是秦将白起一来，楚国第一仗就丢了鄢、郢两座大都市，第二仗被烧了夷陵，还毁掉了祖宗的陵墓和祭庙。这是巨大的耻辱、万世的仇恨，大王您却无动于衷，不知何为羞耻，竟然和我的主君谈合纵谈了半天。合纵能给楚国带来最大的好处，您还犹豫什么呢？"

毛遂的话一针见血，戳到了楚王的痛处，同时也将合纵结盟的意义说得透彻明白，犹如当头棒喝，可谓醍醐灌顶。楚王当即表示，要与赵国结盟。

毛遂立刻命令左右侍臣端来铜盘，将鸡血、狗血、马血放在铜盘里，跪着将盘子陈上，举行歃血为盟的仪式。首先是楚王将兽血涂抹在嘴唇上，其次是平原君赵胜，再次是毛遂，最后是其他19个使团成员。之后，楚王命令春申君黄歇率领楚军北上救赵。与此同时，魏国大军也在信陵君魏无忌的率领下前来救援。城内的平原君募集了3000名死士，命令李谈率军出击。在内外夹击之下，秦军大败。秦国大将王龁率军撤退到河东的汾城，另一将军郑安平就没有这么幸运了，他的两万余人被困，无力突围，只好向赵国投降。至此，邯郸之围被打破。

事后，平原君赵胜对毛遂说："我的门下贤人众多，我以养士而自豪，自以为眼界超前，能识别贤明的人，但却忽略了先生。先生一到楚国，立刻使赵国的地位犹如九鼎和洪钟大吕。我以后再也不敢说自己善于识人了。"

从此，毛遂被视为座上宾。**毛遂深谙谈判技巧，在重要的谈判中，首先陈述各自利益，尤其是对方的利益。**秦国之害，对楚国来说丝毫不亚于赵国，它攻破了楚国的旧都，还烧毁了它的王陵和祭庙。这一巨大的耻辱，犹如一记响亮的巴掌打在楚王的脸上，无疑激起了楚王的怒意，当即就确定要结盟。软绵绵的谈话，不足以震撼对方；只有一针见血，才能真正地发挥语言的力量。

触龙：抓住大 BOSS 的内在需求

永远要记住：和掌握权力的人说话，"打动"比"说服"更重要。

前266年，赵国国君赵惠文王去世，他的儿子丹即位，是为赵孝成王。赵孝成王年幼，由母亲赵威后摄政。秦国趁赵国国君新立，主少国疑，人心不稳，便发起进攻，一连攻下赵国的三座城池。危机之下，赵国向齐国求援。但齐王要求赵国派长安君，也就是赵威后的小儿子到齐国当人质才肯出兵。

战国时期，结盟国家之间为了表示互信，互派贵族子弟当人质是一个传统，秦始皇的父亲秦庄襄王就曾在赵国为质。为质的公子到了盟国后，并不会遭受羁押，反而会有独立的住所和较大的生活自由。当然，比起在自己的国家，生活上肯定会差几个等级。一旦两国变成敌对国，为质的公子就会成为弃子，危险也就增加了。赵威后十分宠爱长安君，获悉齐王的要求后，当然不肯答应。有不识相的大臣接二连三地给老太太讲大道理，都被骂了出来。赵威后更是扬言："再来劝谏的，老妇我必定朝他脸上吐唾沫。"

按理说，摄政的赵威后已经极为恼怒了，大臣们应该没有谁再敢去触霉头了，但是左师（执政官）触龙依旧向赵威后进谏，而且还成功了。那么，触龙是如何说服大BOSS的呢？这就不得不说说触龙的话术了。

赵威后听说赵国政坛上的常青树——触龙请求进宫，当然知道他葫芦里卖的是什么药，毕竟都是千年的狐狸，演什么聊斋呀……因而，她摆好气势汹汹的架势，就等触龙劝谏的时候唾他一脸。触龙进宫后，远远看见太后，就一路小碎步、气喘吁吁地跑到赵威后跟前，告罪说："我的脚有些小问题，连快跑都不行，很长时间没有来看望您了，但我又担心您的身体，所以常想来看看你。"

赵威后淡淡地回应道："我全靠坐车才能走动几下。"

触龙又说："太后，您的饮食没有减少吧。"

赵威后逐渐放松警惕，说道："时下也就每天喝点稀粥。"

触龙说："臣现在食欲不好，每天要走三四里路，才能吃下去点东西呢。"

赵威后答："你比我好多了。"

这一番家常唠下来，赵威后彻底放松了警惕，脸色也好多了，不再绷着。

触龙接着说道："我有个小儿子叫舒祺，不大成器，我又老了，希望他能到宫里补黑衣卫士的缺，来保护太后您。我冒着死罪来说这个情，还希望太后您宽恕。"

这番话顿时把赵威后逗乐了。她本以为触龙是来劝谏的，没想到是给儿子来谋职的。**触龙的话说得特别讨巧，派儿子来保护太后，完全是从大BOSS的利益出发，这就激起了赵威后的兴趣，让她彻底放下了戒心。**于是她问道："你儿子多大了？"

触龙说："15岁了，我希望自己没入土前，他能得到您的关照。"触龙作为赵国执政官，统领百官，忠诚勤勉，对于他这么一个庇荫子弟的要求，赵威后当然会答应。况且，疼爱子女是母亲的天性，这也激起了赵威后继续聊下去的兴趣。她问触龙："男人也这么疼爱儿子吗？"触龙说："恐怕比女人还严重。"

赵威后不认同这一点，反驳道："我觉得还是女人更胜一筹吧。"

触龙说："不，我觉得您疼爱燕后，就超过长安君。"

赵威后说："你错了，我疼爱长安君还是多一些的。"

触龙说："父母疼爱子女，就要为他们做长远考虑。当初您送女儿嫁给燕国国君为王后，拉着她哭泣，伤心她嫁到那么遥远的地方。可是出嫁之后的日子，您却并未表示多么想念，反而在祭祀的时候，祈求她不要被驱逐回来。您希望燕后生儿育女，她的子孙后代能一代代做燕国的君主，这不就是替女儿做长远打算吗？"

赵威后点了点头，认可了触龙的说法。

这一番对话，就是触龙的厉害之处。他的前两番说辞看起来遭到了太后的反驳，但他一步步后退，将太后引入自己的话术圈套，使自己变被动为主动，直击赵威后的内心。

接着，触龙又说："从这一代向上追溯三代，甚至推到赵国建立之时，赵国国君的子孙被封侯的，他们的子孙还有能继承爵位的吗？"

赵威后说："没有。"

触龙又说："不仅是赵国，其他诸侯国有吗？"

赵威后说："我没有听说过。"

触龙说："他们当中祸患来得早的，就降临在自己头上；祸患来得晚的，就降临在子孙头上。地位尊崇却没有功勋，俸禄丰厚但没有功绩，还占据大量珍宝，您现在把长安君的地位抬得那么高，封给他大片肥美的土地，不趁现在让他为国立功，您百年之后，凭什么让长安君在贵族中站稳脚跟呢？所以，我认为您为长安君考虑的，没有为燕后考虑得长远啊……"

触龙的一番话，毫无疑问地抓住了赵威后内心的痛点，她对触龙说："按你的意图办吧。"

随后，赵国准备了 100 辆车驾，派遣长安君到齐国为质。齐国也派出援军，赵、齐联手击败秦军，化解了赵孝成王即位以来的第一次大危机。

要想理解触龙和赵威后的这番对话，必须了解当时的历史背景，这也是触龙的话术能够成功的原因。周烈王二十三年（前403），韩、赵、魏三个晋国的大夫被封为诸侯，也意味着周天子承认了"三家分晋"的事实，战国时期由此开始。战国以后，君权加强，君主的子孙，除了即位的国君外，支系贵族要么有战功，要么有行政能力，不然到了第二代、第三代就会被除爵而沦为平民。再像西周时期那样，依靠血缘即可得到封地，已经是不可能了。

长安君在赵威后活着时，依靠母亲庇荫，还能维持尊荣；一旦赵威后去世，德不配位，不但他的地位不保，还有被褫夺爵位的危险。触龙完全是站在赵威后的立场上劝谏的，因而立刻就打动了这位女政治家。她敏锐地意识到，派小儿子长安君为人质，可以为他争取政治荣誉，从而使其在赵国的政治格局中占有一席之地。

在商业谈判中，**如何化被动为主动，不在于你占据多少优势，恰恰在于你是否站在对方的立场考虑问题。这才是抓住大 BOSS 内在需求的关键。**

郭隗：我是最合适的总经理人选

千金买马骨，可以被看作阳谋手段，也可以被看作阴谋手段。各种泡沫炒作，不就是千金买马骨的"黑化操作"吗？

周赧王四年（前311），流亡在外的燕国公子职在赵武灵王派出的军队护送下，回到燕国即位，是为燕昭王。此时的燕国，君臣离心，上下一盘散沙，大部分国土被齐国占领，百姓纷纷逃亡。此时要振兴燕国，最要紧的是笼络人才，凝聚人心。在此，我们不妨先看看昭王即位前燕国的局势。

　　燕昭王的父亲燕王哙（燕国第三十八任君主）宠信相国子之，后来竟把君主之位"禅让"给了子之。子之登上王位后的第三年，不满王位被他人所夺的燕国太子平与将军市被密谋决定推翻子之，因而派遣市被率兵围攻王宫。市被久攻王宫不下，又与太子平发生龃龉，掉转矛头进攻太子，两军在都城厮杀，最后市被被杀，陈尸街头。齐宣王趁机派兵入侵燕国，燕国军民以为齐国是来平息内乱的，几乎未加反抗。齐军趁机占领燕土，杀了燕王哙和子之，太子平也在这场战乱中死去。这场战乱前后持续数月之久，死伤几万人，导致燕国都城一片破败景象。燕昭王正是在这种背景下即位的。

　　燕昭王听说郭隗很是贤明，想让他推荐一些人才，就亲自去拜访他。见面以后，他却发现郭隗须发半白、垂垂老矣。本着礼贤下士的态度，燕昭王还是向郭隗求教，请他推荐一位经理人。郭隗一点儿也不谦让，拍着胸脯说："让我辅佐您执政吧。"

　　面对郭隗这种毫不谦虚的态度，燕昭王多少有些失望。

　　这时，郭隗给燕昭王讲了一个故事：

　　从前有位国王，他很想得到千里马，于是派人在全国张贴布告，宣布说愿意用一千金购买一匹千里马。但是过了三年，他连一匹千里马也没能买到，因此非常失望。这时有位侍臣说："大王，只要您给我一千金，我一定能买到千里马。"国王当即将一千金交给侍臣，命他办理此事。侍臣听说某地有千里马，赶去时发现那匹马已经死了，他就请求用五百金将马骨买回去。拥有马骨的人答应了他。国王见买回来的只是马骨，非常生气，斥责侍臣说："我要的是活着的千里马，你却弄回来一堆马骨，这有什么用呢？"侍臣从容地说："从前大王您张贴告示，三年都没有买到宝马，是人们不相信您会千金买马。现在，您连千里马的马骨都肯花五百金购买，得到真的千里马还会难吗？"果然，没过多久，就有好几个人牵着千里马来求售，国王因此得到了多匹骏马。

　　郭隗见燕昭王听了这个故事后眼中发光，进一步说："我虽然没有什么才能，但好比千里马的马骨，能够彰显你重用人才的决心。"

燕昭王当即派人筑黄金台，在台上建造豪华的屋宇，供郭隗居住，尊之为师。列国贤士听闻后，赵国人乐毅、剧辛，齐国人邹衍都先后投效燕昭王。后来，燕昭王外用乐毅为将，内用郭隗为相，大力整顿燕国事务，逐渐廓清了燕国的外部环境，并得到赵、楚、韩、魏四国的支持。再后来，乐毅率领五国联军大败齐国，报了齐国杀燕王、侵燕土之仇，还占领了齐国的70多座城池，使齐国几乎消亡。

燕昭王之所以能够成功，与郭隗的布局有很大的关系。郭隗十分清楚，燕国国力弱小、人才凋敝，尤其是子之之乱后，人心涣散，要打败强大的齐国，首先是收拢人心，招揽人才。他正是看清了这一点，才当仁不让，认为自己是合适的总经理人选。燕昭王虚怀若谷，采纳了郭隗的建议，尤其是膺服其人才观，这才奠定了之后弱国翻盘的基础。

在企业发展中，**人才是重中之重：一是郭隗式的战略型人才，二是乐毅式的市场开拓型人才。郭隗以"千金买马骨"的寓言打动了燕昭王，抓住了改变国家格局的关键。**

张登：加剧对手阵营的矛盾

> 把"挑拨离间"当乐趣的，是小人；把"挑拨离间"当手段的，是凡人；只有把"挑拨离间"当战略的，才是聪明人。

前323年，魏国人公孙衍发起了"五国相王"的运动，也就是魏、韩、赵、燕和中山五个国家的君主相互承认对方的"王号"。在此之前，只有周天子才能称王，诸侯们只能按照早期分封的"公、侯、伯、子、男"的爵位称谓。当然，楚、吴、越三个南方国家已经僭越加上了"王号"。"五国相王"既是对彼此地位的承认，也是对抗崛起的秦国的结盟运动。在"徐州相王"中，齐国和魏国国君已经彼此承认对方的"王号"，故而这次"五国相王"引起齐国的不满，它认为中山国只是一个二流国家，不配称王，同列为耻，因而派使者告诉魏、赵两国共同出兵讨伐，去其王号。

中山国夹在魏、赵之间，通过相王运动在国际上获得一席之地实为不易。齐国的动议令中山国君非常惊恐，他赶紧召集臣子们商议。大臣张登请求给自己车马资财，去瓦解齐、魏、赵的阵营。他带着重金先找到齐国的执政田婴，对他说："齐国联合魏、赵讨伐中山国，对谁有利？"田婴请张登详说。张登说："中山国距离魏、赵近，距离齐国远，讨伐中山国，这是加强了魏、赵两国的实力，对齐国却没好处。"

田婴认为张登说得有理，问他该怎么办。

张登说："如今，齐国承认中山国的王号和地位，魏、赵两国必定恼怒，攻击中山国，中山国必定倒向齐国，这是加强了齐国，削弱了魏、赵。"

田婴认同张登的说法，但遭到另一大臣张丑的反对。张丑说："同欲者相憎，同忧者相亲。为了与中山国结好，而寒了别国的心，不可取。"

田婴没有接受张丑的意见，仍然与中山国交好。其实，张丑说出了事情的本质：魏、赵、齐三国的欲望是相同的，都担忧对方势力增强，故而暗地里彼此相憎；它们准备削弱的中山国，则与之有共同的忧虑，是怕自己变弱。

张登正是看清了三国阵营的这一缺陷，因而转身出使魏、赵两国。他对两国国君说："齐国一开始坚决反对中山国称王，现在又积极拉拢中山国，这是为了以后对付你们，你们应该抢在齐国之前与中山国相王，使齐国失去牵制你们的机会。"魏、赵两国国君同意张登之说，承认了中山国的地位。至此，魏、赵、齐联合出兵的计划不但破产，而且中山国的地位也获得了承认。

面对强大的敌手时，站稳脚跟的最好方式便是加剧对手阵营的矛盾，使其从内部瓦解，从而为自己争取生存的时间。中山国能够崛起，并与战国七雄争锋，正是利用了列国各怀心思、彼此不团结的矛盾。

颜率：提高门槛以化解危机

> 一场谈判结束之后，若双方都感觉自己输了，是糟糕的谈判；若有一方觉得自己输了，是平庸的谈判；若双方都认为自己没有输，才是高明的谈判！

东周晚期，周天子的权威日益下降，位同小侯。继楚庄王问鼎之后，不少诸侯打起了周王室"九鼎"的主意。

传说"九鼎"由大禹所铸，上面有天下九州的地图和物产的记录。夏朝灭亡后，商朝的开国君主成汤把九鼎搬到都城；商朝灭亡后，周武王将九鼎从朝歌搬到镐京；周平王东迁，将九鼎搬到洛邑。谁得到九鼎，就意味着天命所归。秦国自秦穆公之后，不断东扩，逐渐蚕食周王室的土地，兵临东周君城邑之下，向东周君索要九鼎。东周君召集群臣商量对策。大臣颜率说："君上不必忧虑，我去齐国借兵退敌。"

颜率到了齐国后，对齐王说："秦国暴虐无道，企图夺取周王室的九鼎，我们君臣思虑后，认为与其将九鼎交给秦国这样的不义之国，不如交给齐国这样的仁义之国。齐王出兵，既能挽救周王室获得美名，又可得到九鼎这样的宝物，希望大王您尽力。"齐王欣然接受，随即派遣五万齐军去救援。秦军见齐军来救，就放弃了对东周君的威逼，撤退了。

齐国帮周王室解除了危机，要求周王室兑现承诺，为此，东周君寝食难安。颜率再次表示，由他来解决问题。颜率到了齐国后，先发表了一通对齐国援救周王室的感言，接着问齐王："我们打算把九鼎交给您，不知您准备走哪条路呢？"

齐王说："我准备借道梁国。"（即魏国，因其都城在大梁，故名。）

颜率回禀说："恐怕不行，梁国君臣早就想夺取九鼎，他们在晖台和少海等地方谋划了很久。九鼎一旦进入梁国领土，恐怕您就不可得了。"

齐王说："那我改道楚国。"

颜率说："这恐怕也行不通。楚国对九鼎早就垂涎欲滴，他们在叶庭专门建立了夺取九鼎的机构。九鼎一旦进入楚地，想也别想它能再出来。"

齐王说："那我怎样才能把九鼎搬到齐国来呢？请先生指教。"

颜率说："这个我早就替大王您思虑过了。九鼎是国家重器，不是装醋和酱的瓶瓶罐罐，拎着就走了。当初周武王灭商，搬运一只鼎回都城就动用了9万人，搬用九鼎则动用了81万人。士兵、工匠和杂役的消耗，多得不可计数。这也是我为大王您考虑的地方。"

齐王想了想，最后只得放弃。

古人云，"名不正，则言不顺"。齐国一旦获得九鼎，就有了天命这个号令，齐王当然迫切地想得到九鼎。但是颜率却不断提高搬运九鼎的门槛，大大增加搬运成本，使齐王知难而退。

齐王很清楚，九鼎只是一种象征，不需要动用那么多人马搬运，但是齐和东周故地不接壤，搬运九鼎必须向他国借道，这势必会遭到他国的反对，甚至是为他人做嫁衣裳。周王室虽已极为衰微，但是还没到彻底消亡的时候，齐王只能放弃。在这个过程中，**颜率巧妙地采用提高门槛的办法，使得齐王意识到办成这件**

事几乎没有可行性。

平王东迁后，诸侯日渐崛起，直接管理的地盘越来越小。即便如此，周王室仍然持续了 500 多年。这一方面依赖于诸侯们还需要天子的名号，另一方面也因周王室有颜率这样的贤才。颜率料事于未行之先，一席话挽救国家于水火，堪称团体中的话术天才。

邓禹：谈话要抓住要领

不要总觉得自己被轻视，先问问自己有没有分量。

邓禹是南阳新野人，东汉的开国名将，被光武帝列为云台二十八将之首，使得邓氏也成为东汉显赫的家族之一。邓禹之所以能得到光武帝的重用，除了有军功之外，最重要的是他通文翰，每次和光武帝谈话，都能抓住要领，使问题变得明朗。光武帝以邓禹为谋主，制定各项战略方针，从而荡平群雄，登上帝位。

邓禹早先和光武帝刘秀是同学，两人一起在长安读书。更始帝刘玄（刘秀的表兄，曾在绿林军的支持下称帝）即位后，有人推荐邓禹出任官职，被邓禹谢绝。邓禹听说刘秀在河北站稳了脚跟，就渡河去追赶。到了刘秀的大营，刘秀开玩笑地说："我现在拥有任免官员的权力，你千里迢迢地赶来，是想当官吗？"

邓禹摇了摇头。

刘秀又问："那你想要什么？"

邓禹回答："我只愿追随明公，为明公效力，这样定能垂大名于青史。"

刘秀神色变得认真起来，示意邓禹说下去。

邓禹说："更始帝定都关西，然而没有征服山东的势力。赤眉军、青犊军有万余人，他们流窜到三辅（指今陕西中部）一带，成群结队，假借名号。更始帝的军队没有打败并收服他们，因而他们不肯听从更始帝的号令。更始帝帐下的其他将领都是庸人，最大的志向不过是想发财，虽然也都争着建立功勋，但不过是早晚图个欢乐。这里面缺乏有远见的人，也没有打算让百姓长治久安。现在四方已经分崩离析，形势非常清楚，明公您虽为更始帝立下大功，但是恐怕难成大业。为今之计，您应该多招揽天下英雄，为百姓建立一个安定的王朝，成就汉高祖那样的事业。"

邓禹的话，令刘秀神色一震。他让邓禹与自己宿在同一帐篷里，并让左右的人称呼他为"将军"。邓禹的一席话之所以能打动刘秀，很大程度上在于他抓住了谈话要领，即说到了老板的心坎里。邓禹的话至少有四层意思：其一，更始帝虽然被群雄拥戴登上了皇位，但是并不能服众，其势力缺乏凝聚性，是脆弱的；其二，更始帝的属下都是庸碌之人，缺乏远大的政治理想，不足以令天下长久安定；其三，你虽然为更始帝立下大功，但他不是英主，你恐怕难成大业；其四，我们单干，首先是招揽人才，其次是照顾百姓的利益，这样定能建立一个有新气象的王朝。

邓禹的分析鞭辟入里，将非常复杂的情况归纳得清晰明白，甚至还给出了发展建议，可谓高屋建瓴。这样的谈话水平和政治敏感性，无疑是刘秀最需要的，无怪乎邓禹当场就得到了最高的礼遇。

接下来，一切都像邓禹预料的那样发生了。刘玄在绿林军的拥戴下称帝，赤眉军也在形式上表示了对他的归附，但刘玄不信任诸将，先后杀掉多人，还从背后袭击了赤眉军。

更始帝三年（25），赤眉军的首领樊崇找到一些西汉宗室后裔，打算从中选一个人立为皇帝。樊崇让人找来一个竹盒子，在一封书札上写上皇帝的名号，然后和其他空白书札一起放进去。他将候选人按年龄大小排列，由年长的先摸，每人可依次摸到一张书札。

刘盆子年龄最小，因而最后一个摸。打开书札后，别人的都是空白的，而刘盆子摸到的是那张"帝札"。就这样，他通过抽签的方式当上了皇帝。这样一来，长安和赤眉军的大营里就各有一个皇帝，二帝并立，势必一战。不久，赤眉军攻入长安，刘玄投降后被杀。这印证了邓禹的判断。

同年六月，刘秀在文臣武将的拥戴下，于鄗城（今属河北邢台）千秋亭称帝，再次出现二帝并立的局面。邓禹受命向西，荡平关中敌人。诸将皆劝邓禹快速进兵，拿下长安。邓禹却说："我们现在虽然人多，但是能打仗的精兵少，而且进军之地缺乏粮食，我们身后的粮草补给又不足。赤眉军刚刚拿下长安，物资充足，士气高涨，我们无法与之决战。不过，盗贼们缺乏长远的眼光，肯定无法长期坚守。上郡、北地、安定三郡人口稀少，但是粮食和牲口充足，我们不如先去那里修整补给、等待时机，寻找到赤眉军的弱点后再将其消灭。"众将认为邓禹说得有理，因而就食三郡，所到之地，击破赤眉军的营寨。

邓禹的话术水平很高，建立在他对问题的清晰洞察上。他用了三点来说服将领们：其一，兵在精而不在多，自己的精兵少，不能与敌人硬碰硬；其二，无论是前方还是后方，自己都没有补给，不能与有充足补给的敌人直接对抗；其三，敌人士气高涨，战斗意志强。他既说出了敌人的优势、自己的劣势，又分析出敌人的致命弱点，即缺乏长远的眼光，不能坚守。此外，他还给出了解决方案，即足兵足食，寻机歼敌。

无论是面对领导还是下属，邓禹的谈话水平都可谓臻于化境，他不愧为古代史上有名的战略大师。

诸葛亮：顺势而为，随时而动

造势并不意味着一定要大张旗鼓、投入重金，它有一个核心策略，就是找到一个支点。这个支点通常包括三个要素：一是新颖，二是悬疑，三是争议。

《三国演义》中对诸葛亮出场的描写非常巧妙，几乎可以说他是带着神秘的光环出现的。很显然，这是一场话术造势。刘备遭到追杀，骑马越过檀溪，无意中遇到了隐居的水镜先生司马徽。刘备请求司马徽出山辅佐自己，司马徽自称山野之人，做不了官，但是提到了两个人，"卧龙、凤雏，得一人可安天下"。

当时，刘备手下非常靠得住的谋士是徐庶，只可惜他还没被刘备焐热，就被曹操诓骗走了。临走时，徐庶向刘备推荐了诸葛亮。刘备问徐庶与诸葛亮的才能高低，徐庶自比驽马和寒鸦，称诸葛亮是麒麟和凤凰，并告诫刘备，要想请诸葛亮这个大才出山，必须亲自去，不能像招聘普通人一样，简单地派个人去。这是徐庶在为诸葛亮的出场做加持。

当然，最厉害的造势来自诸葛亮自己。他自比管仲、乐毅，干活时还经常来一首《梁甫吟》，并自带音乐效果。最精彩的是，《三国志》中记载诸葛亮曾与颍川徐元直、颍川石广元、汝南孟公威一起读书，其他三人都很认真，读到熟练、透彻才罢手，只有诸葛亮只观其大略，对寻章摘句没有兴趣。当朋友们都在那里读书时，他"每晨夜从容，常抱膝长啸"。这个姿势实在是太潇洒了，估计后世陶渊明抱膝而坐学的就是他，至于长啸则大概被魏晋贤士们继承去了。有人问诸葛亮他的志向是什么，他只是笑而不答，但是说到他的朋友石、徐、孟三人，诸葛亮的评价是："卿三人仕进可至刺史郡守也。"这就是说他们的才能做到州郡一级的高级官僚也就到头了。

前面一波又一波的造势让刘备成为诸葛亮彻底的铁粉，接下来就是见真人的环节了。前两次拜访，刘备都扑了个空；第三次终于逮着了，诸葛亮又在睡觉，气得张飞恨不得在诸葛亮屁股上放一把火。在雪地里站了半天的刘、关、张三兄弟，终于等来了诸葛亮醒来的一个信号，睁眼吟了一句诗：大梦谁先觉，平生我自知。大凡天纵奇才，必定是诗人。诸葛亮的文艺男形象，瞬间在刘备的心里树立起来。

就在诸葛亮的隆中草堂里，刘备进行了第一次面试。

首先，刘备提出自己的问题：汉朝衰败，奸臣窃取大权，天子蒙受委屈。我不度德量力，想把大义彰显于天下，可是我的智慧有限，到现在还没有什么成就，但是我不会放弃，您有什么可以教我的吗？

接下来的一段回应，就是名动天下的《隆中对》的内容，也是诸葛亮赢得老板赏识、奠定辉煌人生基础的第一张卷子。以后，他还要答多张这样的卷子，比如《出师表》。诸葛亮分四部分给出答案：

自从董卓这个军阀以边帅的身份入京，天下豪杰并起，跨州连郡者不可胜数。曹操和袁绍相比，名气小、人数少，但是能够以弱胜强，打败袁绍，不是因为天时，而是因为人谋。弱小不可怕，只要长于经营，也能击败强大。这是给刘备以信心。

接着，诸葛亮分析了天下的局势。如今曹操已经拥有百万之众，挟天子以令诸侯，不可与他正面对抗。江东具有长江天险，历经孙坚、孙策，到孙权已是三代领导人，他得到百姓归附，贤能之人得到任用，我们可以与他结盟。在这里，诸葛亮为刘备指明了一个基本方向，那就是谁是敌、谁是友。

之后，诸葛亮为刘备分析了地缘特征。荆州北据汉、沔，利尽南海，东连吴会，西通巴、蜀，此用武之国。益州险塞，沃野千里，天府之土，汉高祖刘邦就是凭借汉中争夺天下的。益州的主人刘璋暗弱，他的北面有张鲁窥伺，民殷国富而不知存恤，这里的智能之士渴望得到一位英主。你可以夺取这两个州，成为起家的根基。眼见刘备的眼里不断地闪烁着光芒，诸葛亮还不忘来一串彩虹屁：将军既帝室之胄，信义著于四海，总揽英雄，思贤如渴。

最后，诸葛亮给出了刘备争夺天下的具体策略：依靠荆州、益州的地理优势可以自保，西和诸戎，南抚夷越，外结孙权，内修政理；一旦机会成熟，命一员上将军率领荆州军队进攻宛、洛，刘备率领大军出秦川，两线出击，洛阳、长安便会收复，老百姓箪食壶浆迎接，汉室可兴。

诸葛亮的话，犹如暗夜里的明灯，照亮了刘备那颗长期以来沦陷在黑暗中的心。所以，毫无悬念，刘备被俘获了。对此，刘备的老搭档关羽和张飞很是不满。这时刘备给出一个精彩的比喻："孤之有孔明，犹鱼之有水也。愿诸君勿复言。"他把自己和诸葛亮的关系比为鱼水之情。

回头来看诸葛亮的这番说辞，可以说每句都说到了刘备的痛点上，这也成为蜀汉日后发展的大政方针。《隆中对》是诸葛亮为自己造势的最精彩的内容，也是成功运用话术推销自己的优秀案例之一。可以说，**诸葛亮环环相扣、步步为营，彻底拿下了刘备这位枭雄，彼此成为最佳的合作伙伴。**

萧俛：拒绝的艺术

> 顺从并非美德，拒绝需要智慧。

萧俛出身南兰陵萧氏，是梁武帝萧衍的后裔，唐穆宗时任宰相（同中书门下平章事）。一次，穆宗皇帝下诏让他给已故的成德军节度使王士真撰写神道碑。萧俛回禀说："为臣器量偏狭，王承宗（指王士真的儿子）不肯听从朝廷号令，人品没有可称赞的地方。如果让微臣撰写王士真的神道碑，臣不会刻意去美化他。神道碑写好后，按惯例王家会献物致谢。臣若不接受，就违背了陛下安抚藩镇的计划；臣若硬着头皮接受，则又违背了自己平生的意愿，因此臣不愿意写这篇文章。"穆宗皇帝认为他肯直言，便嘉奖了他。

从表面上看，萧俛是为了维护自己士大夫的尊严，才拒绝领导安排的工作，但事情远没有这么简单。在君王时代，对皇帝而言，臣子的忠诚度、办事能力是第一位的，其次才能谈到士大夫的声誉。如果一个人不能为领导办事，仅会沽名钓誉，是得不到领导重用的。那么，唐穆宗为何还嘉奖了萧俛呢？这是因为，萧俛话里有话，戳中了唐穆宗的心坎。这就要将其放到唐穆宗执政时的社会中来看了。

唐朝自玄宗天宝年间安史之乱后，藩镇坐大，各地的将领要钱有钱、要人有人，逐渐不肯听从朝廷的号令，开始自行任命官职，各自为政。到了唐穆宗的父亲唐宪宗时，在名相裴度的辅佐下，逐渐削平了一些反叛的藩镇。之前处于观望状态的藩镇将领纷纷归附朝廷，但那些有实力的藩镇仍然处于半独立状态。唐穆宗所说的"成德军节度使王士真"就是当时有实权的藩镇节度使之一。王士真原是成德军节度使李惟岳的镇将，他协助父亲王武俊杀了李惟岳。朝廷为了安抚，就顺水推舟地任命王武俊为节度使。王武俊死后，王士真不待朝廷任命，就自封为留后，成了节度使。王士真死后，他的儿子王承宗、王承元相继为留后。王家在成德军中经营了四世，岂止是尾大不掉，实际上已成了一个独立王国。唐穆宗作为大唐王朝的"董事长"，下诏让经理人萧俛给已故的王士真——曾经的分公司大佬写神道碑，就是想用朝廷的荣誉来笼络住藩镇，避免他们公然造反。萧俛没有接受领导委派的工作，反而拿出一套推脱之辞，其中至少有三层含义。

第一，王家不听朝廷号令，仅用拉拢的手段是行不通的。如果由我这个经理人为他的先人写神道碑，会让那些忠顺的藩镇寒心，让那些想图谋不轨的藩镇更加跋扈。王家现在虽然归顺了，但是前几代劣迹斑斑。王承宗的祖父王武俊曾联合幽州节度使朱滔举兵叛乱，公然僭越，自立为赵王，后因与朱滔不合，叛乱形势也对藩镇不利，才又归顺了朝廷。在王士真任成德军节度使时，尤其是任职晚期，由于是颇有手腕的唐宪宗执政，一方面对王家加官进爵，另一方面对那些敢于公然造反的藩镇进行军事打击，所以成德军十分恭顺，每年向朝廷进贡达数十万的财货。比之于河朔三镇中的卢龙、魏博二镇，他可以说是朝廷的铁杆支持者。比之于其父，王承宗更像一头桀骜不驯的狼，唐穆宗时期叛乱，因实力不够，又重新归顺朝廷。唐宪宗能够稳住成德军，靠的是军事威慑和封官拉拢。唐穆宗如今对待藩镇，如果仅靠拉拢手段，是行不通的。

第二，从管理层角度讲，萧俛不是写神道碑的最佳人选。唐穆宗作为最高领导，要面对三大势力：一是自唐玄宗以来每个领导者都要面对的外部力量——藩镇；二是朝廷大臣，他们代表了贵族士大夫的力量；三是以宦官为首的左右神策军，他们负责皇帝的安全和京城防卫。穆宗皇帝能上位的很大原因，就是朝臣和左右神策军的共同拥戴。唐宪宗能够威慑和削平藩镇，依靠的也是以裴度为代表的贵族士大夫；而南兰陵萧氏在整个唐朝有10人出任宰相，是最大的贵族世家之一。如果他为藩镇势力的代表写神道碑，会产生两个后果：其一，导致朝臣与藩镇勾连；其二，引起以宦官为首的神策军的猜忌。不要忘了，唐穆宗曾派精锐的神策军进攻藩镇，虽然打了败仗，但神策军算是皇帝的人，如果萧俛写了碑文，不仅得罪了自己的人，还打破了三方力量的平衡。

第三，社会舆论对朝廷不利。唐宪宗能够彻底解决成德军的问题，让王承元献上土地归降朝廷，为朝廷出力，去收拾其他不听话的藩镇，是因为朝廷的荣誉依旧拥有吸引力。如果让萧俛这个职位最高的经理人写神道碑，不但会让朝廷的荣誉贬值，还会遭到朝臣反对，萧俛本人的声望也会受损。皇帝等于在藩镇和朝臣两边都不讨好，这是双输。

基于以上三点，萧俛拒绝了领导不合理的工作要求。唐穆宗也是聪明人，立刻就从他的话里听出玄机。**萧俛不愧为一代贤相，他在拒绝领导时，也替领导做了全局性的考虑，**但并未将利害关系彻底戳破，因为真正的掌舵人是唐穆宗，他才是权力平衡之术的驾驭者，这不应该是臣子考虑的，不然就有越权的嫌疑。唐朝自安史之乱后，虽然藩镇处于半独立状态，而且经常发生叛乱，但是朝廷能够屹立不倒，就是在内用藩镇牵制朝臣、在外用朝臣打压藩镇。唐末朱温篡权，就是因为朝臣与藩镇勾结为一体。朱温一举将代表神策军的宦官势力杀光，三方势力的均衡格局被彻底打破，唐朝也就灭亡了。

总之，一个优秀的经理人，首先，要拥有全局观，对大势洞若观火；其次，当领导提出不合理的工作要求时，要能够让领导意识到其中的利害，从而把决策拉回到正确的方向；最后，要确保自己处于主动位置。如果自己的地位受损，那么就无法再掌控整个企业了，发展与壮大也就成了空话。

肆

阅世·解决问题的见识与能力

　　纵观历史，纸上谈兵者、眼高手低者屡见不鲜，随声附和者、唯唯诺诺者比比皆是。真正能掌控各种局势走向乃至掌握自己命运走向的人，往往是那些不显山露水，既能办大事又能解决小问题的高手。不要迷信天赋与学问，高手都是在世事中练出来的。

管仲：用最小的代价，争取最好的结果

> 用最小的代价，争取最好的结果，即便力量足够强大，也要懂得慎重使用所掌握的力量，这才是立于不败之地的黄金法则。

衡山国是齐国的邻国，民风剽悍，擅长制造锋利的兵器。齐桓公早就想吞并这个小国，奈何它地形复杂，兵虽少但善战，是一块硬骨头，强行吞并可能会卡在嗓子眼里，把自己噎死。

管仲认为，不必用军事手段就可以降服它。鉴于衡山国以制造武器闻名，管仲就下令购买该国的刀剑、戈等各种武器。起初，衡山国尚能够供应；但随着齐国购买量增加，从事武器制造的人就不能满足其需求了。于是一些人开始转行从事冶铁和锻造，那些制造兵器的人因此发了财，衡山国的国君也赚得盆满钵满。

为了进一步使衡山国的人扩大武器经营，管仲下令提高购买武器的价格，买一把刀剑的钱可以买几车粮食。衡山国的人看到有这么好的买卖，连那些种地的人也加入冶铁和锻造的行列，导致大量农田荒芜。这使得衡山国的产业变得非常单一，成为一个纯粹的武器出口国。源源不断的暴利，让衡山国的国君昏了头；大量的武器被生产出来，堆积在仓库中。就这样过了几年，齐国突然中断订单，导致衡山国的武器全部滞销。

取消与衡山国的订单后，管仲又使出另一招，就是高价收购粮食。齐国以大国的体量，很快就将周边地区的多余粮食买完了，使得衡山国无粮可买。衡山国原本是一个生产体系完整的国家，但由于齐国多年来源源不断的武器订单，国人放弃了种田、织布等产业，只剩下冶炼和锻造。眼看衡山国内的储粮很快就吃完了，附近地区又没有粮食可卖，那些曾经从事农业的人再来种植，发现农田多年无人经营，早已荒芜不堪，水利设施更是没有完备的。甚至为了炼铁，他们砍光了山上的树木，导致环境极度恶化。

不久，齐国大军压境。面对饥荒、贫困和封锁的社会形势，衡山国只好投降。

用同样的办法，管仲还灭了代国。只不过代国盛产的不是兵器，而是狐狸皮。**本来兵器、狐狸皮是这些国家的特产，也是它们的经济支柱之一，但是一旦变成国家的唯一经济来源，就只能任凭他人拿捏了。**由于产品、销售渠道的单一性，供货商势必会对唯一市场形成依赖。衡山国、代国正是因为对齐国形成了依赖，才遭到反制，最终被卡住了脖子。

同样的方法，同样的套路，不但能用来对付小国，也能用来对付和自己体量差不多的国家。

鲁国和齐国的力量，原本没有太大差别。作为周天子封到东方的藩屏，鲁国和周天子的关系比和齐国还要近。齐国有一任君主齐哀公，甚至还被周天子叫到王廷去烹杀。

乘丘之战中，齐国甚至要联合宋国一起，才能攻打鲁国。鲁国是一个典型的纺织业大国，生产的鲁缟（一种未曾染色的白色薄绢）非常出名。有俗语说："冲风之衰，不能起毛羽；强弩之末，不能入鲁缟。"

管仲让齐桓公带头穿用鲁缟缝制的衣服，为此贵族们纷纷效仿，老百姓中也流行起这种风气。这导致鲁缟的需求量大大增加。鲁国人为了完成增加的订单，很多人改行生产绢，蚕丝需求量增加，养蚕的人也多了起来，桑叶的需求量也跟着增多，不少人改稻田为桑田。大量的人从事丝织品行业，导致农业荒废，其他行业也受到巨大冲击。

为了增加鲁缟的进口量，管仲一再提高购买价格，齐桓公甚至禁止本国商人从事生产，只允许购买。这导致鲁国的订单一再增加，利润疯长。贪欲导致这个行业急剧扩张，其他行业都偏废了。在农业时代，从事农业生产的人减少，必然会导致粮食产量下降。

鲁国很快就发生了饥荒，只好向邻国齐国购买粮食，但齐国已发布出售粮食的禁令，所以鲁国一粒米也没有买到。而其他国家距离鲁国比较远，运输成本很高，购粮价格算下来比往年翻了好几倍。为了活命，老百姓纷纷逃亡到齐国，使齐国的人口大大增加。在战国时代，人口就是实力。鲁国经过这场经济战，人员减少，国力大损，从此就衰弱了。

那么，能否用这种方法来对付大国呢？当然可以。楚国早在西周时期，就挑战过周天子的权威。周王室衰落后，中原各国更不把它当回事儿了。齐国要称霸，最大的障碍就是楚国。如果双方进行军事较量，齐国未必能胜；即便是胜了，也是惨胜。楚国盛产鹿，管仲就从鹿下手，高价收购鹿。这让楚国国君误以为齐桓公沉迷于娱乐。同时，楚国人为了获取暴利，开始放弃本业去捕鹿，甚至做驯养鹿的营生。

楚国是个大国，虽然因为捕鹿和驯鹿耽误了粮食生产，但是它可以向周边国家购买粮食。不过，管仲很早就号令周边国家不要把粮食卖给楚国，即实施粮食封锁战略。

楚王发现这个问题时，已经来不及扭转社会形势了，只好向齐国低头。这就是"买鹿制楚"。

管仲是一位超越其所处时代的卓越的政治家，同时也是一位经济学家。他提出了很多著名的经济学思想，比如雕柴画卵、藏富于民。他还能够改变思路，用经济手段解决军事问题。

张释之：领导临时起意，看我从容化解

做正确的事，不仅能体现有本事，而且能说明这是有本事的人才有资格做的事。

张释之，西汉著名法官，最初担任骑郎，也就是皇帝出行时的车骑随从。他从骑郎起家，累迁公车令（秩六百石的官员）、中大夫、中郎将（秩比两千石，负责皇帝禁卫）、廷尉，以尊重法律、量刑得当著称。

张释之任谒者仆射（负责传达的官员）时，一次陪伴汉文帝到上林苑去看老虎。上林苑是皇帝私人的野生动物园，汉文帝向管理这个庞大动物园的园长（上林尉）询问园里动物的情况。园长不善言谈，口齿不灵便，回答得磕磕绊绊。汉文帝十分不高兴，又问旁边的啬夫，也就是小职员。这个小职员对答如流，很对汉文帝的胃口，也获得了汉文帝的赞赏。事后，他让张释之写一道诏书，罢免上林尉，让那个啬夫代替。

张释之没有听从，而是向汉文帝提出几个问题。他问："绛侯周勃怎么样？"

文帝答："是个有真才实学的人。"

又问："东阳侯张相怎么样？"

文帝答："也是个有才干的人。"

张释之说："周勃和张相都不善言谈，但是他们很有才能。陛下您因为啬夫善于言谈，而不考虑他其他方面的能力，就让他代替上林尉，这是鼓励夸夸其谈的作风啊。这样一来，上行下效，只怕会举措失当。秦国就是这样败亡的。"

汉文帝听后只说了一个字"善"，啬夫升职的事就不了了之了。在回去的途中，汉文帝向张释之咨询了很多秦国兴亡之道，并将他升为公车令。张释之对于汉文帝的一时心血来潮没有无脑地去执行，而是耐心解释，使得汉文帝放弃了自己的想法。

张释之担任廷尉时，一次和汉文帝、汉文帝宠爱的慎夫人，以及满朝大臣到霸陵视察。那天汉文帝的心情很好，登上了高大的山陵，眺望北面的新丰道，对慎夫人说："你看那条路，就是通往邯郸的路。"汉文帝刘恒没有当皇帝前，被封为代王，对赵、代等地非常熟悉。他这是在回忆早年的生活，有点儿怀旧的味道。他命令慎夫人弹奏瑟，自己唱歌，唱着唱着，他的心情开始低落，感到人生转瞬即逝，指着霸陵说："用北面山上的石头做椁，在棺椁的缝隙里填上切碎的苎麻丝絮，再涂上漆，就打不开了吧。"汉文帝说这话，实际上是将霸陵指定为自己的陵墓所在地。其他大臣对皇帝说的话，当然是齐声附和，各种花式的彩虹屁，但张释之却说："如果棺椁里有吸引人的东西，即便封铸整个南山，也还有缝隙；如果棺椁里没有吸引人的东西，即便没有棺椁，也不必忧虑吧。"

汉文帝认同了张释之的说法，将他升迁为廷尉。后来，汉文帝驾崩，遗诏只用瓦器陪葬，不允许用金银器皿。一直到五代，后周皇帝郭威还对周世宗柴荣说，自己经过汉代诸帝的陵时，发现大多被盗掘了，只有汉文帝的霸陵，因为里面没有值钱的东西，没有使盗墓贼产生兴趣，所以完好无损。这是汉文帝接受了张释之劝谏的结果。

汉文帝出行到中渭桥上，突然从桥底下窜出来一个人，惊了汉文帝骑乘的马，差点儿将汉文帝摔下来。卫队抓住了那个人，将他交给张释之处理。张释之判定："冒犯法驾，罚金四两。"（此处罚金指的是铜。）张释之将审理结果上报给汉文帝后，汉文帝非常不满意，认为惩罚得太轻了。张释之回答道："已经定下的法律，天子和百姓都应该尊重它，不能有所偏私。如果不按照法律规定，量刑过重，以后还怎么取信于百姓呢？我担任廷尉，是天下法官的首脑，如果不按照律令审案，地方官也会不按照律令办事。这会导致老百姓们惶恐不安，国家就危险了。"

汉文帝认可了张释之的处理意见，不再过问。

有个窃贼盗取汉高祖庙里祭祀用的玉环时，被守卫抓住了，并交给廷尉处理。张释之对这个人判了死刑。高祖庙是汉文帝父亲的祭祀神殿，偷这里的东西无疑是从老虎嘴上拔毛，惹得汉文帝大怒，要求张释之灭他族人。张释之上奏说："盗窃太祖庙的物品判死刑，已经是极致了。如果因为这个灭族，以后有人挖了高祖陵墓的土，该判什么罪呢？"

汉文帝和母亲商议了很久，认为张释之判得合理，便不再追问。

类似这样的事例还有很多。**面对领导的一时兴起或不合理要求，张释之每次都能轻松应对，而且有理有据，还能得到汉文帝的认可和赞赏。**张释之堪称古代向上管理的典范。

汉文帝：
如何解决既要面子又要维护公义的两难问题

> 尊严这种东西，你得有实力捍卫；否则，那就是死要面子活受罪。

刘恒的母亲薄氏，因为不得汉高祖刘邦的宠爱，所以跟着刘恒去了封地代国，成了代国的王太后。薄氏的弟弟名叫薄昭，没有什么好名声，加之薄氏家族人丁单薄，故而显得比较弱小。

汉高祖的老婆吕后死后，大臣们联合起来除掉了吕氏家族，准备从刘邦年长的儿子中选一个立为皇帝。本来齐王刘襄很有希望，但是刘襄的舅舅家势力很大，大臣们畏惧再出来一个强大的外戚集团，所以只好放弃。这样一来，代王刘恒就成了候选人，也就是汉文帝。

汉文帝和舅舅薄昭下棋，规矩是谁输了，谁就喝一盏酒。薄昭是个臭棋篓子，连着输了好几回。他身后的郎官（侍从官）负责给他倒酒，就护着自己的主子，倒的酒总是浅一点，不倒满杯。汉文帝的郎官看不下去了，大声斥责薄昭的郎官。薄昭非常生气，但是在汉文帝面前忍而不发。等汉文帝的郎官下班了，薄昭便派人守在他必经之路上，一记闷棍将他打死了。

汉文帝得知真相后非常生气。虽然薄昭是自己的舅舅，但法律是国家的公器，他也不愿徇私。可是按照规矩，刑不上大夫，更何况薄昭是皇亲国戚，普通的司法官员根本不敢给他议罪。

汉文帝的母亲这时候已经从王太后变成了皇太后，别说官员们不敢惹她，就是诸侯王们也对她退让三分。不治舅舅的罪，就无法体现法律公平，法律不公平，就不能真正地实现理想的仁政。汉文帝想让舅舅悔罪，就派了大臣去陪薄昭饮酒，并直白地告诉他，希望他能自裁谢罪。薄昭仗着自己是皇太后的弟弟、当今皇上的舅舅，根本不把大臣的话当一回事儿。

汉文帝见舅舅不上道，只好出了一个"怪招"。他让大臣们穿上孝服，去薄昭的府上吊孝。薄昭家没有人去世，却来了这么一帮人吊孝，其目的不言自明。薄昭明白了汉文帝的意图，只好自尽了。这下演戏成真，汉文帝的目的也达到了。

读正史，我们往往以为汉文帝是仁爱儒雅、方正廉达的君主。殊不知，作为统治者，**他有着突破常规观念解决问题的能力，往往会从人们想不到的角度，达成一个本应该正义的目的。**当然，汉文帝的做法，既维护了法律的严肃性，使薄昭受到应有的惩罚，也维护了其母薄太后的尊严。如果皇舅被判极刑，下诏处死，汉文帝的威望也会受到冲击。他用这种异于常人的思维方式，解决了一个两难问题。

周亚夫：扛住压力，才能展现能力

置身事外夸夸其谈，个个都有本事；只有事到临头果断选择，才能看出谁是英雄、谁是庸才。

周亚夫是西汉开国名将绛侯周勃之子，因其兄周胜之犯了杀人罪，被剥夺爵位，所以他继承了父亲的侯爵。匈奴犯境，汉文帝安排三路大军进行防御。汉文帝劳军时发现，另两路大军的军营都缺乏戒备，而周亚夫的大营戒备森严，纪律严明，因而对周亚夫十分赞赏，任命他为中尉，主管长安城的全部兵力，负责京师安全。

汉文帝驾崩前，嘱托儿子汉景帝，紧急的时候，周亚夫可以大用，他是靠谱的将帅之才。因此，汉景帝升任周亚夫为车骑将军。

汉景帝三年（前154），吴王刘濞联合其他六个诸侯王发动了叛乱，史称"七国之乱"。汉景帝升迁周亚夫为太尉，让他领兵平叛。当时，叛军已经杀到梁国。梁国是汉景帝胞弟刘武的地盘，刚好挡住了叛军的去路。汉景帝希望周亚夫能立刻增援，周亚夫却不这样认为：当时叛军的总兵力达50余万，朝廷的军队只有10余万人，且叛军多是吴楚精锐，战斗力十分强，如果硬碰硬，朝廷很难取胜。可以先让梁国扛住叛军的进攻，自己领兵从背后断绝叛军的粮道，再寻机歼灭叛军。

汉景帝接受了他的建议。

周亚夫率领大军到达灞上，被一个名叫赵涉的士人求见。周亚夫将他迎入帐中，赵涉对他说："造反的王爷中，吴王刘濞最富，养了很多亡命之徒。他探听到将军您正在率领大军杀敌，必定会派刺客在崤（今河南洛宁县西北）、渑（今渑池县）等险要之地埋伏，进而伏击。军事行动贵在隐秘和快速，您为何不走蓝田、武关这条路，直奔洛阳，到了那里先收取武库的兵器，然后击鼓前进呢？那时候，您犹如从天而降，对叛军的士气，岂不是一个大大的打击吗？"

周亚夫大喜，接受了赵涉的建议，任命其为护军。到达洛阳后，他派人率领一队去崤、渑一带搜索，果然抓到了埋伏的刺客。

再说梁国方面。叛军连续进攻棘壁，使梁国战死的士兵多达数万。梁王顶不住了，退守到淮阳，派人向周亚夫求援。周亚夫没有救援，而是率兵到梁国背面的昌邑（今山东巨野西南）驻扎，下令将士们谁也不许出战。

梁王再次派人向周亚夫求援，周亚夫依旧不为所动。梁王见周亚夫不来，只好给哥哥汉景帝写信，让他给周亚夫下诏书。

周亚夫以时机未到为由，不肯出兵。梁王任命韩安国、张羽为将，让他们拼命抵挡叛军。

叛军与梁国血战，始终未能再前进一步，只好掉头杀向周亚夫的驻地，希望能从那里撕开口子。

周亚夫坚守城寨，不肯出战，使得叛军没有突围的机会。叛军主力在被梁军吸引的同时，周亚夫悄悄派出3000名轻锐，夺取了泗水入淮的河口（今江苏洪泽境），切断了叛军的粮道。叛军没有了粮食，十分饥饿，发了疯似地挑战，但都没有获胜。

一天晚上，周亚夫的营中大乱，从主帅的大帐里都听得见。但是周亚夫始终没有起床，一直躺着不动。

不一会儿，声音越来越小，混乱平息了下来。原来周亚夫治军严格，营中士兵各司其职，没有命令谁都不准离开岗位。敌人故意制造混乱，企图造成士兵骚乱的假象，但周亚夫的士兵们并未被混乱蒙蔽，也没有相互奔跑、践踏围观。这样，不仅敌人的阴谋没有得逞，潜入的敌人也被全部抓获了。在这个过程中，周亚夫甚至连翻身的动作都没有。

几天之后，敌人声势浩大地进攻大营的东南方，周亚夫却派士兵在西北方严加戒备。

果然，敌人在东南方的进攻只是虚张声势的佯攻，企图吸引汉军主力，目的是悄悄地偷袭西北方。不过，叛军的如意算盘落空了。

叛军连续多次的进攻或被打退或被识破，加之缺乏粮食，他们只好退却。周亚夫趁机引兵追击，大破叛军。吴王刘濞向东越逃跑，被当地人所杀。没了领头羊，其他六国的诸侯王不是自杀，就是伏罪。一场差点儿颠覆大汉王朝的叛乱，被周亚夫就这样给平定了。

在这场战争中，周亚夫顶住了三方面的压力：一是来自梁王的压力。梁王是汉景帝的胞弟，很受汉景帝尤其是太后窦氏的宠爱，他希望周亚夫能来救援自己，减轻自己的压力，但让梁王拖住叛军是周亚夫制定的作战策略，一旦遂了梁王的心，这一作战策略势必会被破坏。二是来自皇帝。汉景帝虽然接受了周亚夫的主张，但是一旦到了战场，尤其是汉景帝收到梁王的信后，势必会给周亚夫下诏书，而这正是叛军所希望的。三是来自叛军。叛军不断挑战，希望尽快与汉军决战，从而歼灭汉军的有生力量。这三方面的压力，使得周亚夫的处境非常被动。但他能化被动为主动，不接受来自任何方面的压力，使得叛军尽快决战的计划未能得逞。切断叛军的粮道后，他终于占了上风，在叛军撤离时抓住机会出击，从而击垮了他们。

周亚夫是真正的大才，**面对巨大的压力时，能扛住它，分清主次，寻机作战。**晚清名臣曾国藩对他的评价极高，说他"秉刚气而持正论，无所瞻顾，无所屈挠"。

主父偃：转变思维，解决王朝痼疾

分蛋糕的人，无论他再怎么公平，都会遭到别人的嫉恨。所以，如果你惹不起吃蛋糕的人，就别张罗着给人家分蛋糕——后来被诛灭九族的主父偃应该早点儿明白这个道理。

汉高祖刘邦建立西汉后，认为秦朝覆灭是因为缺乏宗室做藩屏，因而大封刘氏子弟为王，并与大臣们杀白马为誓，订下"非刘氏不王，非功不侯"的规矩，一口气封刘姓子弟九人为王。与秦朝实行郡县制不同的是，汉王朝除了郡县之外，还有大量的封国，即实行的是郡国并行制。分封到地方上的藩王，小的有七八座城，大的有几十座城。如刘邦的庶长子刘肥，被封为齐王，以临淄为都城，统辖多达73座城，是西汉最大的诸侯国。又如汉文帝即位后，因为是外藩入朝，为了加强自己的力量，他改封儿子刘武为梁王，将40座城赐给他作为领地，让他成为数一数二的大诸侯。这些诸侯不但在自己的地盘上收取赋税、铸钱，还养着一支规模庞大的军队。这些藩王的第一代，要么是皇帝的儿子，要么是皇帝的兄弟，血缘关系亲近，尚能保持忠诚，但到了第三代、第四代之后，随着与皇帝的血缘关系越来越远，他们便开始挑战皇帝权威，甚至有了取而代之的打算，这成为王朝最大的痼疾。

大诸侯齐王刘肥采纳了贾谊"众建诸侯而少其力"的策略，让除嫡长子刘襄之外的其他儿子也享受父亲留下的福利，将齐国一分为七，除了齐国外，又分出了城阳、济北、济南、淄川、胶西、胶东6个诸侯国，其中在诛除吕氏时立下大功的朱虚侯刘章被封为城阳王。不过，当时刘肥的儿子刘章、刘兴居支持除掉吕氏，是想立哥哥，当时的齐王刘襄为帝，没想到代王刘恒被立为皇帝。所以，汉文帝即位的第三年，当匈奴大举入侵、丞相灌婴率兵御敌、汉文帝驻跸太原时，济北王刘兴居趁机发动叛乱，成为第一个反叛的亲王。汉文帝以柴武为大将军，很快就平息了这场叛乱，济北国被除名。汉文帝六年，淮南王刘长勾结匈奴，企图发动叛乱，但秘密泄露，被贬到蜀地，自杀而死。汉文帝时期的两场亲王叛乱，都反映了统治集团内部隐藏着巨大的危机。

汉景帝时，藩王们的势力越来越大。除了长沙王吴芮一系是异姓王之外，同姓诸侯王多达22个。这些诸侯王在自己的地盘上为非作歹，而且逾制，这令汉景帝十分忌惮。他向御使大夫晁错询问解决良策。景帝二年（前155），晁错向汉景帝上《削藩策》，建议缩小诸侯王的封地，削弱他们的势力。《削藩策》曰："今削之亦反，不削亦反。削之，其反亟，祸小；不削之，其反迟，祸大。"晁错一针见血地指出，这些藩王迟早会造反，削藩会反叛，不削藩照样会反叛。

汉景帝采纳了晁错的建议，剥夺了赵王的常山郡、胶西王的6个县、楚王的东海郡和薛郡、吴王的豫章郡和会稽郡。削藩引起了诸侯王们极大的不安，使汉王朝迎来了建立以来最大的一场内部危机：七国之乱。吴王刘濞联合楚王刘戊、赵王刘遂、济南王刘辟光、淄川王刘贤、胶西王刘卬、胶东王刘雄渠等宗室诸侯王，打着"清君侧"的旗号，发动了叛乱。所谓"清君侧"，是说皇帝的身边有奸邪小人，他们不是叛乱，只是为了除掉皇帝身边的坏人。很显然，这个坏人指的是晁错。吴国同样是超级大诸侯国，吴王刘濞的地盘多达3个郡，共53座城，他还自己开凿铜山铸钱、制造兵器。七国强大的叛军令汉景帝慌了神。为了平息诸侯王们的怒火，他将晁错腰斩。但这并未得到亲王们的谅解，叛军继续向长安杀来。说穿了，"清君侧"只是个幌子，诸侯王们的目的是夺取皇位。汉景帝的"舍卒保帅"未能奏效。

好在梁王刘武在地理上牵制住了东方诸国，也顶住了吴王刘濞叛军的进攻，使得大将周亚夫寻得战机，最终用三个月时间平息了叛乱。参与叛乱的诸王或被杀，或自杀。叛乱虽然平息了，但根本问题并未得到解决。汉景帝也意识到，强行削藩会逼反亲王们，因而暂停了这一动作。叛乱平息后，亲王们受到震慑，暂时保持着对汉廷的敬畏。汉景帝一方面削藩，另一方面又分封自己的十几个儿子为王，比如封次子刘德为河间王、三子刘阏为临江王、四子刘余为淮阳王、五子刘非为汝南王（后改封江都王）、六子刘发为长沙王（更始帝刘玄、光武帝刘秀的祖先）、八子刘端为胶西王、九子刘胜为中山王（即中山靖王，昭烈帝刘备的祖先）……汉景帝一边解决问题，一边创造难题，并将这一堆难题留给了儿子汉武帝刘彻。

汉武帝上台后，发生了三次叛乱，其中一次就是兄长江都王刘非的儿子刘建发起的，只是这次叛乱未遂就被发现了，刘建自杀。另外两起分别是淮南王刘安、衡山王刘赐发起的，两人是兄弟，汉文帝时谋反的淮南王刘长的儿子。因为父亲之死，他们一直怀恨在心，故而叛乱，属于父子两代叛乱。如何取下悬在头上的达摩克里斯之剑，这时一个天才人物出现了：主父偃。

主父偃向汉武帝建议，可采取推恩令的方式，后来它成为朝廷的一项法令。

推恩令的具体主张是这样的：让原来只有诸侯王嫡长子才能继承的土地，变成所有的儿子都有权利继承。以几个大诸侯国为例，齐国被一分为七，赵国被一分为六，梁国被一分为五，淮南国被一分为三。刘章的城阳国被儿子刘喜继承了，刘喜有 14 个儿子，除了长子刘延继承了城阳王的爵位外，城阳国又被分出 13 份，由另外 13 个被封为侯的儿子继承。儿子们又有儿子，经过一代又一代推恩，最后城阳国被封出 33 个侯国。这个城阳国传了九代十世，最后在西汉末被王莽废黜，成为乖乖听中央政府话的小地方。

按照推恩令的规定，天子的支庶为王，王的支庶为侯，侯的特权远比诸侯王低，必须听从郡守管辖。推恩令的实施阻力很小。作为高皇帝刘邦的子孙，诸侯王留下的土地，最初只有嫡长子才能继承，其他的儿子只能干瞪眼。这一下所有的子孙都能利益均沾，每个人都能成为朝廷封的侯，谁不高兴呢？另一个好处是矛盾得以转嫁。之前诸侯王们觊觎皇位，与中央皇权角逐利益。推恩令一出，每个诸侯王的子孙都想多分一些土地，从而造成诸侯王的内部争夺。每个诸侯王自家都有一笔烂账，焦头烂额，哪还有力气去窥伺朝廷？当然，最重要的一点是，诸侯王从此再也无力和中央朝廷对抗。经过推恩，大的王国被肢解，之前占有几个郡六七十座城的王国再也没有了，最大的也不过只有几个县。

推恩令还被推上了道德的高度。按照"不孝有三，无后为大"的原则，诸侯们怕自己断了香火，都会生一大堆儿子。这些儿子和嫡长子一样，都是高皇帝的骨肉，得到土地继承权就有了道义支持，符合仁孝之道。

实施推恩令的结果是，早期的一些老牌诸侯王，他们的土地经过子孙们的一代代切割，最后和平民差不多了。西汉末的一些王室后裔，甚至参加了农民起义，如参加绿林军起义的刘秀。**推恩令是中国古代史上打破传统思维，从根本上解决问题的一个成功战略，具有极大的创造性。**

李世民：非常之时，宜用非常之策

> 想让别人"听我的"，就必须先想明白"别人凭什么听我的"。

隋朝大业十三年（617），太原留守李渊起兵争夺天下。当时，各路豪杰点燃的烽火已遍及全国，威胁着隋帝国。李渊树起大旗后，太原周边郡县传檄而定，只有西河郡的郡丞不听号令，将李渊视为叛贼。通常来说，早期建立帝业者，大多都从经营自己的根据地开始，如刘邦经营关中、曹操经营邺城，但李渊却不打算夺取整个三晋地区。他的战略是直接奔袭大兴（唐改名为长安），控制整个关中，从而经营全国。李渊的策略是经过深思熟虑的，当时大兴城是全国的政治中心，虽然局势动荡，但自北周以来的贵族上层都集中在以大兴城为圆心的关中地区，一旦拿下关中，则不但可以获得优质的人力资源，而且将占有天然的地理优势。因而，他的主张得到了文武大臣和李氏子弟的支持，长子李建成和次子李世民尤为踊跃。

西河郡是一个大郡，领隰城、永安、平遥、介休、灵石、绵上六县，正好挡住了李渊进军大兴城的前路。起家之路上的第一战，就是夺取西河。李渊把这项任务交给了长子李建成和次子李世民。两人率军一路奔向西河。出发不久，兄弟俩就发现了新的问题，那就是军纪。他们率领的士兵，是新募不久的，这些兵的构成十分复杂，有的是举起义旗那天从牢房里释放的囚徒，有的是击溃土匪历山飞后投降的匪徒，有的是街头的混混，还有一些突厥人，总之全都是狠人，没一个是省油的灯。行军路上，就有人跑到老百姓家里偷鸡摸狗。带领一群乌合之众去打仗，很可能战鼓一响，人就跑光了。通常而言，主帅会采用两种方式治军：一是制定军法，将军人的职责灌输给他们，通过教和练，将普通人训练为合格的军人；二是杀人立威，抓住一个刺儿头杀掉，以杀鸡儆猴的方式，树立军威。第一种显然不合适，因为李家兄弟没有时间打磨一支纪律严明的军队。那么，第二种呢？同样遭到了李世民的否定。李家兄弟在这支军队中没有任何根基，杀人不但不能立威，反而很可能会立刻引发哗变乃至叛乱，恐怕还没有到西河，自己就先人头落地了。再说，自己本来就兵力有限，杀一个兵，就会使得自己的力量减弱一分。那么，如何赢得这些人的心呢？

士兵有偷了百姓一只鸡的，李世民就让军需官配给老百姓一只鸡的钱；偷了一条狗的，就还给一条狗的钱。李世民不关心士兵们的道德与良知，更重视的是战斗力。再说，这些人敢跟着他冒着杀头的罪造反，怎么可能是良善之辈？同时，他与李建成放下贵族公子的架子，与普通士兵同吃同睡：士兵未食，他们不食；士兵未饮，他们不饮。

这些下层百姓出身的士兵，还从未见过主帅如此平易近人，因而很快与李家兄弟打成一片。李世民对士兵的小过失采取睁一只眼闭一只眼的态度，就连那些最刺儿头的家伙也笼络了过来。所以，当大军到西河城下时，两兄弟已经彻底赢得了这些士兵的心。

夺取西河，与剿灭土匪历山飞不同，这是实打实的。与正规军作战的夺城之战，战斗顺利，就会拔掉进军关中的第一颗钉子；战斗失利，那么就意味着连走出太原都成问题，这样大本营内必然会人心浮动，很可能事业就被扼杀在摇篮里。因此，这一战的意义非同小可。

作战前，李世民在士兵中进行了充分的动员，并许下重赏。战斗一开始，这些人奋力杀敌，冒着矢石奋力向前。西河城虽然坚固，但挡不住这群如狼似虎的士兵。仅仅用了五天，李氏兄弟就拿下了城池。对于城中的百姓和士兵，李世民一律赦免，只将郡丞高德儒一人斩首示众。

此战的胜利，充分展示了李世民驾驭士兵的能力。说得更明确一点，此战的胜利显示了李世民解决问题的能力。**在不能按照常规解决问题时，能不能突破普通思维，创造性地解决问题呢？这显示了一个人的胆识和勇气。**

按照普通人的看法，在进军西河的路上，军纪是李家兄弟的头等大事，但李世民不被眼前的问题所困惑，而是看得非常长远，西河才是他的问题。从夺取西河的角度来解决军纪问题，自然就能抓住关键。

非常之时，用非常之策。仅此一点，就可看出李世民身上的领导者才能。从某种程度上说，不是他把握住了历史，而是历史选择了他。对于当下的企业领导，什么样的人能够成为领头羊，其最大的才能恐怕还是见识。见识跟不上，解决问题的能力也就平庸了；反之，见识卓绝，则问题就能迎刃而解。

刘晏：用"精细化管理"解决难题

> 分段管理的核心在于掌握"分解思维"。面对问题，你需要像个屠夫，把它分解成若干块，并让它的"五脏六腑"都暴露在你面前。

刘晏是唐代名臣，中国古代史上著名的理财专家。唐玄宗天宝年间，他从夏县县令的低级官僚干起，开始关注理财。唐肃宗李亨为了筹钱，将他从长水县调到户部。从此，他开启了持续一生的财务生涯，掌管度支、铸钱、盐铁等事务。

安史之乱逐渐平息，皇室和贵族们回归长安，再度过起奢侈的生活。但是经济恢复得很慢，长安城的米价涨到一千钱一斗，就连皇宫的御膳房也没有一个季度的储粮，只能靠京畿和附近几个县的农民磨麦子供应。皇帝命令大臣们尽快恢复被战争破坏的漕运，将南方的稻米运到长安，以保证城市居民的生活。但是，几任管理漕运的官员都无法执行到位。唐代宗十分生气，将此事交给刘晏负责。

刘晏亲自考察漕运河道。他从淮河、泗河乘船，转道汴河，又进入黄河，一直向西，经过砥柱、硖石，下船向当地人询问三门渠道渡口的情况，又向漕运船工了解粮食运输的流程。他发现，将南方的谷米运到长安，要经过几千里的水运，历程长，船主和船工们的工期长，精神和体力损耗大，而且每一段流域的水文情况不同，并不是每个船主都能掌握，因而经常出现停滞和沉船现象，造成时间的延误和粮食的浪费。

回到京城后，刘晏整理完考察的资料，将漕运分成几十段，任命官员分段管理，各司其职，疏浚所属河段，避免淤塞。运输粮食的船，不必千里跋涉，也得到了较好的维护，每一段只需完成自己流域的运输任务即可。这种分段管理的模式，极大地提高了效率，很快就解决了京城的粮食问题。等到装满货物和粮食的船队出现在东渭桥时，唐代宗派内侍亲自慰劳。代宗皇帝高兴地对刘晏说："你真的是朕的萧何啊。"经过刘晏对漕运的一番精准管理，每年被运到京城的粮食达到40万斛。从此之后，就算关中地区遇到旱灾和洪灾，粮食价格也没有上涨过。

安史之乱后，藩镇大将叛乱的事情时有发生。大历十一年（776）五月，汴州大帅李灵耀发动叛乱，占领州城，切断漕运，要求朝廷封他为节度使。唐代宗无奈，任命李灵耀为汴州、宋州等八州节度留后。李灵耀对这个任命不满意，就勾结魏博节度使田承嗣一起给朝廷添堵。叛军占据州县，造成朝廷的赋税减少，主管财务的刘晏就用往年的盈余来补充今年的短缺，避免给老百姓增加税赋。第五琦担任盐铁使时，通过增加盐业收入为朝廷筹集军费。后来，皇帝命刘晏接替第五琦的官职。刘晏设计了严密的管理章程，起初每年收入为60万贯钱，后来收入不断增加，占据了国家财政的大半。由于其他行业的税负并未增加，故而老百姓的负担没有增加，民间没有怨言。

随着战争的平复，关中地区逐渐稳定，人口有所增长。京城盐价上涨，刘晏命令从扬州调三万斛盐，只用了40天时间就到了京城，价格又恢复如常。

由于刘晏在财务上的出众能力，唐肃宗、唐代宗几乎把他当成自己的救火队长，多次将他调任到重要位置，用以解决帝国的财务危机。**在古代官员中，刘晏堪称掌握分段管理精髓的大师。**第一，分段管理能够很好地掌控一定空间范围内投入的人力、物力；第二、运输和配送量适中；第三，每一段都能有效完成任务，从而降低了工作难度；第四、调整分段内的工作，比调整全流域的工作要容易，可及时解决发现的问题；第五，能更精确地计算区域内的工作量；第六，每个工作段各司其职，负有专责，避免了相互推诿。以上这些，都为现代管理提供了重要的参考，具有借鉴意义。

裴度：遇事不慌，静观其变

> 有些事，不上秤二两重，上了秤一千斤都打不住。

裴度出身河东裴氏东眷，唐朝著名的世家大族，在宪宗、穆宗、敬宗、文宗四朝为官，数度拜相，被时人视为郭子仪再世重生，对唐代政治产生了重大影响。裴度熟悉官场和人情，处事灵活多变。我们不妨以他在中书省任职时的一件事为例进行阐述。唐敬宗时，裴度被任命为司空、同平章事。不过上任不久，就发生了一件大事。

一天早上，裴度在中书省的政事堂办公，保管官印的属吏突然慌慌张张地闯了进来，告诉裴度中书省的大印丢了。在场的下属们听了，无不大惊失色，面色如纸。在当时，官员丢了官印是死罪，属员也要被贬官。裴度也大吃一惊，不过他随即冷静下来，告诫保管印信的官员不要声张。

中书侍郎问裴度有何良策找回大印，裴度却只管喝酒，告诉众人他自有办法，不过所有人都必须保守这个秘密。

过了两天，保管印信的属员发现，大印完好无损地又回来了。他赶紧向裴度禀报，裴度只是点了点头，表示自己知道了。

事后，中书侍郎问裴度："大人，你为何知道官印会完好无损地被放回来？"

裴度说："官印不能盗卖，普通的小偷偷了它，不但卖不掉，而且是死罪。只有一种可能，是中书省的官员偷了印，私自给有关节的文书钤印去了。如果追查得紧，为了销毁罪证，他必定会损毁官印。只要不漏风声，拿了印的人用完后必定会放回原处。"

中书侍郎连称裴度高明，被他解决问题的见识所折服。

保管印信的官员见官印失而复得，请求裴度增加安保人手。裴度却让他不必紧张，依旧像从前一样，只需暗中盯着即可。不久，他就抓到了那个偷官印的人，果然是中书省的一个门吏，他钤了印的通关文书也被追回了。

裴度在宪宗朝立下的第一个大功是安抚魏博（军事重镇，管理魏州、博州、相州、贝州、卫州、澶州六州）。魏博是唐朝设在河北的军镇，节度使田季安十分跋扈，不听朝廷节制，俨然一方王侯。田季安死后，他的儿子田怀谏年幼，无法处理魏博六州的军务，因而军务被家奴蒋士则掌控。蒋氏目光短浅，处事全凭个人情感，因私废公，导致将士们非常不满。唐宪宗早已将魏博割据视为眼中钉，希望激起兵变，收回大权。

田弘正是魏博的都知兵马使，将士们想拥戴他做主帅。一天，他去拜访田怀谏，被将士们围了起来，请求出任节度使。田弘正提了两个要求，只要将士们答应，他就愿意担纲：其一，不能杀害田怀谏一族；其二，要遵守朝廷的法度。唐朝自安史之乱后，藩镇割据，一些骄兵为了利益最大化，前一任节度使离任或年老时，士兵们动辄聒噪哗变，杀掉前一任，拥戴新帅，这几乎成了常态。节度使不服从朝廷，士兵们也动不动就挟持节度使发动叛乱。田弘正提出这两点，正是源于以上原因。将士们答应了他的条件。他当即夺取印信，自称留后，诛杀了蒋士则，将田怀谏迁出府衙，并保护他的安全。

唐宪宗得知魏博之变后，派裴度去安抚，裴度宣布了朝廷的诏书。田弘正十分尊重裴度，并请求他在自己办公的大厅墙上题字，记录这次会面，表示愿意听从朝廷号令。之后，田弘正请裴度视察其他六州，宣读朝廷旨意。裴度此次出使，非常出色地完成了朝廷的任务，从而迈上起家的台阶。元和十年（815）六月，成德节度使王承宗、平卢节度使李师道派刺客刺杀了主张制衡藩镇的宰相武元衡，裴度也被刺客刺伤。唐宪宗大怒，时隔三日后就任命裴度为宰相，对反叛的淮西藩镇用兵。两年后，淮西节度使吴元济被俘虏处死，淮西荡平。惶恐的成德节度使王承宗也交出两个州，向朝廷谢罪。一年后，李师道被其部将所杀。

在裴度的运作下，唐宪宗削弱了藩镇，强化了中央集权，实现了"元和中兴"。唐宪宗本人也被历史学家称为"小太宗"，称赞他有唐太宗李世民那样的识人之明。 裴度在政治、军事上的做法都十分老辣，为延续唐朝国祚立下大功，这与他非凡的问题处理能力是分不开的。

范仲淹：小人予以利

一个人最在意的东西，就是最容易被利用的弱点。因此，商人因逐利而亏损，是世上常见的悲剧。

范仲淹是北宋时期杰出的政治家，累官至参知政事（实际的宰相）、中书令兼尚书令。他那句"先天下之忧而忧，后天下之乐而乐"，不但反映了他以国家和人民为先的情怀，也体现了他的办事能力。

庆历新政后，范仲淹的改革遇到了巨大的阻力。为了削弱官僚士大夫之间的内斗，范仲淹请求外放，先后在邓州、荆南府、杭州任职。皇祐二年（1050），吴州、两浙路出现大饥荒。当时范仲淹正在杭州太守任上，史载"吴中大饥，殍殣枕路"，很多人都被饿死了。

杭州存粮较多的地方有三个：一是寺庙，寺庙有大片寺田，常年租给百姓，积攒了大量的粮食；二是富户；三是官仓。问题是，寺庙是吃四方的，是檀越施舍给寺庙，没有听过寺庙施舍给檀越；至于富户，饥荒之年都趁机提高粮价，饥民们哪里买得起；官仓的粮食则是公库，没有朝廷的旨意，主官无权开仓放粮。

范仲淹从以下三个方面来解决饥荒问题：首先，召集各大寺庙的住持，建议他们扩建庙宇，因为饥荒，工价比较便宜，这就解决了一些人的吃饭问题；接着，翻修杭州的官衙、公仓，招收工人搞公共设施建设，为使用官仓粮食提供了正当理由，又解决了一部分人的温饱问题；最后，发布榜文，提高杭州的粮价。一些人感到不解，饥荒时提高粮价，这不是坑人吗？

两浙一带发生大饥荒，一个很大的原因是供不应求，短期内官方又没有能力将大量粮食运输到灾区。范仲淹提高粮价后，周边地区的粮商和米贩纷纷将谷米运来以牟取暴利，就连非常偏远的地方也有人将粮食运来。等到各地的粮食云集杭州时，范仲淹便宣布恢复原来的价格。这时候，商人们都囤积了大量的米粮，价格甚至比饥荒前还低，因为运出杭州的费用超过了粮价，一些商人不得不降价卖掉粮食。

范仲淹很清楚饥荒与供求之间的关系。两浙饥荒，不是整个宋王朝都缺粮，而是区域性缺粮。饥民买不起粮食，是因为商人们趁饥荒囤积居奇。但他又不能用自己的权力去打击商人，因为这些商人背后都有官僚背景，唯一的办法就是用市场的方式来解决。

当粮食短缺，也就是供不应求时，粮价必然会上涨；反过来，当供大于求时，则粮价必然会下跌。只要改变供求关系，饥荒问题自然就解决了。 当然，在短期市场没有发生变动前，他及时采用"以工代赈"的办法，让寺庙扩建、改造公共设施，暂时收留饥民，避免了饿死人的事继续发生。

这一年的灾荒非常严重，两浙路的州县饿死不少人，但杭州的损失却很小，没有发生饿死人的事，这是因为范仲淹举措得当。很显然，范仲淹不仅有经济学的常识，而且深通人性，充分利用商人谋利的心理，反其道而行之，不用政府花一分钱，就使得大量粮食被运到杭州，从根本上解决了问题。

范仲淹对官员的要求很严格。庆历新政时考核官员，他一手拿着考核报告，一手拿着笔，凡是不称职的官员，就在花名册上划掉，被时人称作"一笔勾销"。

和他一起搞新政的富弼都不看下去了，对他说："你一笔下去，就会让一家人痛哭啊。"范仲淹说："一家人哭，总好过一路人哭。"范仲淹说的是"路"是北宋的行政区，差不多相当于现在的省。

范仲淹虽对官员考核严格，但用人上又能做到注重才能且不拘小节。孙沔、滕元发都曾被朝廷处罚而罢官，但范仲淹请他们做自己的幕僚。他的朋友对此感到不解，范仲淹解释道："有才能且人品好的人，朝廷迟早会用他们；不幸蒙受污点的人，负有才能，不用他们就真的成为遗才了。"正因如此，范仲淹帐下人才很多，这也是他无论在政事还是军事上都能成功的原因。

吕夷简：与其倡导道德，不如处之利害

> 不要对任何人抱有道德洁癖的期望，这个世界上每个灵魂都是半人半鬼，凑太近了，谁也没法看。

吕夷简是北宋名相，以善于理政闻名。宋理宗宝庆年间，为纪念宋朝开国以来的功臣，朝廷建造昭勋阁，吕夷简名列"昭勋阁二十四功臣"第十位，与宋朝开国名臣赵普、曹彬同列。

吕夷简于宋真宗咸平三年（1000）考中进士，最初担任地方司法官员，后来调入朝廷，在礼部和刑部都干过，积累了丰富的处理实际事务的经验。宋真宗还把他的名字写在皇宫的屏风上。世人都说他会拜相。

宋仁宗时，对宋朝名义上称臣的夏州定难军留后（节度使）李元昊公然称帝，西夏正式与北宋对抗。西夏南部边界与宋王朝相接。这里有一条山脉，从东北向西南方向延伸，长达 2000 余里，东到麟州、府州，西至原州、渭州，成为两国的天然边界。两国都沿着这条防线建立自己的军事防区。李元昊为了突破这条防线，进行了一系列军事行动，夺取了宋朝外围防线金明十八砦。宋廷派监察御史出身的刘平担任大将，率领精锐部队去救援。在三川口之战初期，西夏军人数众多，但刘平指挥得当，众将奋力厮杀，给西夏军带来极大的伤亡。在两军厮杀的关键时刻，监军黄德和胆怯带着士兵逃跑，造成宋军大乱。大将郭遵奋力厮杀，满身是血，最后中箭而亡。刘平率领剩下的人边战边退，依山修建营寨，与西夏军血战达三天之久，最后兵败被俘。李元昊要刘平投降，刘平宁死不降，随后病死在西夏。

三川口之战，宋军伤亡惨重，大将刘平、石元孙、郭遵、万俟政俱都殉国，逃跑的黄德和反而污蔑刘平投敌，导致刘平家人全部被下狱。过了半年，陆续逃回来的将士说出了真相，监军黄德和被腰斩，传首延州，脑袋被挂在城墙上。朝臣们总结经验，认为黄德和临战逃跑是战败的因素之一，监军政策遭到极大的诟病。事实上，自从北宋建立，朝廷就对武将们不信任，实施监军政策，而监军通常由皇帝信任的太监担任。监军掣肘或扰乱军心，导致军事失利，皇帝确实恼火，处死了监军太监。可是废除监军制度，又会触及皇帝的利益，宋仁宗便犹豫起来。

吕夷简很清楚，皇帝不会同意废除监军，战败的根本原因也不在于太监担任监军，而是不得人，斩杀了一个监军，表明了朝廷的态度，其他监军就不敢恣意擅权了。况且立即废除这项制度，会动摇整个边防。他向宋仁宗建议，不必废除监军制度，只需选合格的人即可。仁宗皇帝听了很高兴，让吕夷简拿出监军们的人选来。吕夷简解释说，朝廷禁止大臣与宦官交往，自己与宦官往来在士大夫中也犯了大忌。况且自己从未和宦官们有往来，对于其贤愚也不甚了解，最好的办法是让宦官们互相推荐。下令推荐不得当者，与犯错的人同罪，这样一方面可以选出合适的人，另一方面也可以避免他们抱团舞弊。宋仁宗很是赞同吕夷简的办法，就照准了。之前朝廷对外派的宦官们进行了各种忠烈教育，企图用道德约束他们，但是他们仗着自己是皇帝的近臣，跋扈且擅权。自从采用了吕夷简的办法后，他们都知道了利害，再也没有发生过作威作福的事。

同样，在废除随军营妓上，吕夷简也从利害关系出发，而非空倡道德。宋军打仗时，军队经常带着营妓，也就是官办妓院的妓女，这严重影响了军队的战斗力。宋仁宗一直想改变这项陋习，可是这种漏习自五代以来就形成，已积重难返。刚好军营里发生了杀人事件，两个士兵因争风吃醋，杀死了一个营妓。吕夷简认为，这为处理这个问题打开了缺口。他没有处理那个杀人的士兵，而是问军营里为何会有妓女。此前遇到这类事，都是将杀人者处死。这也使得虽有恶性事件发生，但营妓们为了谋生还是会随军。吕夷简的这种处理方法，使得营妓们意识到自己的生命连最基本的保障也没有，都十分恐惧，纷纷离开了军营。就这样，这项陋习被彻底改变了。

吕夷简几度被罢相，几度又回归朝堂，他不尚空谈，以务实著称，是仁宗一朝重要的辅弼大臣，得到了宋仁宗的极大信任。

丁谓：如何完成不可能完成的任务

想达到一般人无法企及的高度，就需要完成一般人不可能完成的任务。

丁谓，北宋人，进士出身，累官至尚书左仆射、门下侍郎、平章事兼太子少师，进爵晋国公。丁谓的人品不怎么样，在北宋就很受诟病，被称为"五鬼"之一。

但是他解决实际问题的能力很强，故而得到宋真宗的信任，被任命为宰相，得以执政。

丁谓的记忆力极好，别人读文章往往需要读很多遍才能记住，而他读一遍即能背诵。任职三司时，堆积的文牍犹如一座小山，官吏们很久都不能解决。丁谓一上任，好似风卷残云，几天之内就全部解决了。对于一些疑难问题。他能拿出中肯、切实的意见，令上级与下属都十分满意。大中祥符二年（1009），宋真宗下诏修建玉清昭应宫这一浩大工程。这项工程占地 480 亩，即 32 万平方米，包括宏大的宫殿、楼阁、明堂、桥梁、水池等，房屋共计 2610 间，预计 15 年建成。丁谓接手这项工程后，将它划分成 2000 余个区，进行综合统筹，只用了 8 年时间就完成了，工期几乎缩短了一半。当时的士大夫认为，这座宫殿超过了秦始皇的阿房宫，"竭天下之才，伤生民之命"。那么，丁谓是如何完成这个任务的呢？我们不妨以另一工程为例进行阐述。

宋真宗是个奢华且做作的皇帝，喜欢玩"祥瑞"的把戏，制造老天眷顾他的假象。一次，宫中发生火灾，一夜之间将他的宫殿烧了个精光。好在内侍们救火及时，皇帝的性命才得以保全，而后暂时在一座偏远的离宫办公。为了尽快建成宫殿，宋真宗在离宫召开了御前会议。大臣们讨论了一上午，认为原来的宫殿是五代以来至太祖、太宗多个皇帝逐渐扩建的，要恢复宫殿原貌，工程量大，不可能一蹴而就，短则五年，长则十年。宋真宗一听，顿时大怒，自己在这个小破宫殿里办公五到十年，实在有损皇家威严。他宣布散会，将大臣们都撵了出去，只留下参知政事丁谓、户部和工部的主官，问他们重建宫殿最少需要多长时间。户部和工部的官员将之前开会时说的话又说了一遍，丁谓却禀奏只用三年就能完成。宋真宗大喜，命丁谓全权负责。户部和工部的官员一听这么短的工期，顿时傻了眼，而皇帝早已回了后宫。

丁谓到了工地，发现火灾之后遍地都是废墟，要重建宫殿，首先要将这些废墟清走。重建工程还需要大量的木材和石料，施工则需要大量的新土。要解决这些问题，最大的难题在于运输。如果筹划不当，不要说修建宫殿了，恐怕修整出一个平阔的工地就需要耗费大量人力和物力。眼看夏天就要结束了，在冬天来之前，要是不能先为皇帝建造出几座完整的宫殿供其居住，恐怕会因"欺君之罪"而脑袋搬家。

为了解决问题，丁谓吃住都在工地上。他调查后发现有一条水沟通往汴河，这是皇宫的御河。他顿时灵机一动，和负责的工部官员制定了如下方案。

第一，在工地上挖十条大沟，把挖出来的土作为施工用的新土；

第二，将汴河的水引入所挖的大沟里，采用水运的方式，将各地的木料、石材通过水沟运到工地。

第三，完成木材、石料等建筑材料的运输后，排干沟中的水，将烧毁的宫殿废墟回填到沟中，解决废墟外运的问题。

丁谓的这一套组合拳下来，极大地节省了时间和人力，只用了两年半就基本完成了皇宫的复建。他赢得了宋真宗的敬重，并被视作肱股之臣。现代管理学中，有一门学科叫"运筹学"。人们通常认为这门学科是在第二次世界大战时开始出现的，将领们需要将大量的物资、军械、弹药运送到作战区域，因而参谋人员们研究出了科学的运筹手段。事实上，运筹学在我国有很悠久的历史，丁谓就是深谙这门学科的大师。

运筹学作为一门解决实际问题的学科，在处理相关问题时，通常有以下几个步骤：首先是确立目标；其次是制定方案；再次是建立模型；最后是给出解决方案。丁谓在皇宫复建工程中，首先从解决根本问题，即废墟处理和土石方运输入手，从而达到一举三得的效果。在现代机构管理和运营中，运筹学的应用已经十分广泛。最成功的案例当属第二次世界大战结束后，遭到破坏的德国首都柏林缺乏粮食，战败的人们遭受着饥饿和寒冷的威胁，美国制订了严密的援助计划，从航空入手，避免了人道危机。

运筹学是人们解决实际问题、提出解决方案的必不可少的工具，它不论在古代还是当代，都有非常重要的意义。

于谦：釜底抽薪，积极备战

项目运行平稳时，没有消息就是好消息，没有问题就是没问题。但发生突发事件时，就需要有人能顶上去，关键时刻为领导解决问题。领导感激你，以后有好事就会想起你。

明英宗正统十四年（1449），瓦剌太师也先率军再一次扣边。明英宗想效仿曾祖父明成祖北征蒙古，决定御驾亲征。此次御驾亲征非常草率，在军事部署和后勤补给上都缺乏筹划，诏书下达两天后，20万大军（声称50万）就启程了。大军出征后，天公不作美，连续几天下大雨，道路非常泥泞，导致士兵们十分疲惫，士气低落。多位大臣劝谏明英宗班师回朝，但太监王振一直鼓动明英宗亲征，专擅军政大权，如果无功而返，会非常没有面子。因而对于大臣们的劝谏，王振非常厌恶。为了打击大臣劝谏，他让劝谏的兵部尚书邝埜和户部尚书王佐在皇帝帐篷外的草地里，一直跪到天黑。此后，大臣们畏惧王振，不敢劝谏。几十万人因为一个人的愚蠢，朝死亡奔去。

大军到了大同附近，发现遍野都是尸体，原来粮草供应不及，先期到达的不少士兵饿死了。战斗尚未打响，非战斗减员已经这么严重，这非常影响士兵们的心理预期。这时候，明英宗十分犹豫，有了班师回朝的心思。但是王振为了显摆自己的权势，建议明英宗绕道自己的家乡蔚州。大臣们一听都冒死劝谏，因为蔚州距离边防重镇大同非常近，很容易遭到草原骑兵的突袭。但明英宗为了照顾王振的面子，拒绝了大臣们的劝谏。

　　大军开拔不久，王振意识到军队过处必定会踩坏大量的庄稼，而蔚州的大片土地都是王振巧取豪夺来的私田，于是建议明英宗原路返回。就这样绕来绕去，走了很久到了怀来，因为辎重没有跟上，大军只好停下来等待。在怀来城外的土木堡，追随而来的瓦剌大军出现了。断了水源的明军犹如待宰的牛羊，伤亡极其惨重。英国公张辅、成国公朱勇、永顺伯薛绶、平乡伯陈怀、驸马井源、兵部尚书邝埜、户部尚书王佐……这是一个非常长的殉国名单，仅死亡的高级官僚就多达66人，可以说将朝堂精英一网打尽。最终，明英宗也成了瓦剌人的俘虏。将军樊忠愤怒王振权奸误国，锤杀了他，但这也改变不了此次战争的结局。

　　与大明帝国相比，无论是资源还是人员，瓦剌都只能算是一个小部落，也先充其量就是一个酋长而已。他像之前的无数次一样，寇边的目的无非是打秋谷，也就是劫掠财物和人员。未曾料到的是，一个部落酋长竟然俘虏了帝国皇帝，这令他喜出望外。他觉得敲诈明朝的机会来了，说不定还能借此灭了大明，建立举世瞩目的功勋。

　　皇帝被俘，在朝堂上引起一阵混乱。侍讲徐珵借星象有变化，向监国的郕王（明英宗的异母弟）建议迁都南京，避敌锋芒。兵部左侍郎于谦坚决反对，并大声说："建议迁都的人，应该立刻斩首。"京师是国本，一旦迁都，就意味着将北方的大片领土拱手让人。于谦还举例说了宋室南渡后，再也未能恢复的事。于谦的建议得到了吏部尚书王直、内阁学士陈循等官员的支持。郕王见于谦等大臣意志坚定，便肯定了他们。

　　也先俘虏了明英宗后，觉得实在应该好好利用一下。次年，他带着明英宗到了大同城门下，让明英宗向城上守将发布口谕。《明史纪事本末》记载："二十三日，也先拥上至大同城下，索金币，约赂至即归上。都督郭登闭门不纳。上传旨曰：'朕与登有姻连，何外朕若此！'登遣人传奏曰：'臣奉命守城，不敢擅启闭。'"也先欺骗大同守将，只要给够钱，他就把明英宗放回去。但大同守将郭登识破了也先诈开城门的诡计，拒绝了也先。打不开城门，那就勒索一些钱吧。也先用明英宗当肉票，向明朝狮子大开口。

明英宗在也先手里，**朝堂上无主，这对大明王朝来说十分危险。因为帝国时代，皇帝掌握最高权力，如果哪个守将听了明英宗的话，打开城门，那可就为祸不浅了。当下之举，是釜底抽薪，让也先手里的明英宗失去价值。**在于谦的提议下，郕王朱祁钰登上皇位，是为明代宗。也先得知消息后，恼羞成怒，率领大军直逼北京。

于谦早已获得情报，一方面稳定内部，取得高级官员们的一致支持；另一方面进行积极的部署和动员。明代宗授予于谦"提督各营军马"的大权，所有将士均受其节制。于谦将京师三大营改成10个团营，以便统一指挥。为了在军事上形成绝对优势，他还调集两京、河南备操军，沿海备倭军，江北及北京诸府运粮的官军，以及浙江兵进京，短期内就拥有了22万的人马。同时，他还派出监察御史白圭等15名高级官员前往京畿、山东、山西、河南募兵，作为应急部队加以训练，充当预备队。

由于土木堡一战朝廷丢弃了大量军械，所以于谦紧急派人到南京运回126万件，补充给守城部队。他还派人到土木堡收集丢弃的盔甲、火铳、箭矢和火炮，仅捡回来的铠甲就有5000多副、火铳一万多杆。**于谦很清楚，土木堡之变，最大的失误是后勤补给不足，因而他非常关心北京保卫战的粮草。**当时，京师用粮储藏在通州，达数百万石，但在短期内很难运到北京城。为了免于资敌，有人建议烧掉这些粮食。于谦认为，这些粮食是保卫京师安全的重要资源，坚决不能毁掉。

他征用 500 辆大车，日夜运粮，同时还发动官员、士兵、百姓运粮。他承诺，凡是运 20 石以上粮食的人，不但按常规标准付运费，每天还多发一两白银。这一承诺，彻底激发了人们运粮的热情。不到 10 天时间，通州的粮食奇迹般地被运到了北京城内。

北京保卫战的胜利，毫无悬念。瓦剌军在西直门、德胜门、彰义门遭到激烈抵抗，尤其是隐藏在德胜门外民居中的明军，见瓦剌骑兵靠近后便火箭齐发，重创瓦剌。也先攻城没有占到便宜，得知勤王的各路军队都在靠近，他害怕被断了后路，因此撤军而去，在清风店（今属河北）又遭到明军袭击，于当年十月退出塞外。

在这场挽救大明王朝的战争中，于谦做了两件事：首先是立郕王为新君，来个釜底抽薪，彻底断了明英宗的影响力。不然战斗时，也先用明英宗做舆论工具，守城将士的心理会受到极大影响。若也先用明英宗当肉盾牌，明军便不敢开火。一旦明英宗失去皇帝的身份，将士们就不再缩手缩脚，可以大胆抵御了。其次，制订周详的计划，对于防区划分、人事安排、军械粮草、人员补充做了非常严密的部属。

于谦德才兼备，能力过人，又勇于担当大事，实在可以说是国之良士，不可或缺的精英。

伍

问鼎 · 事业成败与人性

下下下

事业之成功，往往是人性之成功，反之亦然。彼此转换角色，你就能知人之痛、知人之乐；合作与协同，拥有共同的目标，你就能获得支持。《道德经》云："太上，下不知有之。其次，亲而誉之。其次，畏之。其次，侮之。功成事遂，百姓皆谓我自然。"管理任何一个团队，其实都是对人性的掌控，发挥人性的优势，控制人性的弱点，避免人性的缺点。人对自我的鞭策，人与这个世界的相处，也是如此。

秦惠文王：将欲取之，必先予之

> 打败一个人最好的办法就是：放大他的贪婪，放纵他的野心，让他自己消
> 耗自己。

巴蜀地区有巴、蜀、苴三个小国和一些部落，秦国一直想把自己的版图扩大到这一地区。大河从巴蜀流入楚国，它是一条非常便捷的水道。《华阳国志》中记载，得蜀则得楚，楚亡则天下并矣。

因此，兼并巴蜀对秦国一统天下意义重大。但是，从秦国通往蜀国要经过很多险峻的大山，无路可通。如果秦国花大力气修路，一则需要很多年，耗费人力、财力和物力；二则就算修通了，秦国抢夺地盘的阴谋也可能败露了。巴、蜀等国虽小，但凭险地据守，一夫当关，万夫莫开，秦国的计划恐怕会失败。

如何才能以最小的代价，获得最大的收益呢？那就是利用人性的贪婪。秦惠文王知道蜀君是个贪婪的家伙，将欲取之，必先予之。他秘密让石匠雕刻了五头巨大的石牛，说秦国获得了传说中的神牛。秦王命令侍从悄悄地将黄金放在石牛的屁股下，对外宣称神牛拉出来的是黄金。

很快，这个消息就传到了蜀君的耳朵里。蜀君抓耳挠腮，于是派使者到秦国，希望秦国能把传说中的"神牛"交给蜀国来照料。

秦王答应了蜀国的这个要求，但是面露难色地对使者说："秦蜀之间道路不通，蜀道之难，难于上青天，秦国哪有力量将神牛送到贵国呢？"使者立即回到蜀国，将这番话禀报了蜀君。

蜀君大喜过望，命令他的五个大力士率领民众修筑通往秦国的道路，遇到悬崖就修建栈道，遇到河流就架设桥梁。

就这样，蜀国以举国之力修通了这条通往三秦的路。为了能将神牛运回蜀国，桥梁修得十分坚固，栈道修得也极具承重能力。在运回牛的过程中，蜀君的五个大力士死了四个。

牛被运回去后，蜀王发现自己被骗了，但他也无可奈何。他修通的路，暂时成了秦蜀之间贸易和往来之路，被称为"金牛道"。秦国的商人中，当然也不乏间谍，经常往来于这条路上。

蜀中三国，蜀的国力最强，曾试图兼并苴国。苴国人立刻向巴国求救，但巴国也不是蜀国的对手，便请求秦国施以援手。

这给了秦国出兵的借口。秦王向大臣们咨询意见，张仪主张攻韩，司马错主张攻蜀。司马错的建议总结起来有两点：其一，得到巴蜀，能够扩大秦国的纵深（得其地足以广国）；其二，从巴蜀能获得人、财、物，提升秦国国力（取其财足以富民缮兵）。秦王接受了司马错的建议，命令张仪、司马错、都尉墨等人率秦国大军走金牛道攻蜀。

蜀君得知消息后，吓了一跳，亲自率领军队到葭萌（今四川剑阁东北）抵御。但蜀军哪里是秦军的对手，他们被秦国的锐士杀得大败，蜀君也狂逃而去，但还是被追上的秦军给杀死了。

就这样，蜀灭亡了。灭掉了最大的国家，灭小国只是顺手牵羊而已。苴、巴的君主成了秦军的俘虏，都被降为部落酋长级的"君长"，蜀君的王室后裔则被降封为侯。

至此，巴蜀正式被纳入秦国地盘，为其源源不断地提供资源支持。秦国也因此一跃成为最强的诸侯。

事业的成功，从某种意义上说，其实是人格的成功、人性的成功。

贪婪是人的本性，但有的人能够控制自己的贪婪，有的人则任贪婪吞噬掉自己。

成功的人，善于利用人性的贪婪。这个贪婪，一方面是人的进取心的反映，另一方面又是人的重大缺陷之一，它会将人带到沟里，落入他人设下的陷阱中。

秦国就是利用蜀君的贪婪，让蜀君放弃自己的战略优势，踏上了自取灭亡之路。

南文子：洞悉礼物背后的暗操作

> 送礼有三大原则：第一，人走茶凉，没有实权的不要送；第二，天高皇帝远，不是直接管咱的不要送；第三，近水楼台先得月，谁离咱最近咱就给谁送。

《战国策》中记录了这么一则史料：

智伯欲伐卫，遗卫君野马四百，白璧一。卫君大悦。君臣皆贺，南文子有忧色。卫君曰："大国大欢，而子有忧色何？"文子曰："无功之赏，无力之礼，不可不察也。野马四百，白璧一，此小国之礼，而大国致之，君其图之。"卫君以其言告边境。智伯果起兵而袭卫，至境而反，曰："卫有贤人，先知吾谋也。"

智伯欲袭卫，乃佯亡其太子，使奔卫。南文子曰："太子颜，君子也，

甚爱而有宠，非有大罪而亡，必有故。"使人迎之于境，曰："车过五乘，

慎勿纳也。"智伯闻之，乃止。

智伯，就是智襄子，晋国的执政官。晋国是个大国，自从晋文公称霸天下后，晋襄公、晋景公、晋厉公、晋悼公四代君主，维持了百年的霸业。无论是秦国，还是楚国、齐国，都不是晋国的对手。晋国三次击败楚国，三次击败秦国，齐国只被捅了一次屁股，就再也不敢和晋国争锋了。清代史学家全祖望认为，春秋五霸，齐桓公、晋文公是实至名归，另外三个都是冒牌货，应该用晋国三君（襄公、景公、悼公）替代。

晋国如此之强，与它有很多优秀的政治人才有关，智襄子就是其中之一。他想吞并卫国，便使出了"将欲取之，必先予之"的老套路。他派人送给卫国君主400匹野马和一块上等的由白玉雕琢的璧。

收到这样丰厚的礼物，卫国国君高兴得不得了，大臣们也高兴得纷纷向国君祝贺，只有大臣南文子愁眉不展。他对国君说："未曾有功劳而得到赏赐，没有花力气就获得礼物，不能不郑重对待啊，400匹野马（未经驯化的马）和一块白璧，如果小国送给大国还合理，如果大国送给小国可未必是好事啊，您还是好好考虑一下。"

卫国国君认为南文子说得有道理，因而派出将领率军队在边界上做好防御。智伯本以为卫国收了礼物，会对晋国产生信赖而麻痹大意，没想到偷袭的晋军到了边境，就发现卫国严阵以待。智伯叹息着说："晋国有高人呀，识破了我的计策。"于是，只好撤军回去。

智伯退兵后，依旧对卫国不死心。他又想出一条计谋，假装驱逐本国的太子，让他逃亡到卫国。

南文子得知晋国太子来奔的情报后，对国君说："晋国的太子颜，那是一个君

子，智伯对他爱戴且崇敬，太子没有犯下大罪，为什么突然逃亡呢？只怕其中有蹊跷……"

卫国国君认为南文子的话有道理，便让他负责晋国太子的事。南文子便让本国的将军们在边境严加警戒，如果太子是一个人逃来的就收留他，如果兵车超过五辆就要谨慎对待。果然，晋国太子身后跟着的兵车不少，被卫国人拒绝入境，只好又回去了。智伯得知后，知道自己的计策又被识破了，从此放弃了灭卫的打算。

著名的贤人吴国公子季札访问列国，经过卫国时，先后与卫国的贵族蘧瑗、史狗、史鳅、公子荆、公叔发、公子朝等交流，事后感叹道："卫多君子，未有患也！"

到了战国时期，卫国成了一个末流国家，却能在大国争雄、风雨飘摇之中屹立不倒。秦灭六国时，似乎把奄奄一息的卫国给忘了。直到秦二世时，他才将卫国国君废为庶人。卫国也成了周代分封诸侯中国祚最长的国家。

"卫国多君子"，就连孔子也发出这样的感叹，南文子大概就属于这一类。

那么，南文子是如何识破智伯的阴谋的呢？**他洞悉人性。没有白送的礼物，天上不会掉馅饼，这是古来的真理。香饵之下，往往有钓钩。**

作为一个老牌政治家，南文子很清楚，像晋国那样的大国，根本不会放低身段去结交卫国这样的小国。

同样的套路，前篇中的蜀王上了钩，而卫国国君却能避免厄运。换一个角度，用不同的眼光来看，结果就大不同。

同样是做局，秦惠文王成功了，智伯却失败了。这也提出了一个问题：谁才是真正的智者？那些洞悉人性的人，才是真正的智者。现代商业竞争也是如此，它考验的是人性。有了智者领航，胜负在没有开战时就已经决出来了。

田忌：成于功业，败于人情

不要对任何人有过度的期待，人走茶凉才是人际关系的常态。

我们看历史人物，往往只看到他的成功，而很少关注其失败之处。对于创业者而言，成功固然重要，失败者的经历也不可忽视，因为那是反面教材。

田忌是战国时期齐国的大将，贵族出身，平时喜欢和贵族，包括齐威王赛马。当时赛马的规则是这样的：每个人的马分为上、中、下三等，比赛时上等对上等、中等对中等、下等对下等。齐威王身为一国之君，其拥有的同等级马匹肯定优于其他人，故而每次与田忌赛马，田忌必输。

当时孙膑受同学庞涓迫害，落魄流亡于齐国。他在赛马场上看到这种情况后，便建议田忌用下等马充当炮灰与齐威王的上等马比赛（输了一局），然后用上等马与齐威王的中等马比赛（赢了一局），最后用中等马与齐威王的下等马比赛（赢了一局）。如此两胜一负，田忌最终赢得了比赛。

齐威王十分诧异，往日一直输的田忌居然能赢，便问他原因。田忌当即推荐了孙膑。齐威王大喜，认为孙膑是个奇才，要任命他为将军。孙膑以自己双腿残疾为由，婉拒了齐威王的任命。齐威王就任命他为军师，作为田忌的高级参谋。

前354年，小霸主魏国进攻赵国，包围了赵国的都城邯郸。赵国派使者向齐国求援，相国邹忌建议不予救援，让魏、赵二国互攻以消耗实力，齐国则作壁上观。

田忌、段干朋则认为应该救援，不救援：一则不合道义，二则如果魏国击败赵国，会增强魏国的实力，对齐国不利。

不过，在具体怎么救援的问题上，段干朋提出了更具体的方略。他认为，如果齐国与强大的魏军硬碰硬，未必是对手，就算打得过，自身也会损失很大。不如等魏国攻破了赵国的都城邯郸，到时候赵国被削弱，魏军也损耗严重，齐国再出手，不但降低了取胜难度，而且会令赵国更加感激齐国帮其夺回首都。齐威王认为他说得有道理，便采纳了这个建议。接下来，就轮到田忌和孙膑闪亮出场了。

前353年，赵国都城邯郸被魏军拿下，赵王出逃。此时，田忌和孙膑率领的大军也到了齐魏两国的边境。当时魏国大将庞涓正率领8万大军进击卫国，田忌决定立刻与之作战。

孙膑认为，魏国自从变法以来，军力强盛，"魏武卒"战力强悍，不可小觑，不如直接攻击魏国的都城大梁。这样一来，魏军必定撤离赵国，救援自己的都城，齐军在半路设伏，以逸待劳，魏军必败。

这就是著名的"围魏救赵"的战术。魏惠王得知齐军向都城杀来，立刻派使者召庞涓回援。田忌和孙膑在桂陵设下伏击圈，一举击败魏军，并俘虏了庞涓。

桂陵之战，魏军虽败，但是占领赵国的主力军并未遭受损失。

一年后，经过楚国的居中调停，占领邯郸的魏军撤出。魏惠王与赵成侯谈和，并释放了庞涓。桂陵之战的失败，并未打消魏惠王称霸的野心。前342年，魏军进攻邻国韩国，韩国只得向齐国求救。这次田忌从"围魏救赵"中学到了经验，建议齐威王等魏、韩互相血拼得差不多了再发兵。因此，齐国虽然答应了救韩，但发出的援兵却走得很慢。再说韩国得到了齐国的承诺，虽然连战连败，但依旧拼力抵抗，对魏军造成很大创伤。

田忌照抄了前一次的作业，仍旧率军进攻魏国都城大梁。相同的战术，相同的味道，庞涓简直快要被气死了。

不过，庞涓身为一军之将，上了一次当，未必会上第二次。

为了让庞涓上当，孙膑建议田忌采用"减灶法"：第一天让后勤制造出有十万人起灶做饭的假象，第二天只有五万人，第三天则只留下三万人。魏军的斥候将一路探查到的情报上报给庞涓，这令庞涓大喜。因为齐军在外一向有"怯战"的名声，这次面对庞涓率领的主力大军，从留下的后勤支持痕迹来看，士兵已逃亡大半。为了一雪桂陵之战失败的耻辱，庞涓丢下步兵，率领精锐骑兵向齐军奔袭而来。

马陵地形狭窄，两旁多险阻，士兵无法作战，孙膑估计天黑时庞涓率领的魏军会到达此处，于是建议在这里设伏。齐军砍伐道路两侧的树木，阻塞道路，并让一万名弓弩手埋伏在两边的林中。

魏军进入马陵后，天色昏暗，庞涓看到有棵大树被剥掉了皮，露出白色，隐隐约约看到上面有字，便命令士兵点燃火把，只见树上写着"庞涓死于此树之下"八个大字。殊不知，这正是孙膑给齐军留下的攻击信号。埋伏在林中的齐军见树下有火炬，立刻万箭齐发，魏军顿时死伤惨重。庞涓见大势已去，便拔剑自杀了。随军作战的魏国太子申也成了俘虏。此战中，魏军损失八万人。魏国从此一蹶不振，沦为二流国家。

此战中齐军胜利，一方面与作战方略得当有关，另一方面也与齐国上下齐心有关，就连"反对派"邹忌也鼎力支持。需要注意的是，身为相国的邹忌与田忌不合，尤其是桂陵之战取胜后，田忌声名鹊起，邹忌更是担心他会取代自己。那么，为何马陵之战中，他会支持呢？这得益于门客公孙闬的建议。公孙闬认为，如果田忌取胜，则作为相国的邹忌也有策划之功；如果田忌战败，败军之将即使不死在战场上，回国之后也会被治罪。这样，邹忌的相国之位就没有威胁了。

作为军师的孙膑，早已看出田忌与邹忌之间的纷争，因而在获胜后问田忌："将军想做一番大业吗？"

田忌点了点头。

孙膑建议他班师回朝时暂时不要自解兵权，而是留下一部分士兵，就算是老弱残兵也行，把守住军事要冲主地（今山东省淄博市西南）。此处道路逼仄，战车只能一辆、一辆地通行，堪称"一夫当关，万夫莫开"。然后，大军背靠泰山，左依济水，右拥高唐，轻军快马直奔都城临淄的雍门。如此一来，田忌在齐国说一，没有人敢说二。邹忌是个聪明人，他肯定会立刻逃离齐国，到时候再回朝就无害了。

田忌认为孙膑的话有些危言耸听，便没当回事儿。再说邹忌本希望田忌战败，谁知这次竟然立下更大的功劳，因而十分恐慌。公孙闬却说，这事好办。他派遣了一个人冒充田忌的属下，大张旗鼓地在市面上找人算命，对占卜的人说："我是大将军田忌的属下，如今将军大破魏军，名震天下，打算图谋大事，请您来占卜吉凶……"问卦的人刚离开，公孙闬就把这个占卜先生抓了起来，并交给了齐威王。如此一来，田忌就有了"谋反"的嫌疑。

此时已交出兵权的田忌得知这一消息后大为恐慌，只好逃奔楚国，孙膑也只能退隐。等到齐宣王上位后，知道田忌当年是被诬陷的，才将他召了回来，但他已年老，再无作为。田忌在其军事生涯中，毫无疑问是出色的将领，但是就洞悉人心来说，他是失败的。越是立有大功的将军，在君主时代反而越危险。客观地说，兵法制胜，并不在于斩将夺旗，而在于洞悉人心。孙膑深知上司们的内心世界，纵然你没有异心，但你所拥有的强大行动力和资源调配力本身就是一种威胁，而这一点很容易被反对者利用。

孙膑建议田忌控制军事要冲，未必是支持其谋反，不过是淘汰掉竞争者。这其实也是一种"赛马"策略。**邹忌则深知这一点，赛场上的胜利，未必是跑赢最好的马，而是只需将最好的马挤出赛场就行，他还一次性挤走"两匹"。**邹忌连续担任田午、田因齐、田辟疆三代齐王的首席大臣，其政治手腕之高，对人心洞悉能力之强，不可谓不高明。

范蠡：懂得何时从繁华中抽离

成功之前的寂寞是难免的，一个人在寂寞时所做的事，决定了自己和他人根本的不同。

范蠡是春秋时期越国的大臣，也是越王勾践灭吴称霸的首席谋主。然而，事业成功后，他却激流勇退，从热闹与繁华中抽离，换了一种人生继续生活。无论是何种身份、从事什么行业，范蠡都能取得一番成就，其中很大的一个原因是：他懂得人性，知道什么时候应该"退"。退不是一种消极的人生态度，而是在掌握大形势的前提下重启生活。

春秋时期的吴国和越国是世仇，两国经常互相攻伐，冲突由来已久。周景王元年（前544），吴国入侵越国，抓了一批战俘，其中一个战俘负责给吴王余祭看守座船，他便借机刺杀了余祭。周敬王十年（前510），吴国进攻越国，占领了檇李（今浙江嘉兴南）。

吴王阖闾十年（前505），越王允常得知吴国大军占领楚国都城郢都，吴国空虚，便趁机攻入吴国境内。越王勾践元年（前496），吴王阖闾得知越王允常死亡，当即进攻越国，新即位的越王勾践在檇李（今浙江嘉兴南）御敌，命令三排囚徒徒步前行，在吴军前自杀身亡。吴军被这一幕震撼，越军则趁机发动偷袭，最终吴军大败，吴王阖闾的脚拇指被越军砍了下来。吴王阖闾赶紧撤离，结果因为脚伤不治而死，临死前嘱托儿子夫差为自己报仇。吴、越之间，由此成为死敌。

越王勾践三年（前494），勾践不听大夫范蠡的劝谏，先发制人，率军进攻吴国。吴王夫差得知后，号令精兵全部出动，两军大战于夫椒。越军不敌，大败，仅剩5000余士兵退守会稽山（今浙江绍兴南）。吴王夫差乘胜追击，将越军包围在山上。面对这种困境，越王勾践诚恳地向范蠡道歉。史书上有这样一段对话：

越王谓范蠡曰："以不听子故至于此，为之奈何？"蠡对曰："持满者与天，定倾者与人，节事者以地。卑辞厚礼以遗之，不许，而身与之市。"勾践曰："诺。"乃令大夫种行成于吴。

范蠡建议越王勾践向夫差赠送大量美女、财宝，并且亲自服侍夫差，表示臣服，以彻底麻痹吴国，进而获得吴国的信任。这是因为，就当时的国力来说，吴国强，越国弱，越国要想翻身，首先得活下去，正所谓"留得青山在，不怕没柴烧"。勾践接受了范蠡的建议，从此对他言听计从。就这样，君臣二人像奴隶一样，在吴国忍辱负重三年，得到了夫差的信任，被放回越国。

回到越国后，勾践卧薪尝胆，亲自耕种，与百姓一起生产、练兵，提升国力和凝聚力。范蠡向越王勾践推荐了政治精英文种，并对他说："打仗和谋略这种事，文种不如我；但是治理民生，增加收入，我不如文种。"勾践就于是国政完全委托给文种，由他来处理国家大事。

在国家建设上，范蠡向勾践提出了一系列建议：在农业上，劝课农桑，积攒谷米，不在农时征百姓服劳役，不滥用民力；在吏治上，罢黜危害百姓的官，重用百姓爱戴的官；在军事上，重视士兵训练，提高士兵战斗力，组织专门攻坚的死士。为了进一步麻痹吴王夫差，越国经常送重礼和美女，使得夫差以为越国已经完全成了臣服于自己的附属国。

时间就这样过了一年又一年。越王勾践准备讨伐吴国报仇，但遭到了范蠡的反对。范蠡认为，越国必须达到"十年生聚"这一理想目标，成为真正的强国，不然无法一举击败吴国。两年后，吴国进攻齐国，夺取艾陵。当时，吴国君臣已经起了嫌隙，夫差杀了名臣伍子胥。这让越王勾践看到了报仇的机会，急切地问范蠡："现在是报仇的时候吗？"范蠡依旧持否定态度。

前482年，吴王夫差率领精锐的大军到达黄池，与诸侯会盟，国内由太子留守，防守的只有老弱残兵。勾践又问范蠡："现在可以报仇了吗？"范蠡回答："是时候了。"从此时开始，范蠡辅佐越王勾践以蚕食的方式，一步一步削弱吴国。趁着吴国空虚，越国发兵攻击。正被诸侯们奉为霸主而飘飘然的夫差，得到消息后虽然恼怒，但也没有办法，只好秘密让人带着一笔巨款到越国请求罢兵。越国不敢轻视吴国的强大实力，便同意了他的罢兵请求。越国的这一次进攻带有试探的性质，吴国没有反击而是送钱，这证明双方的实力已经发生变化。

前478年，越国讨伐吴国，两军激战于吴松江，吴军战败。这是越国第一次面对强敌时取得胜利。三年后，越国已经彻底压过吴国，对吴国大举用兵，但围而不攻，使得吴国大军溃败。又过了两年，在范蠡的指挥下，越军杀进吴国，夫差自杀，吴国灭亡。

在越国的复国与复仇之战中，范蠡堪称第一功臣。在群雄称霸中，他又辅佐勾践扬威东方诸国，压了晋国、齐国等一头，成为春秋时期最后一位霸主。然而，范蠡不久便辞官而去，临走前给大夫文种留下一封信，希望他能和自己一起离去。文种很不理解范蠡的做法，如今功业已成，正是享受富贵之时，为何要离开庙堂呢？过了不久，越王勾践赐予文种一柄宝剑。文种仔细一看，正是当年吴王夫差赐予伍子胥自尽的"属镂剑"。此刻他明白了勾践的意思，后悔没有早听范蠡的话，只好拔剑自杀。

范蠡离开越国后，渡海到了齐国，改名鸱夷子皮。由于善于治理产业，他很快就成了一个大富翁。齐国人觉得他很贤明，就将他推荐给齐国国君，让他担任相国。范蠡叹息着说："居家就能达千金之富，居官就能做到卿相，这是普通人所能达到的极点了。一个人拥有财富又享有盛名，这是不祥的。"因而他尽散家财，将其分给邻居和乡党，然后辞官离去了。

范蠡到了陶这个地方，自称陶朱公，做起了生意。没过几年，他又成了一个超级大富翁。后世，陶朱公被神化为财神。范蠡善于谋略、经营，为官能做到仕途的极点，经营产业则很快就能富可敌国。**他一生三次散尽财产，离开官场，并不是奉行消极的人生哲学，而是从盛名之中退出。正因如此，他才能在春秋乱世中保全身家性命，安然无虞地度过一生。**

陈胜：忘了为什么出发的人，走不远

天底下的失败者有一个共性——可以承受苦难，却担不起突如其来的福分。

陈胜是拉开秦末反抗序幕的第一人。他本来只是出身底层的小人物，但因为有胆识，竟然举义成功，建立了自己的政权。然而面对胜利，陈胜忘记了初衷，在事业发展的早期就开始走下坡路，以至于仅过了半年就兵败身死。

秦二世元年（前209）七月，朝廷征召大量戍卒去渔阳（今北京市密云西南），陈胜就在人群之中。因为长得比较魁梧，他被任命为屯长（小队长）。他和900多个农民在两个军官的驱使下，日夜不停地朝渔阳进发。走到蕲县大泽乡（今安徽宿州西寺坡乡）时，天开始下起暴雨，道路也被洪水冲垮，导致他们一行人无法继续前行。眼见如此，戍卒们非常恐惧，怕耽误了行程。按照秦国的法律，征召的戍卒没有按期限到达，会全部被处死。

人一旦处于极端的困境，就会铤而走险。也就是说，恐惧令人勇敢。陈胜看透了这些软弱可欺、被临时组织起来的农民的内心，便找到另一个屯长吴广。他虽然与吴广不是故交，但同为戍卒一起行走后，便经常在一起聊天，因而建立了较为密切的关系。陈胜对吴广说："我们现在去了渔阳是死，逃跑被抓住也是死，反正都是死，为何不选择干一番大事业呢？"

为了说服吴广，陈胜向他分析了当前的局势："天下人对秦国的严苛统治，已经到了忍无可忍的地步，胡亥是秦始皇的小儿子，本来不该即位，该即位的是始皇帝的长子扶苏，但他因屡次进言而被杀掉了。还有个名叫项燕的楚国大将，很受百姓爱戴，现在百姓不知两人生死，我们可以借他们的名义起事。"吴广很佩服陈胜的胆识，便力挺他起义。

陈胜和吴广都是底层出身，以底层出身去推倒贵族，这在秦之前还没有发生过。**陈、吴二人觉得自己的影响力不够，因而决定借鬼神的预兆为自己戴上神秘的光环。**他们在一块布帛上用朱砂写上"陈胜王"三个字，塞进渔人送来的鱼肚子里。戍卒们将这条鱼煮熟，吃饭时发现了布帛上的字，都感到很惊奇。戍卒们宿营时，吴广潜伏到一堆比较远的篝火边，模仿狐狸的叫声，并大声喊叫："陈胜王，大楚兴。"入睡的戍卒们被这怪异的叫声吓醒了，从此看陈胜犹如看伟大的人物一般。"篝火狐鸣"的把戏，的确有些装神弄鬼的意味，但是对于没有文化、愚昧的下层戍卒很受用，陈胜、吴广在这群人中树立了威信。这一点，在后世的反抗者中，不论是黄巾军还是红巾军，乃至洪秀全的太平天国，都无一例外地被效仿，成为一种号召方式。

一天，吴广趁押解他们的军官喝醉，故意扬言说要逃走。喝醉的军官大怒，挥舞着鞭子要教训吴广。这一行为犯了众怒，被群起而攻之。在混乱中，吴广抢夺了军官的佩剑，将他杀死。陈胜也杀死了另一个军官。陈胜将900个戍卒召集到一起，开始了他的演讲。他站在一个土台上说："我们遇到了大雨，已经耽误了期限，超了期限按律当斩，就算侥幸不死，到了边塞也还是会送命。"之后，他说出了那句响彻历史的名言："王侯将相，宁有种乎？"戍卒们受到他的感染，纷纷高呼起来，愿意为他驱驰。

从陈胜的起义准备和一系列的操作来看，他很有胆识，而且充满组织才能和领导天赋，知道如何为发动起义做铺垫，也知道如何鼓动人心，利用人心。他和众人袒露右臂，作为起义的标志，并修筑祭天的坛，一起盟誓，以公子扶苏、大将项燕的名义发动了起义。陈胜自立为将军，吴广为都尉，很快就拿下了大泽乡。接着，他们又夺取了蕲县县城。

陈胜起义的消息不断扩散，人们纷纷"斩木为兵，揭竿为旗"，加入他的队伍。随着起义的队伍越来越大，人才也越来越多。不到一个月，他们就攻克了铚县（今安徽省濉溪县）、酂县（今永城西）、苦县（今鹿邑县）、柘县（今柘城县）、谯县（今亳州谯城区）。

随着地盘的不断扩大，陈胜意识到要建立自己的根据地，首先要占领有战略价值的区域，因而他率兵直指"陈"这个地方。在春秋时期，陈是陈国的国都。后来，楚国灭掉陈国，也曾迁都到陈，将其作为都城。秦统一六国后，陈成为郡守的驻地，可见这里位置之重要。当陈胜率领600多乘战车、1000多名骑士、上万名步兵杀来时，郡首早就逃得没影了，只有副长官郡丞还在抵抗。不过，他们哪里是陈胜的对手，因此很快就失败了。

陈胜进城之后，召集了三老（掌管当地教化的官）和有名望的人。这些人虽然不是底层百姓，但是对秦国的暴政早已不抱希望，因而纷纷劝陈胜称王。陈胜就这样戴上了象征权力的冠冕，建立了"张楚"政权。张楚这杆大旗，拥有极强的号召力。痛恨秦朝统治的百姓们似乎看到了光芒，纷纷杀掉本地主官造反，反秦的烈火在全国各地燃烧起来。此刻，陈胜的事业发展到了高光期。他任命吴广为假王（相当于王的副职），让他率领义军主力向西攻击荥阳，取道函谷关，拿下秦国的都城咸阳；命令宋留率军攻打南阳，入武关，迂回夺取关中；命令将军武臣、邓宗、周市、召平各率一支人马，北渡黄河，进攻原属赵国的地域（今山西北部、河北西南部），向南进攻九江郡，把起义的烽火点燃到淮南。与此同时，起义军还进攻了原属魏国的大梁地区。起义军四面出击，前方似乎闪烁着一片光明。

不过，陈胜的好运气很快就用完了。率领义军主力的吴广到达荥阳城下后，发动了多次攻击，都未能夺下这座城池。陈胜改变策略，命令大将军周文在吴广牵制住秦军主力的同时率兵向西，绕过荥阳，直奔函谷关。沿途百姓纷纷加入，一时间士兵人数发展到 10 万。秦二世得知后，立刻赦免在骊山修筑陵墓的几十万刑徒，任命少府章邯为将，率领这支临时凑起来的部队抵挡起义军。周文不是章邯的敌手，兵败自杀。

章邯击败周文后，继续向东攻击起义军。此时，进攻荥阳的起义军面临着腹背受敌的危险，吴广则被与他不合的将领田臧假借陈胜的名义而杀。事后，陈胜不但没有治田臧的罪，反而赐予他楚令尹的大印，任命他为上将军。关于吴广的死，究竟是否陈胜授意，历来没有定论，但从他对田臧的态度来看至少是默许的。毕竟，此时的陈胜已非起兵时的陈胜。有个曾和他一起种田的农民来拜访他，住在他的宫廷里，因是熟人，出入比较随便，也总是提起陈胜贫穷时候的事，这让陈胜很没面子。经他的宾客一挑唆，陈胜就把这个人杀了。当年说过的"苟富贵，勿相忘"，早已被他丢到了爪哇国。

陈胜任命朱房为中正，胡武为司过，监督和管理大臣与将军们。这两个人贪婪成性、心胸狭窄，凡是他们不喜欢的将军都会加以迫害。一些将军在战场上冲锋陷阵，回来后还不能避免被投入牢狱。陈胜不按照法司的规矩办事，完全信赖这两个小人，导致很多人离开了他，也使得原本发展迅猛的起义军四分五裂。

陈胜为王后的种种表现，也直接影响到他的将军们。他们不断争夺权力，逐渐成了一盘散沙，似乎已经忘记了推翻秦国的目的。北征的将军武臣自立为赵王，拿下燕地的将军韩广自立为燕王。周市夺取了魏国旧地，虽然没有自立为王，但却将魏国王室的后裔宁陵君魏咎立为王，自己则担任魏相。起义军将领们的涣散，给了秦军大将章邯调整的机会和时间。他杀向陈县，直取起义军的心脏。陈胜亲自领兵血战，无奈不是章邯的对手，只好逃到城父（今安徽蒙城西北），但最终被叛变的车夫庄贾杀死。

陈胜的失败，在很大程度上是他自己造成的。他占据了先声，各地起义军都奉他为王，原本有道义上的优势，但是他未能很好地利用这一点，导致将帅离心离德，最终失败。

赵王武臣：不顾小节，丢了王位和性命

> 如果不懂得克制地使用手中的权力，那么它迟早会变成刺向自己的刀子。

赵王武臣原本是陈胜的部将。大泽乡起义后，陈胜、吴广建立了张楚政权，任命武臣为将军，邵骚为护军，张耳、陈馀为左右校尉，率领 3000 名士兵攻打赵地。武臣从白马津渡过黄河后，对外发布檄文说："秦国数十年酷毒的暴政，北面有修建长城的苦役，南面有五岭的戍守，百姓困穷，民不聊生。如今陈王登高一呼，天下反秦者云集，已经在楚地建立了张楚国，方圆 2000 多里。受到压迫的人们纷纷反抗，杀死本地的郡守、都尉、县令。诸位豪杰们，现在是建立功勋的时候了……"

武臣的一通檄文，无疑点燃了民间反抗暴政的烈火。他的部队很快就发展到了几万人，攻下了赵地的十几座城。不过，燕赵一带仍有很多秦国将士坚守城池。范阳人蒯通认为，一座一座地攻占城池，时间长，代价大，不如发布檄文，只要投降的，就立刻授予官职。武臣接受了这个建议，很快就有30多座城池不战而降。前期的武臣，勇猛善战，进取心强，能够宣传大泽乡起义军的精神，善于采纳部下的建议，建立了不少功业，其作为可圈可点。

前209年八月，武臣夺取了赵地的中心城市邯郸，也就是战国时期赵国的都城。此时，张耳、陈馀劝武臣自立为王。武臣自称赵王后，以陈馀为大将军，张耳为右相，邵骚为左相。称王的武臣脱离了起义军的序列，不再听从陈胜的命令。作为起义军最高领袖的陈胜，深感武臣挑战了自己的权威，准备杀掉他的家人，然后派兵进攻武臣。房君劝陈胜说："我们的敌人是秦国，如果这时候与武臣结仇，不是又树立了一个敌人？不如认可他的王位，祝贺他，并让他领兵向西，攻打秦国……"陈胜勉强接受了房君的建议，随即派使者向武臣祝贺，并命令他率军攻秦。但武臣不听号令，而是派大将韩广攻打燕地、李良进取常山、张黡谋取上党。

武臣自立为王后，他的部下也有样学样。韩广夺取燕地后，很快就自立为燕王，不再听武臣的诏令。武臣大怒，派张耳、陈馀收拾韩广。离奇的是，韩广没有被打败，武臣却被燕国的士兵俘虏了。有了武臣这个肉票，韩广决定好好勒索一下赵国，他要求分割赵国一半的领土以交换赵王武臣。张耳和陈馀这两个鬼精不可能这么容易就范，便派出一波又一波使者，想通过外交努力让燕国释放武臣。韩广懒得和他们废话，直接将派来的使者拉出去杀掉了。

派往燕国的十几个使者被杀后，张耳和陈馀开始慌了。这时候，一个在史书上连名字都没有的小人物出场了。之所以这样说，是因为这个人是"厮养卒"，大概就是连正规士兵都不算的勤杂兵。可就是这个小人物，说自己能救回赵王。张耳和陈馀此时没有其他办法，就死马当活马医，把这个人派了出去。厮养卒到了燕国后，对燕国将领说："你们知道我是来做什么的吗？"

燕将很不以为然地说："又是一个来送死的吧。"

厮养卒不接他的话茬，反问道："你们认为张耳、陈馀是什么样的人？"

燕将不傻，说道："那是贤明的长者。"

厮养卒又问："那你们知道他们想干什么？"

燕将大笑："不就是想救赵王吗？"

厮养卒笑了，说道："那你们就大错特错了。他们二人久久不肯答应割地，是期望你们杀了赵王。这两个人都是豪杰，挥马扬鞭就夺取了赵国的几十座城池，怎么肯久居人下？只是最初人心不稳才没有称王。如今赵地已经平定，等你们杀了赵王，他们正好瓜分赵国的土地，并打着为赵王复仇的旗号来进攻你们。一个赵王尚且让你们头疼，两个王夹攻，燕国能不灭亡吗？"

厮养卒的一番话，彻底击溃了燕国君臣的心理防线，以致他们当场就让厮养卒驾着车把武臣带了回去。

武臣返回邯郸后，并没有反省这场轻率的内部争斗，也没有做任何调整，这意味着更大的祸患将会降临。***所有发动起义的武装豪杰，都以为自己会成为笑到最后的胜利者，登上称孤道寡的宝座，殊不知等待他们的，是死神收割人头的镰刀。***

被赵王武臣派去攻取常山郡的李良获胜后，派人报捷，又被武臣派去夺取太原郡。李良率领大军前进到石邑（今石家庄西南）时，秦国大将王离率领防守长城的劲旅南下，封锁了太行山的咽喉要道井陉关，堵住了李良的去路。秦将王离是将门之后，祖父是秦国名将王翦，父亲是悍将王贲。王离精通上兵伐谋、下兵攻城的道理，决定用攻心计对付李良。于是，他给李良送去一封没有缄口的信。这封信是以秦二世胡亥的口吻写的，劝告李良认清局势，投降秦军，不但不追究他造反的罪行，反而封赐能使他显贵的官职。李良看完之后，对这封信的真实性充满怀疑，没有做任何回应，而是率兵回到邯郸，准备向赵王武臣请命增加兵马再战。

李良率领自己的将校到了邯郸城外，远远看到一队车驾，前呼后拥，羽葆伞盖，鼓吹相从。看到这个排场，李良以为是赵王出行归来，立刻和将校们跪在路边行礼。

实际上，车中之并非武臣，而是武臣的姐姐。她参加宴会归来，喝得酩酊大醉，以为道旁的只是普通的将军，也就没有下车答谢，而是派了小吏来致谢。李良和小吏进行一番沟通后，才得知车中之人并非赵王，而是赵王的姐姐，顿时觉得受到极大的轻视，并怒形于色。李良在军中的威望和地位都极高，是赵军中善战的名将之一，普通将校见了他要行大礼，比他地位高的人，按照礼仪也要下车谢礼。

秦汉素来多刚烈之士。李良在属下面前受到这种侮辱，没有拔剑自杀就算了，偏偏有人还火上浇油。有个将领说："现在的豪杰之士纷纷起而叛秦称王，赵王原来的地位还不如您，现在做了王，他的姐姐竟然不肯下车回礼，将来荡平天下，我们会有好的礼遇吗？请让我追上诛杀她。"

实际上，李良收到王离的信后本身就已经有所动摇，如今受到赵王姐姐的羞辱，内心的天平彻底倒向王离。所以他当即下令，追斩刚才羞辱自己的人。就这样，赵王的姐姐糊里糊涂地掉了脑袋。

杀了赵王武臣的姐姐后，被愤怒冲昏头脑的李良也清醒了。武臣的姐姐确实羞辱了自己，但杀了她是另一回事，这就等同于谋反。一不做，二不休，他下令士兵突袭邯郸城。这边，毫无防备的赵军想不到会遭受自己人的攻击。李良一直杀进王宫，将赵王武臣处死，斩了左相邵骚，张耳和陈馀则跑掉了。之后，李良打不过张耳和陈馀重新组织的赵军，投降了王离。

赵王武臣的后半生，堪称不断作死。作为陈胜的部将，他几乎犯了和陈胜一样的错误，"不拘细行"，既没有宽大的胸襟，又不能约束亲属，做了自己部将的一回肉票之后，不但不检视自己，还依旧浮浪不加警惕。陈胜死于自己的车夫之手，武臣死于自己的部下之手，可谓重蹈覆辙。陈胜在大泽乡起事，犹如一个创业团队。随着事业越做越大，这个团队分裂了，各自走上了独立发展的道路。作为领头羊的将军们却不注重自身修养，而是被欲望和虚名所诱惑，最终走上了不归路。

项羽："分蛋糕"是门大学问，可惜我不会

> 打天下靠本事，坐天下靠智慧。所以，有本事、没智慧的管理者，虽能创业，却不见得能守业。

秦二世二年（前208）九月，秦军上将军章邯渡过黄河，与另一位秦国大将王离汇合，一举击败赵军，将赵王赵歇、赵国大将张耳一起包围在巨鹿城。张耳派陈泽、张黡二将向驻扎在巨鹿北面的陈馀和各路诸侯求救。陈馀给了二将5000人马去救援，可这点儿人马不够塞秦军牙缝的，结果全军覆没，二将战死。至此，诸侯营垒虽然多达十余座，但无一人敢向章邯挑战。

楚国义帝派宋义率军救援。到了安阳，宋义却驻扎不前，在原地停留了46天，原来他是想等秦、赵两军厮杀得两败俱伤时再出战。副将项羽大怒，杀了宋义，义帝便任命项羽为上将军，让他率领全军救援。秦二世三年（前207）十二月，项羽的大军到了巨鹿县南的黄河边（另一说为漳水），他先下令将领英布和蒲将军率两万人渡河，然后命令全军渡河后凿沉船只、破坏炊具，只带了三天的口粮向敌人发起进攻，以示没有退路。这就是"破釜沉舟"典故的由来。

项羽的军队以一当十，冲进了秦军的大阵，进行了九次战斗。秦将章邯逃走，

苏角被杀，王离被俘，其余将领则或逃走或投降。营垒里的诸侯士兵们听到战斗的声音，纷纷登上城墙观看，均被楚军的气势所震慑。项羽大破秦军、解围巨鹿城之后，召各路诸侯来见。各路诸侯见了他，全都跪着向前，没有人敢抬头仰视他。至此，项羽成为诸侯联军的统帅。

章邯率领的秦军与项羽大军在棘原对峙。章邯派内史司马欣向秦二世汇报战局，赵高故意不让秦二世接见他。司马欣在宫门外等了三天，害怕遭到赵高的迫害，便绕路回去了。

司马欣认为，赵高嫉贤妒能，无论是打了胜仗还是败仗，身家性命都无法保全，希望章邯带领大家选一条明路。陈馀也给章邯写信，劝他投降。之后，项羽又两次击败秦军。最终，章邯决定向项羽投降。二人在洹水南岸的殷墟上盟誓，项羽封章邯为雍王、司马欣为上将军。

项羽的大军进击得很快，于秦二世三年（前207）八月就拿下了武关。两个月后进入咸阳，秦朝宣布灭亡。之后，项羽自立为西楚霸王，大封诸侯：刘邦被封为汉王；秦国的三个降将章邯为雍王、司马欣为塞王、董翳为翟王；魏国的地盘被一分为三，魏王豹为西魏王、申阳为河南王、司马卬为殷王；原来的赵王歇改封为代王，赵歇的大将张耳被封为常山王；当阳君英布被封为九江王；番君吴芮被封为衡山王；共敖被封为临江王；原来的燕王韩广改封为辽东王，韩广的部将臧荼却封了燕王；原来的齐王田市改封为胶东王，田都为齐王，田安为济北王。齐国王室后裔中出力最多的是田荣，和张耳齐名的陈馀因没有随项羽入关，故而没有捞到王的爵位，心中对他充满怨恨。

自春秋战国以来，随着生产方式的改变，道路和交通有了很大的发展，原来受山川和河流阻隔的地方被打通了，周天子分封诸侯的间接统治方式逐渐行不通了。项羽分封诸侯，导致的结果就是重新走上春秋战国以来互相攻占，抢地盘、抢人口、抢财富的老路。田荣不认可项羽的分封，杀死了胶东王田市、济北王田安，齐王田都则逃亡楚国。随后，田荣自立为齐王，拥有三齐的全部地盘。

同样反对项羽的还有陈馀。由于他没有随项羽一起入关，项羽只封给他三个县，爵位是比王次一等的侯。

陈馀得知故主赵王歇改封为代王，张耳却得了常山郡，非常愤怒，写信给田荣，希望能一起反抗项羽。田荣当即给了他一支军队，打不过他的张耳只好逃走，赵歇重新被立为赵王。

项羽封完诸侯们之后，以为天下从此太平了。可是他回到都城彭城不久，屁股还没有坐热，就听说了田荣造反的消息，只好充当救火队长，去扫荡三齐。田荣被灭后，项羽在齐地实施焦土政策，弄得怨声载道。这时田氏的另一个领军人物田横出场了，他继续反对项羽。

就在项羽和田横纠缠的时候，汉王刘邦偷袭了项羽的彭城。对于这种背刺行为，项羽非常愤怒，掉转头打败了刘邦。在楚汉相争中，除了极少数的几位诸侯王外，几乎一水儿地背叛了他。

在反秦起义中，项羽打了最硬的仗，灭掉了秦军的主力，以一己之力扭转了战场上的不利局面。但他没有独享胜利的成果，而是将地盘、财富分封给所有参与起义的诸侯，虽然谈不上公平，也算是仁至义尽。**事实上，在任何一场财富的瓜分中，都不可能做到绝对的公平，只有利益的平衡**。很显然，项羽没有做好平衡。得到分封的这些诸侯，很快就开始反对他。这是由人性的贪婪所决定的。在刘邦与项羽竞争最激烈的时候，郦食其也曾建议刘邦裂土封侯，但很快遭到了张良的反对，刘邦也认识到了裂土的弊端。这是因为，一旦裂土，诸侯便拥有了与主封者同等的地位，新一轮的地盘之争将在所难免。项羽的失败，从本质上说并非军事上的失败，而是人性把握上的失败。这一点对创业者来说，不可不察。

彭越：强盗头如何管理部下

> 君以此兴，必以此亡。小到一个人，大到一个国家，因为某项优势上位，
> 但这项优势又在历史长河中逐渐蜕变，则会成为致命的劣势。任何事物都有
> 两面性，你可能一时占了它好的一面，但长期来看，势必也会被不好的一面
> 反噬。

彭越是汉初名将，在楚汉之争中因袭扰项羽的后方建立了大功，被汉高祖封
为梁王，与韩信、英布并称"汉初三大将"。彭越出身低微，早期在钜野湖中以打
鱼为生。秦末群雄并起，各自造反，彭越也趁机拉起了队伍，干起了落草强盗的
行径。不过，他这个强盗头与众不同，这也是他能够做大做强的缘由。

彭越伙同强盗盘踞在湖泽中时，正逢陈胜、吴广掀起反秦大起义。不少不务
正业的年轻人来入伙，对他说："陈胜、项梁都叛秦了，您也起兵吧，我们愿意跟
着您，干一番惊天的伟业。"但是彭越拒绝了，他说："他们现在好比两条龙厮杀，
胜负未定，我们还是等一等，看看局势再说。"

一年之后，来投奔彭越的年轻人达 100 余，都请求彭越做他们的大哥。彭越
再次拒绝道："你们这些无知的年轻人，我是不会和你们一起干的。"

年轻人还是执意要彭越当老大，彭越这才勉强答应下来，说道："既然你们让
我做大哥，就要听我的。"

年轻人齐声说："诺。"

彭越说："既然要起事，就要定下规矩，明日太阳初升时，我们在这里集合，
凡是来迟的，立刻斩首。"

年轻人齐声说:"诺。"

第二天太阳初升时,有 10 多个人迟到了,还有 1 个人甚至到中午才来。彭越很难过地说:"是你们推举我当老大的,定下了规矩却不遵守,如今迟到的人这么多,都杀了不可能,就杀了那个最后来的人吧。"

年轻人嬉皮笑脸地说:"何必这样严肃呢?今后奉行您的号令就是了。"

彭越没有理会众人的求情,直接将那个最后来的人杀掉了。至此,众人神情肃然,再也不敢松松垮垮,更不敢与他对视,甚至面对他时连大气也不敢出。

彭越下令筑造土坛,并用那个人的头来祭祀,给出了起义的宣言。原本是一群乌合之众,在彭越的训练下,变成了一支纪律严明、指哪打哪的精锐部队。彭越带着这群人出发,期间还不断有人加入。不久,他的队伍就发展到了 1000 多人。

当刘邦的起义队伍攻打昌邑时,彭越去援助他。城没有拿下,刘邦带着自己的人向西去了,彭越则继续盘踞在钜野泽中,二人自此结缘。项羽入关后,将各路起兵的诸侯都封王了,唯独彭越什么也没有给。当时,彭越的队伍已经发展到一万人。

前 206 年秋天,齐国王室的后裔田荣自立为王,反叛项羽。他派使者带着将军印信面见彭越,任命他为大将,让他进攻济阴(今山东菏泽定陶区西北)的楚军。项羽命令大将萧公角迎击,结果被彭越杀得大败。

一年之后,刘邦率领诸侯与项羽作战,彭越率领三万人在外黄归附。当时魏王豹因彭越在战争中收复了魏国故地的十几座城,任命他为魏国相国。彭越继续率领军队,为魏王效力。

刘邦与项羽争天下,彭越就在梁地袭扰项羽,并经常切断他的粮草。当项羽率军决战时,他便立即退却。项羽一离去,他又很快夺回失去的城池。就这样,他搞起了游击战,让项羽不胜其烦。

魏王豹在荥阳被杀后,彭越一直独立率领他的军队,成了事实上的一方诸侯。

为了笼络他，张良建议刘邦封他为梁王。在垓下决战前夕，刘邦给了彭越一个承诺。彭越率领大军和诸侯一起参与了对项羽的围剿。项羽败亡后，彭越果然被封王，定都于定陶。

汉高祖立国之后，基本上不信任异姓王。梁国太仆惹怒了彭越，彭越打算处死他，太仆就向刘邦告状，说彭越有谋反之心。就这样，彭越被抓了起来。本来刘邦只是想将他废为庶民，流放到蜀地。谁知彭越在流放路上遇见了吕后，便向吕后哭诉，说自己无罪。吕后将彭越带了回来，对刘邦说："彭越是枭雄，流放他难道不是放虎归山吗？不如杀了他。"就这样，彭越被杀。

彭越从一个强盗头开疆拓土，成为诸侯王，可以说到达了人生的巅峰，也证明他具有非凡的能力。但遇到有雄才大略、充满猜忌之心的刘邦和吕后，**他没有像范蠡、张良那样选择功成身退，导致杀身之祸。可以说，彭越的成就，源于他的能力；彭越的败亡，也是源于他的能力。**

公孙氏：成于锋芒内敛，败于骄狂自大

> 权力最有趣的地方是：人们总是低眉顺眼地追寻它，抬起鼻孔使用它。因此，权力总会向人呈现出两副面孔。

在汉末群雄中，辽东公孙氏可谓一股不被忽视的力量。不论是统治区域之广阔，还是辖下户数之众，它都堪称魏、蜀、吴之外的第四大势力。辽东公孙氏起家很早，初平元年（190），小吏出身的公孙度就被任命为辽东太守。这一年，曹操与袁绍等人组成反董卓联盟，包括孙坚在内的群雄都"假公济私"，以讨伐董卓的名义壮大自己的实力。所以说，公孙氏与袁绍、曹操等人是站在同一起跑线上创业的。

公孙度赴任之前的辽东，与汉末其他州郡一样，政治资源由地方豪族势力把持着，行为不法，政令不一，社会非常混乱。任职的地方官为了站稳脚跟，不得不委曲求全，和这些地方势力搞好关系。公孙度出身辽东玄菟郡，十分了解这种情况，因而上任后极力打击本土豪强。襄平县令公孙昭曾征召公孙度的儿子公孙康，却任命他为伍长，以羞辱公孙度。公孙度到了太守任上，立刻收捕公孙昭，将他公开处决。之后，公孙度又命属下搜集豪强们的违法证据，包括豪门大姓田韶家族在内，有100多家因此覆亡。从此，郡县以下的豪族们战战兢兢，夹着尾巴做人。

公孙度对内统一政令，令行禁止，并着手处理辽东周边的危机。东汉王朝强大时，与辽东毗邻的夫馀国、高句丽、乌桓都俯首听命；一旦中央权威下降，这些小邦就趁火打劫。对此，公孙度采用了分化瓦解、各个击破的战略。

夫馀国被夹在高句丽和乌桓之间，畏惧二者吞并自己，想要寻找一个强者做靠山。公孙度适时抛出橄榄枝，将女儿嫁给了夫馀王仇台。之后，公孙度向东攻击高句丽，向西讨伐乌桓，夫馀国都是其重要的联盟力量。高句丽和乌桓的臣服，令公孙度声名大振。当时中原战乱，知识分子纷纷到辽东来避难。高士如管宁、邴原、王烈、太史慈等，都曾在此生活。由此，辽东出现了"强不凌弱、众不暴寡、商贾之人市不二价"的安定局面。公孙度还派兵渡海夺取东莱等县，设置营州，并任命骁将柳毅为营州刺史。

公孙度在辽东的扩张行为，被曹操看在眼里。他派人封公孙度为武威将军，赐爵永宁乡侯。不过，公孙度的野心不止于此。在辽东，他的出行仪仗、使用的冠冕，都和帝王差不多。他虽然言辞放纵，说"我在辽东称王，要永宁侯何用"，实际上却接受了印绶。也就是说，面对曹操的招揽，他妥协了。他很清楚，实际利益最重要。至于名分，则可对内称王，对外仍是汉王朝的官员。曹操也明白，自己需要一个稳定的后方，只要公孙度接受了印绶，固守辽东，不从背后捅自己刀子，那就是自己的阵营。

公孙度死后，其子公孙康成为新任统治者，继承了其父治理辽东的方略。当时，官渡之战已经结束，曹操命令张辽追击袁绍残余势力，顺带将海滨一带纳入自己的统治范围。张辽击破了柳毅的防线，并驱逐了他的势力。营州丢失，使得公孙康不得不正视曹操的强大。

所以，当袁绍的两个儿子袁尚、袁熙逃到辽东后，公孙康便诛杀了二人，并将其首级献于曹操。公孙康的退让，得到了曹操的认可。他向汉献帝上奏，封公孙康为襄平侯，授左将军。需要注意的是，左将军这个职务，也是刘备在汉廷获得的显赫官职。很长一段时间，他打的都是这个旗号。

由于中原纷乱，移民到辽东的人非常多，这导致辽东地区人口膨胀，原来臣服于公孙氏的一些胡人受到挤压，纷纷奔向高句丽，从侧面壮大了高句丽的势力。公孙康认为高句丽收罗逃人，图谋不轨，因而于建安十四年（209）出兵高句丽，攻破其国都，将势力延伸到了朝鲜半岛，在那里设置了带方郡。这一时期的公孙氏，统治达到了巅峰时期。虽然对内如同帝王，但是在与汉廷（曹操控制的朝廷）的关系上，却始终扮演着臣属的角色。公孙度、公孙康父子深知，以他们的实力，还不足以与曹操正面对抗。

公孙康死后，他的儿子们都比较年幼，所以由弟弟公孙恭统领辽东的势力。曹丕登上皇位后，封公孙恭为车骑将军、假节，封平郭侯，从明面上给予了他极高的荣宠。在魏、蜀、吴三足鼎立的格局下，辽东的重要性不言而喻，它必然会被各方拉拢。

后来，公孙康的儿子公孙渊囚禁了公孙恭，自立为辽东太守。曹魏大臣刘晔向魏明帝曹睿建议，趁公孙渊初掌权，立刻讨伐能够顺利解决辽东的割据问题。但曹睿思虑良久，没有接受这个建议，反而封公孙渊为扬烈将军、辽东太守。这等于认可了他的夺权行为。

魏明帝对公孙渊的纵容，导致其野心膨胀，走上了在魏、吴之间骑墙的道路。公孙渊认为，辽东要想扛住曹魏的威胁，就必须有外援，而他看好的援军就是东吴。公孙渊的示好，令孙权喜出望外。孙权派遣太常张弥、执金吾许晏携带册封用的文件、大量珍宝礼物，还有将军贺达率领的一万军队，渡海去册封公孙渊为燕王。

面对吴国使者，公孙渊后悔了。他认为魏国近、吴国远，如果与魏国交恶，吴国未必来得及援救。这时他用了一个昏招，杀了吴国使者，兼并了吴国派来的士兵。为了讨好曹魏，他将张弥等人的首级献给了魏明帝。魏国为了嘉奖他，拜他为大司马，封乐浪公，由他继续统领辽东各郡。不过，当魏国册封他为乐浪公的使者到来时，他再次犹疑，竟然派兵包围了使者的住处。此次册封虽然完成，但公孙渊的不轨和辽东的内情也被使者报告给了魏明帝。

公孙氏统治辽东三世，自行征收税赋、任命官吏，形同独立王国，因而始终是曹魏的一块心病。景初元年（237），魏国命幽州刺史毌丘俭携带印信征召公孙渊入朝。公孙渊立即出兵抗拒，击退了毌丘俭。与魏国公开决裂后，公孙渊自立为燕王，设置百官，并拉拢鲜卑，给他们封官，与他们合击魏国。另一边，他再次通使吴国，希望吴国能成为自己的外援。

这一次，公孙渊在作死的道路上越走越远。

魏明帝曹睿命司马懿于景初二年（238）率领四万大军讨伐公孙渊。大军到达辽东时是当年的六月，公孙氏的政权坚持了不到三个月就灭亡了。司马懿诛杀了公孙渊和他分封的百官，释放了被囚禁的公孙恭。至此，公孙氏的统治终结。我们不妨来复盘一下公孙氏政权在辽东的统治：自公孙度被任命为辽东太守，至公孙渊覆灭，其统治达 48 年。

主观上说，公孙氏的统治建立在他收敛锋芒、表面臣服的基础上，先为汉臣，后为魏臣，作为中央代表的曹魏没有必要消灭他。客观上说，前期曹操要平定北方的混乱，暂时腾不出手来解决辽东问题。文帝时期，面对吴、蜀的双重压力，也没必要出兵臣服的辽东。明帝时期，吴国和蜀国的国力都下降了，对魏国的威胁减弱，更重要的是公孙渊自立，这是明目张胆的叛乱，魏国必须除掉他。公孙渊也是昏招迭出，先自绝于吴，后自绝于魏，外部缺乏对敌人牵制的力量。如果公孙氏能与吴、蜀之间建立盟国关系，当司马懿出兵时，两国背刺魏国，它绝不会覆灭得那么快。

郭子仪：守持忠信，低调做人

当你把自己看高时，危险就来了。低调，是最聪明的"高调"。

郭子仪，唐代著名的军事家与政治家，在平定安史之乱中立下大功，可以说有再造大唐江山的功勋。与历史上其他功高盖主的大臣不同，唐肃宗、唐代宗、唐德宗三代皇帝都对他十分礼遇，唐德宗甚至尊他为"尚父"，使他进位太尉兼中书令。郭子仪本人不但位极人臣，被封为汾阳郡王，他的儿女们也都是高官显贵。《新唐书》中记载："八子七婿，皆贵显朝廷。"在纷繁复杂的中唐时期，郭子仪是如何做到功业与身家两全的呢？

作为军事家的郭子仪，对人情世故有着深刻的洞察。早先，郭子仪和李光弼都是节度使安思顺帐下的牙门将军。二人虽是同僚，但是并不和睦，在一张桌子上吃饭，彼此不交谈，甚至相互怒视。后来安思顺离任，郭子仪被任命为节度使。节度使的权力很大，对麾下将士有生杀予夺之权。李光弼只求一死，请郭子仪赦免自己的妻儿。当时安史之乱已经爆发，唐玄宗命郭子仪向东讨伐赵、魏等地的叛军。郭子仪走下台阶，拍着李光弼的肩膀说："如今国家遭逢叛乱，连皇上都避难去了，哪里是报私怨的时候，我希望能和你一起荡平叛乱。"李光弼一听，尽释前嫌，从此二人相互配合，与叛军作战。在平定安史之乱的过程中，郭子仪和李光弼二人几乎立下了一样的功劳。

郭子仪率领大军与吐蕃作战时，一向与他不睦的大宦官鱼朝恩指使人挖掘了郭子仪父亲的坟墓。大臣们得知后，都担心郭子仪会因此造反。郭子仪回到朝廷后，代宗皇帝将此事告诉了他。郭子仪一边流泪，一边说："我长期带兵，无法禁止士兵们破坏百姓的坟墓，如今有人挖掘了家父的坟墓，这是上天的报应啊。"唐代宗对郭子仪的胸襟很是赞赏，对他的疑虑也打消了。鱼朝恩请郭子仪去赴宴。外间传言鱼朝恩将对郭子仪不利，宰相元载希望他能多带一些武士，但郭子仪却只带了几个仆人。鱼朝恩见他带的人那么少，就问他为何。他就将外间的传言告诉了鱼朝恩。鱼朝恩听后，哭着说："幸亏您是忠厚的长者，否则一定会对我起疑心。"就这样，郭子仪消除了鱼朝恩对他的忌惮。

郭子仪的儿子郭暧娶了代宗皇帝的女儿升平公主，成了驸马爷。一次，小两口吵嘴，郭暧说："你不就是仗着你爹是皇帝吗？"

公主怒怼："是又怎样？"

郭暧说："我爹还不稀罕呢！"

《资治通鉴》中对这一段情节有精彩的描写："汝倚乃父为天子邪？我父薄天子不为！"

公主被气哭了，抹着眼泪回到宫里向皇帝老爸告状。

郭子仪得知后，将郭暧打了一顿，并送去皇宫请罪。代宗皇帝是个深谙人情世故的高手，一边安慰女儿，一边对女儿说："他说得没错，郭子仪要是想当天子，天下就不是咱们家的了。"就这样把公主哄回去了。同时，他又安慰趴在地上请罪的郭子仪说："俗话说，'不痴不聋，不做阿家阿翁'，小儿女之间的事，且不必理会。"

唐代宗也很清楚，在藩镇林立、节度使各自为政的情况下，大唐就剩下郭子仪这么一根顶天白玉柱了，要是再把郭子仪逼得造反了，大唐可就真的完了。

郭子仪晚年时，御史中丞卢杞来拜访。当管家通报后，郭子仪立刻令家人，尤其是女眷和歌姬全部回到后堂，并严令她们不得出现在前厅。卢杞与郭子仪交谈了很久才离去，郭子仪这才松了一口气。

管家感到很奇怪，郭子仪的资历比卢杞深，而且是皇亲国戚，为何对卢杞的拜访这么小心呢？郭子仪告诉管家，卢杞虽然长得比较丑，心胸又狭窄，但十分会逢迎皇帝，所以一定会被皇帝重用。

女眷们看到样子难看的卢杞，不免会发出笑声，即便不是笑他，卢杞也会记恨在心，伺机报复，到那时再后悔就晚了。后来，卢杞做到了宰相，名臣杨炎、颜真卿都因被他记恨惨遭陷害而死。

郭子仪虽然被封为郡王，但是在家里丝毫没有郡王的威仪。他王府的门大开着，丝毫没有一入侯门深似海的样子，可供宾客们随便出入。他麾下的将士们来告辞，看见夫人和女儿对郭子仪呼来喝去的，一会儿让他拿手巾，一会儿让他端水，他还乐此不疲，像个下人一样跑来跑去。他的后辈们看到他这个样子，都觉得十分丢脸。一天，一个人跪在地上对他说："王爷，您贵为国家重臣，立下了大功，身份何等尊贵，就是历史上的伊尹、霍光也不过如此。您不能自轻自贱，让外人看了笑话。"

郭子仪把这个年轻人扶起来说："你小子懂什么，我的马厩里，领取官方补贴的马匹就多达 500 匹，我帐下拿国家俸禄的就有 1000 人，如果关起门来，守卫森严，让人们看不到王府内的情况，一旦有小人在皇帝面前说坏话，只怕会被灭族啊。如今大门洞开，坦坦荡荡，就是有人想诋毁我，皇帝也不会相信的。"

后辈们听后，深以为然。

郭子仪一生忠诚守信，低调做人。 他的 8 个儿子，4 个被封为国公。孙女郭氏嫁给广陵王李纯为妃，后来李纯登基为帝，郭氏被封为贵人，但因生下李恒（唐穆宗），她成了妥妥的太后。郭子仪的子孙中有 5 人娶了公主，连续几代都是外戚，成了唐王朝最显赫的家族。要知道，在君主时代，皇帝一方面与外戚是姻亲，另一方面又防着外戚。隋文帝杨坚就是外戚，之后篡了北周皇帝的位。李唐王朝之所以如此信任郭家，是因为郭氏一门始终低调，不伸手动皇帝的奶酪。当然，这与郭子仪的家风是分不开的。

曹彬：性格宽厚的开拓者

> 宽厚不是一种处世之道，而是一种理解自己、理解他人后发自内心的包容。

曹彬是北宋开国名将，在宋王朝的统一战争中立下了大功，是宋太祖、宋太宗时期最具开拓能力的业务人才。他十分敦厚，对上谦虚，对下不自傲，善于约束将校和士兵，堪称团队中的核心人物。

南平高氏政权纳土归降后，北宋王朝把目光转向后蜀。乾德二年（964）冬天，宋太祖赵匡胤任命王全斌为西川行营前军都部署，刘廷让为归州行营前军副部署，曹彬为都监，平灭后蜀。当时的将领都放纵士兵趁乱劫夺钱财，只有曹彬约束部下，不允许他们胡作非为。

后蜀被灭后，王全斌等人昼夜饮筵，沉溺在胜利的光环下。朝廷首先着手解决的是大量蜀军的问题，将他们发往中原，规定原后蜀的士兵每人发钱十千，暂时不能离开的人加发两个月的伙食费。

曹彬请求班师，让归附的蜀中恢复正常生活。但王全斌不听，那些蜀兵也因遭受不公正的待遇准备发动叛乱。一些被遣散的蜀兵走到绵竹便失去约束，四处劫掠。他们行为凶猛，很快就聚集了十余万人，自称"兴国军"。

曾担任文州刺史的全师雄家族也在遣送之列，他害怕族人被乱兵伤害，就将他们藏在江曲的民房里。蜀兵们发现了全师雄后，认为他是有威望的人，便强行推戴他做主帅。

王全斌得知蜀兵叛乱，派遣都监米光绪前去招抚。米光绪先找到全师雄的族人，将他们全部杀光，吞并了他们的财产，又强占了全师雄的女儿给自己当小妾。本来并无叛乱之心的全师雄得知后大怒，决定不再归顺宋朝，而是率军猛攻绵州，进攻不利后又掉头攻彭州，杀死宋军都监李德荣，占据州城。

之后，成都十县纷纷起事，赶走或杀死宋军。全师雄自称"兴蜀大王"，建立府衙，设置百官，蜀中的17个州倒戈进攻宋军。刚刚平定的蜀地，很快又叛乱了。赵匡胤大怒，严厉叱责众臣。最终，在曹彬等将的努力下，蜀中才又重新平定。

灭蜀后，宋军将领多劫掠金钱、奴隶和女子，而曹彬的行囊中却只有图书。赵匡胤将王全斌等将领交给有司处理，法官认为应该斩首，赵匡胤却宽赦了他，改任他为崇义军节度观察留后，其他将领如崔彦进、王仁赡等都被贬官。征西的将领们都遭到处罚，只有曹彬因为善于约束部下，且立有军功，得到赏赐，被任命为宣徽南院使、义成军节度使。曹彬辞让说："将领们多遭到处罚，只有我得到这样的厚爱，这对将士们来说恐怕不够公平。"宋太祖多方劝勉，让他不要拒绝。

曹彬先后参加了针对北汉的多次战斗，每次都有斩获。到开宝六年（973），他已加官为检校太傅。在南方的割据势力中，以南唐的力量最强，所以最为宋太祖所重视。他下诏命曹彬领西南路行营马步军，从荆南顺流向东进攻。曹彬不负所望，接连攻克峡口寨、池州、当涂、芜湖，驻兵采石矶。

在对南唐的围城之战中，曹彬下令士兵缓攻，希望南唐国主李煜能放下武器归降。他派人送去信件，向李煜传达了自己的意思：投降可以让百姓免于战火的涂炭。

金陵城快被攻克的前夜，曹彬忽然放下军务，对外宣称自己病了。将领们都来探病，希望他能尽早康复。曹彬却说："我的病不是药物能治好的，只要诸位在我面前立下誓言，攻破城池后，不乱杀一人，我的病就好了。"

将领们明白了他的心意，便一起设置香案，焚香立下誓言。不久，金陵城被攻破，南唐国主李煜和他的大臣们都得到了保护。相比于后蜀的灭国战争，南唐被灭国没有发生二次叛乱，客观上也减少了对百姓的伤害。

班师回朝后，曹彬在奏章里写道："臣奉命到江南办事归来了。"他对自己立下的大功丝毫不骄矜，这让宋太祖十分欣慰。

曹彬终其一生，历任太祖、太宗、真宗三朝，军功赫赫，但始终非常低调。**他虽居高位，但是遇到士大夫时态度十分谦和，保持着尊重的姿态。**

曹氏一门，在整个宋代都有着较高的门第，丝毫没有堕落。

曹彬的 5 个儿子都受到了皇家恩宠，两个儿子担任了节度使，孙女则为宋仁宗皇后，曾孙娶了宋仁宗之女永寿公主。其家族之显赫，可与唐代的郭子仪相比。

刘皇后：一手烂牌，打成人生赢家

很多时候，我们会觉得自己抓到的牌实在是太差了，但是再差的牌只要打下去，最后或许会发现：我们居然还赢了！有时候抓到一手好牌，反而却输了！有时候，我们羡慕别人的剧本，其实没有谁的剧本值得羡慕，把自己的剧本演好。如果我们真的遇到了这些挫折，那对不起，这就是我们的剧本。我们可以选择弃演，也可以选择努力把它演好。

宋太宗淳化年间，蜀地银匠龚美带着妻子刘氏到京城汴梁谋生。他们开了一家小铺子，专门给人打造银器。由于人生地不熟，加上在需要银器的达官贵人中没有人脉，他们很快就折了本。房东多次催促他们交房租，还说再不交就把他们赶出门去。龚美的妻子刘氏15岁，正值青春年华。他打算将妻子卖给别人，以继续撑起门面。这在如今当然是极其可耻和应该唾弃的事，但是在宋朝却发生了。有个名叫张耆的人得知刘氏是蜀地人，十分高兴。他告诉龚美，自己的主人想娶一房小妾，能否先由自己掌眼。一见之下，张耆惊为天人。他告诉龚美，自己需要禀告主人后再做定夺。刘氏见张耆言谈得体，气质非凡，猜测他的主人一定不是平常人，就赶紧将自己绣的一方手帕交给他，让他代自己呈给其主人。张耆没有拒绝，就收下了。

张耆的主人名叫赵元侃，他听了张耆的描述后，并未太在意。不过，当张耆呈上那件绣帕后，他眼前一亮，迫不及待地想见一见刘氏。数日后，刘氏与赵元侃相见。这位赵公子立即就挪不开眼了，放下500两银子，并将刘氏暂时安置在一处别业，然后以娶妾之礼迎入府邸。刘氏入府后，大吃一惊，原来这位赵公子不是别人，而是当今皇帝的儿子，被封爵为襄王。襄王赵元侃对刘氏十分宠爱，几乎可以说形影不离。一次，宋太宗召集儿子们，见赵元侃形态比以前消瘦，就私下向其奶娘了解情况。奶娘原本就不喜欢刘氏，因而就添油加醋地将其诋毁了一番。宋太宗得知儿子竟然娶再醮之女为妾，便勃然大怒，命令赵元侃将刘氏赶出王府。尽管赵元侃十分舍不得刘氏，但皇命难违，因而哭哭啼啼地去和刘氏告别。

面对哭泣的襄王，刘氏显得十分冷静。她对赵元侃说："殿下不必伤心，妾并不在意名分，若殿下有意，可将妾安置在别院，妾必定日日念佛，为殿下祈福。"赵元侃见刘氏对自己如此深情，更不肯与她分手，于是命张耆将刘氏接走，暂时安置在张家。到了张家后，刘氏对张耆说："我虽与王爷化离，但是名分上，我依旧是主，你是仆，混居一处，只怕多有不便。"张耆一听吓得冷汗直冒，赶紧安排几个老成的、上了年纪的妇人侍候刘氏，自己则另寻住处。

按理来说，赵元侃与皇位是无缘的，但太宗长子赵元佐有心疾，曾在王府纵火，丧失了太宗的喜爱。大臣们钟意于次子赵元僖，宰相吕蒙正甚至直接上奏请求立元僖为太子。但淳化三年（992）十一月，赵元僖暴毙。这样一来，皇冠就砸在了赵元侃的头上。淳化五年（994）九月，身体很糟糕的宋太宗征求大臣寇准的意见。寇准认为赵元侃堪当大任，因而任命他为开封府尹，改封寿王。

宋太宗驾崩后，改名为赵恒的赵元侃即位，是为宋真宗。他立刻将刘氏接入宫中，不过并未给她名分。原来，当初宋太宗将刘氏赶出襄王府后，让儿子娶了开国名将、忠武军节度使潘美的女儿潘氏。可惜潘氏运气实在不佳，只过了六年就病逝了，而且没有留下子女。之后，宋太宗又让儿子娶了宣徽南院使郭守文的女儿郭氏，此时的皇后正是此女。刘氏封后无望，就连封为普通的妃子也难。原来在她离开王府后，这位王爷先后娶了一堆小妾，此时都已升位为妃了。不过，刘氏对此并无怨言。为了避免与其他妃子争风吃醋，除了按宫中礼节要求的参拜之外，她只与淑妃杨氏有往来，平日就在宫中读书。

对宋真宗来说，不论是第一位王妃潘氏，还是现在的皇后郭氏，都是出身豪门大族的女子。刘氏的出身无疑是最低微的，但她有一个其他妃子都没有的优点，那就是十分谦卑。由于真宗性格宽厚甚至有些优柔，皇后郭氏便略显跋扈，甚至在内廷时还压真宗一头。大约正是因此，真宗才频频来会刘氏。景德元年（1004），宋真宗终于给了刘氏一个名分，封她为美人，在妃子中的品级为四品。后来，刘氏晋位为修仪，再晋位为德妃。刘氏父母早亡，在汴梁没有什么亲人，唯一算半个家人的就是前夫龚美。对于这个将自己转手他人换钱的男人，她没有报复，而是认作义兄。龚美顺势将自己的姓改为刘，自称刘美。至此，刘美成了外戚，沾了前妻的光，被宋真宗赐了个三班奉直的官。刘美以此起家，最后累官至武胜军节度使（观察留后），成了妥妥的封疆大吏。刘美活到60岁病故。宋真宗追赠他为太尉，还为他辍朝三日。之后，宋真宗又恩荫了刘美的儿子们为官。这一切都是因为刘氏。

郭皇后在32岁那年病故了。这一次宋真宗决定立刘氏为后，但遭到大臣寇准、李迪等人的强烈反对，理由是"刘氏出身微贱，不可母仪天下"。参知政事赵安仁干脆提出立出身高贵的沈才人为后，她是前宰相沈伦的孙女。资政殿学士王钦若抨击赵安仁请求立沈才人为后不是为公，而是有私心。宋真宗便罢黜了赵安仁的提议，立后之事暂告一个段落。刘氏虽然未能被立为皇后，但她领教了政治斗争的厉害，明白了寻求政治盟友的意义。

宋真宗大中祥符三年（1010），刘氏的侍女李氏受真宗宠幸，诞下一子。这也是宋真宗当时唯一的子嗣。她将这个孩子要来作为自己的儿子，让淑妃杨氏代为抚养，借由这个优势，两年后再次提出册立刘氏为皇后时，虽然大臣们依旧反对，翰林学士杨亿反应尤为激烈，拒绝草拟诏书，但这次真宗是铁了心。刘氏颇通文墨，宋真宗就偶尔拿奏折给她看，并当着她的面批阅，有时候还会采纳她的意见。

时间长了，宋真宗干脆把奏折交给皇后刘氏打理。没想到，她批奏得也十分妥当。就这样，刘皇后逐渐掌握朝政，并与外朝的丁谓、曹利用等重臣相互通气，结为政治盟友。

当时宋真宗多病，奏章几乎全都由刘皇后过手。这当然瞒不过外朝的大臣，故而宰相寇准等大臣进言，认为女主掌政不利于天下。此时，宋真宗也对刘氏产生怀疑，因而向心腹大臣周怀正透露了让太子监国的想法。寇准获悉后，立刻悄悄进宫，与宋真宗商议"太子监国"的细节问题，出宫后便立刻让杨亿草拟好授予太子监国之权的诏书。不过，第二天上朝时，面对众多大臣，宋真宗又反悔了。丁谓等人立刻弹劾寇准，将他罢免。就这样，丁谓取代寇准，成了新的执政官。

周怀正见"太子监国"的筹划失败，寇准又被罢相，决定发动兵变，废掉皇后刘氏并处死她，拥立太子登基，让无法处理政务的宋真宗当太上皇。可未曾料到，兵变的前一晚，有个官员将消息透露给了丁谓。丁谓大吃一惊，立刻告诉曹利用。曹利用是宋真宗的心腹，有便宜出入宫之权，立刻进宫将消息告诉了刘皇后。刘皇后立即借皇帝之名下诏，捉拿了周怀正一党，将他们全部处死。她还下诏撤销寇准的莱国公爵位，先将其贬官到相州（今河南安阳），之后再贬官到安州（今湖北安陆），接着贬官到道州（今湖南道县）。连续三贬，使得寇准心惊胆战，心灰意冷。昏盲的宋真宗对此竟然丝毫不知，还问为何多日不见寇准，左右近臣，无人敢答。

刘皇后比宋真宗活得长，这也是她能成功的一大原因。宋真宗驾崩后，她是毫无争议的太后，以皇帝之母的身份听政。之前为了打击寇准，她与丁谓结盟，现在形势发生了变化，丁谓稳居相位，希望刘太后能回到后宫，由宰相实际执政。她见中书侍郎王曾与丁谓不合，就传召他单独进宫议事，并向他询问丁谓有无罪状。王曾立刻说："丁谓窃弄权柄，包藏祸心。"刘太后命他起草弹劾奏章，于第二天朝堂上议事。

乾兴元年（1022）六月，刘太后与宋仁宗在承明殿议政，王曾上奏指出宰相丁谓瞒上欺下，与内廷宦官雷允恭勾结，并拿出了罪证。刘太后本想处死丁谓，但宋朝自立国以来没有杀执政大臣的例子。大臣们虽然厌恶丁谓，但都不同意定他死罪。最终，丁谓被罢相，流放崖州（今海南岛）。

丁谓被赶出朝堂后，刘太后彻底掌控了朝堂，每隔五天与宋仁宗在承明殿举行一次议政会议。天圣二年，宋仁宗与大臣们为刘皇后上尊号：应元崇德仁寿慈圣皇太后。她身穿衮衣，也就是帝王的龙袍，接受百官朝贺。

尽管丁谓、寇准等宋真宗时的大臣多被赶出朝堂，但刘太后并非全无忌惮。真宗时的重臣，也是她曾经的政治盟友曹利用，就让她如芒在背。宋真宗景德元年（1044），辽国大举南侵，曹利用受命谈判，签订了澶渊之盟，维持了此后宋辽之间100多年的和平。因此大功，宋真宗极其看重曹利用，这也使得曹利用居功自傲，权倾朝野。每次上朝，刘太后和仁宗皇帝都尊称他为"侍中"，从不称其名。先前，为了打击寇准、周怀正，她需要丁谓、曹利用，现在寇准已不在，丁谓也被流放，是该处理掉这颗棋子了。

于是，刘太后命人搜集曹利用的犯罪证据。恰好曹的侄子、赵州兵马监押曹汭酒后穿黄衣，被兵丁们高呼"万岁"。她认为这是个机会，故而定下了"谋反"的罪状，并发手诏给宰相王曾，要他着手办理。尚书张士逊认为曹汭的确有罪，但未必是曹利用授意。刘皇后大怒，将张士逊贬到地方上为官。王曾一向厌恶曹利用的为人，但是谋反的罪名太重，牵连过多，一旦定罪，将要杀很多人，因而始终不肯下定论。刘太后见罢黜曹利用的目的达到了，便要求改判流放，立刻得到王曾的支持。曹利用在流放途中，自知已无生望，便自尽了。

刘氏是中国古代史上与吕后、武则天、北魏冯太后、辽国萧太后齐名的几位临朝称制的女性政治家。她身穿帝王龙袍，向大臣们询问唐朝武则天的故事，距离皇位只剩一步，却没有向前迈进。她出身卑微，却懂得把握机会，以一方绣帕赢得尚在潜邸的宋真宗的喜爱，从而拥有了改名换命的机会。当被赶出王府，处于不利局面时，她懂得洁身自好，与仆从（张耆，此人后来累官昭德军节度使，晋封徐国公）保持距离；被宋真宗接入宫廷时，又能韬光养晦，等待时机。当宋真宗与她商议处理奏章时，她抓住机会，学会了批阅奏章的技巧，并趁机与外朝大臣结盟。从某种程度上说，**她是一个政治天才，精通"没有永远的朋友，只有共同的利益"这条法则，一旦昔日盟友与自己背道而驰，便立刻先发制人。**无论是寇准，还是丁谓、曹利用这些官场高手，无一不被她打得落花流水。她又十分克制，一些迎合她的臣子请求她效法唐朝的女皇武则天，她都予以拒绝。面对昔日的旧人，这个久经政治波澜的老人还保存着罕见的温情，将前夫刘美一家照顾得很好。当皇帝宋仁宗和刘美的儿子刘从德都喜欢富商王蒙正之女时，她愣是压住皇帝，将这个美貌的女子许配给了刘从德，并让刘家一门俱荣，将王氏女封为遂国夫人、刘从德封为荣国公。她深通人情，明明抓到的是一手烂牌，但却成了人生赢家。《宋史》中说她不是普通的民间女，父亲是嘉州（今属四川）刺史刘通，祖父刘延庆是五代十国后晋、后汉右骁卫大将军，其实这不过是为抬高她的门第附会而已。**一个真正洞悉人情、懂得适时抓住机会的人，不需要靠抬高门第来装点自己，她的成功已说明一切。**

陆

人和·顶级团队与顶尖人才

创业团队需要具备五方面的人才：第一，顶层设计者，没有这方面的人才，就意味着一开始的路线可能是错误的；第二，有团队管理能力的人，没有这方面的人才，将无法凝聚起团队发展的力量，事业也无法做大做强；第三，有拓展能力的人，他们是事业的尖兵；第四，有专业技能的人才；第五，有一群信念坚定的追随者。这五方面，缺一不可。

随何：善执行者，胜！

> 组织常常不是缺乏伟大的战略，而是缺乏有效的战略执行。也就是说，执行是最核心的竞争力。

前205年四月，汉王刘邦率军到洛阳，名士董公对他说："兵出无名，事故不成。"董公建议他打着为义帝（楚王）报仇的旗号，讨伐项羽。于是，刘邦命令三军穿戴孝服，为义帝发丧。刘邦在檄文中说："天下英豪共立义帝，一起面朝北侍奉他。如今项羽将义帝放逐到江南又害死了他，实属大逆不道。我亲自发丧，诸侯们一起穿戴孝服，征发关内的全部士兵，讨伐不义之人。"

当时，项羽正在齐地收拾不安分的田荣。彭城空虚，刘邦便联合塞、翟、魏、赵、殷等诸侯联军50多万人，杀向项羽的地盘。项羽得知刘邦偷袭后，留下部将继续在齐地扫荡，自己则率领3万骑兵一路疾驰。驻守在鲁县的樊哙哪里是他的对手，一触即溃。

刘邦和诸将拿下彭城后，将西楚的财宝装了几大车，还抢夺了不少美人，彻底被胜利冲昏了头脑，整日饮酒作乐。项羽的骑兵没有直接进攻，而是绕到彭城西，在凌晨时对汉军发起猛烈攻击。驻守下邑的汉军大将吕泽来不及反应，大败而逃。刘邦则紧急逃出彭城，一路向泗水溃散。楚军犹如虎入羊群，一时间汉军死者狼藉，相互践踏，还有为了逃命坠入濉水淹死者，共计10多万人丢了性命。刘邦率领残兵败将到达砀县喘了一口气，行进到砀县西才得以与同样率领残军的吕泽会合。

到了虞县，刘邦垂头丧气地乱发脾气，对跟随在身边的儒生一通乱喷，说："你们这群人，就不配合我谋划天下大事。"负责传达和通报工作的谒者随何就是个儒生，走向前对刘邦说："我没有听明白大王您的意思。"

刘邦说："谁能出使淮南，让九江王英布叛变项羽，倒向我？"

随何说："使者就是我。"

刘邦当即安排给随何 20 个人，让他们充当使团成员。随即，一行人驾着车出发了。

到了淮南后，九江王府的太宰负责接待随何，过了三天也没有安排会见。

随何对太宰说："大王不愿召见我，是认为西楚国强大，而汉国羸弱，这正是我来这里的原因。大王召见我，如果我说到了大王的心坎上，那说明我们意见相投；如果我说得不对，我宁可将我们这 20 人的脑袋一起交出来。"

太宰听后回禀了英布，英布立刻安排与随何会面。

随何对坐在大殿上的英布说："汉王派我来见您，原因在于我疑惑大王您为何与西楚那么亲近。"

英布说："亲近的因由，是我与项王如同君臣，所以面朝北，像臣子那样侍奉他。"

随何说："大王您和项王同为诸侯，却像臣子那样侍奉项王，一定是认为他强大，可以把自己的王国托付给他。那么，项王攻打齐国，亲自背着修筑城墙的工具，身先士卒地厮杀时，您就应该率领自己的全部人马去助阵，并且做战斗的先锋，但是您并没有这样做，只是派了 4000 人象征性地助战而已。汉王来攻彭城时，你应该调动全部人马，帮助项王攻打汉王，可是您却袖手旁观，坐观二人成败。这就是您以臣事君的姿态吗？大王，您表面上投靠西楚，实际上是为了获得更大的权益。我认为这非常不可取。大王不愿背弃西楚，是认为西楚强大，但楚国的军队再强大，终究要背着杀害义帝、辜负天下人的恶名。"接着，随何向英布分析了当前的形势。

刘邦虽然战败，但是回兵后驻守城皋、荥阳一线，获得了萧何源源不断送来的蜀地、汉中的粮食和兵员。汉军修筑坚固的堡垒，挖掘宽阔的护城河，分兵把守咽喉要道。楚军要想撤到自己的地盘，中间隔着梁地，彭越的游击军会不断地骚扰并破坏补给线。楚军孤军深入，进取攻不下坚壁高垒，退却又无法摆脱汉军的追击，一定会失败，故而楚军是不可倚靠的。

随何的一番分析，宛若口吐莲花，说得英布大为折服，口头答应归附汉军，但不愿泄露消息，给自己留了余地。当时项羽派来的使者也在淮南，敦促英布尽快出兵进攻刘邦。为了彻底堵死英布的后路，随何找到楚国使者所住的宾馆，直接闯了进去，坐在楚国使者上位的席子上，厉声说："九江王已经归附汉王，楚国凭什么让他出兵击汉？"听闻此话，楚国使者准备溜走。随何趁机对英布说："事情已经到了这一步，再没有转圜的余地，大王您应杀掉楚国使者，不能让他回到项羽身边。我们应立刻向汉军靠拢，协同作战。"

英布说："就按先生说的办。"随即杀了楚国使者，投向汉军的怀抱。

随何只用一席话就策反了英布。但是项羽死后，天下大定，刘邦论功行赏，却故意贬低随何的功劳，说随何是陈腐的儒生，治理天下怎能用什么都不懂的儒生呢！随何跪在殿阶下上奏："陛下您当年与项羽在彭城大战，英布尚未归汉，您认为调动步兵五万、骑兵五千，能够击败他吗？"

刘邦说："不能。"

随何进一步说："陛下派我领着20个人到淮南，我用一席话就让英布归附，实现了陛下的目的，我的能量恐怕超过了五万步兵加五千骑兵吧。如今陛下却说我是腐儒，这是为什么呢？"

刘邦改口说："我正在考虑你的功勋。"之后，刘邦便任命他担任护军中尉。受汉高祖信任的谋士陈平，也担任过这个官职。

随何以一席话就解决了数万大军不能解决的问题，帮了刘邦的大忙，给项羽

添了不少堵。在刘邦麾下的智囊团队中,可以说张良、陈平是第一梯队,郦食其和审食其是第二梯队,随何算是第三梯队的佼佼者,业务能力之强,也是十分罕见的。

晁错:善于分析的管理大师

　　每个人都应该有一项技能,它不是通过继承得来的,也不是被人赐予的,更不会被人夺走。

汉初,朝廷与匈奴作战,多以失败告终。尤其是"白登之围",汉高祖率领的汉军被匈奴大军包围,将士们饥渴多天,最后连弓都拉不开了。若非陈平用奇谋,让匈奴单于将包围圈打开一个口子,汉军得以逃出来,后果将不堪设想。之后汉朝以和亲的方式来保证和平,然而这不能完全避免匈奴的侵袭。汉文帝即位后,匈奴依旧经常在上郡、渔阳郡一带捣乱,让汉王朝始终处于匈奴的阴影下。这时,一个牛人出现了,他就是晁错。

晁错上书汉文帝,认为在对待匈奴的问题上,有战无不胜的将军,没有战无不胜的民众。他的意思就是,打仗优先考虑的应该是选将,让优秀的将领来统兵,正所谓"兵熊熊一个,将熊熊一窝"。

选将的思路,其实是个管理学问题。对于部门发展来说,部门经理(领导)的作用至关重要。部门领导选对了,部门的工作效率就高,部门就能够良性运作,不断产生效益。反之,部门领导选错了,整个部门的工作就会出现问题,企业也会受到拖累。

晁错说完选将，接着说强兵。他认为在战场上取胜，有三点非常重要。

其一，占据有利地形。也就是在战前进行全方位的侦查，充分了解战场环境，这样才能依靠地理之便占据战场的主动性。步兵、车兵、骑兵、弓弩、长戟、矛铤、剑盾等不同的兵种和武器，适用于不同的环境，且各有优势。如果在战场环境中士兵无法发挥兵种和武器的优势，就可能出现10个士兵打不过一个敌人的情况。

以骑兵为例：在平原地区，发挥骑兵的机动性和冲击性优势能够碾压敌人；但是在崎岖的丘陵或沼泽地区，骑兵则会遭到步兵伏击，尤其是重骑兵更会成为靶子。这一点在今天的商业活动中，同样有借鉴意义，那就是要了解市场环境，充分做好产品调研。

其二，对士兵的训练。士兵没有经过训练，就不能形成对将领的服从习惯，也就无法很好地执行军令。这将导致士兵进攻时行动迟缓，追不上敌人；撤退时跑得比谁都快，打乱撤离的队形。前方的军队已与敌人短兵相接，后面的队伍还拖拖拉拉，不能协同作战，犹如一盘散沙。没有经过严格训练的士兵，一百个人也无法击败训练有素的十个敌人。这也是一个管理学问题。好的员工，本质上就是好的士兵。管理得当，他们就能够高效地完成工作；缺乏管理或无管理，他们则犹如散养的羊，不可能产生任何效能。

其三，器械要精良。刀剑等武器不精良，就犹如赤手空拳；盔甲不坚固，就像光着身子作战；弓箭射不远，就和手持短刀差不多；射箭但是命中率不高，就如同没有射一样；射出的箭击中了敌人，但不足以致命，就像没有箭镞一样。工欲善其事，必先利其器。工作中的设备，如果是落伍的、老旧的、不配套的，故障不断，就会使效能大大下降，而且工作频频出错。

当然，它本质上仍是管理学问题。兵法上说，武器不精良，就是把士兵的性命交给敌人；战士缺乏训练，作战不力，就是把将领的性命交给敌人；将领如果不能胜任，那就是把国家交给敌人。所以，君王选将是非常重要的。晁错从选将、强兵、利器三点分别阐述了自己的观点，可谓经典。他不是张良、陈平式的人物，所以**没有什么奇谋，但是他的建议都切实可行，完全具备可操作性。汉王朝一旦按照他的章程行事，就不会被敌人找到漏洞而轻易侵袭了。**

战国的历史上，燕、赵、秦都与匈奴接壤，且不说赵、秦这样的强国，就是二流的燕国也能单挑匈奴。为何到了汉朝竟然要用和亲的方式才能确保和平呢？很显然，症结就在晁错说的那三点上。

晁错向汉文帝分析了地理位置和管理问题，而后分析了敌我优劣。这属于对竞争对手的调查和研究。先说劣势，翻山越岭，跨越险阻，中原战马的耐力不如匈奴，此其一；在危险的道路和逼仄的地方一边奔驰，一边射箭，我们的战士不如匈奴，此其二；在恶劣的环境里，忍饥挨饿，备尝艰辛，我们的士兵也不如匈奴，此其三。再说优势，在平原上用战车突袭，骑兵奔袭，协调作战，匈奴不如我们，此其一；士兵穿着坚固的铠甲，用长枪和强弓杀伤敌人，就武器优势来说，我们有胜算，此其二；五人为伍，十人一什，共同进退，匈奴人打不过我们，此其三；射手埋伏在阵后，万箭齐发，集中力量射杀敌人，匈奴的皮甲和木头盾牌几乎没有防御性，此其四；各个兵种配合，各种武器结合使用，步兵肉搏，匈奴没有胜算。总体来看，敌人的优势有三，我们的优势有五，如果动员十万人去对付只有几万人的匈奴，无异于以十打一，必定能够获胜。晁错还进一步指出，以敌制敌，这是我们的传统战略。利用归附的游牧部族与匈奴作战，用其长攻敌人之长，这种分化瓦解、以夷制夷的思路，多为后世战略家使用。匈奴分为南、北匈奴，彼此攻伐，最终走向灭亡。曹操将匈奴分为五部，使之不相统属，形不成合力，只能听命于中原王朝。在这一点上，晁错早就给出了战略指导。

晁错的文章《言兵事疏》，实际上是最早的管理学理论著作。汉文帝非常赏识晁错，极为重视他的建议，提拔他为中大夫，作为自己的政策顾问。

岑彭：成就大事者的气度与胸襟

> 胸襟宽大的人，不仅放过了别人，更放过了自己。

岑彭，东汉开国名将，位列"云台二十八将"第六，有成就大事的气魄，是光武帝刘秀创业团队中最具襟怀的人物，为光武帝的事业发展做出了巨大的贡献。他最显著的贡献之一，是为光武帝招揽了很多优秀人才，树立了他爱惜人才的美誉。

岑彭是南阳棘阳（今河南省新野县）人，最初担任棘阳县长（汉制，大县主官为县令，小县为县长，合称令长）。刘秀的哥哥刘演起兵反抗王莽政权，攻陷了棘阳，岑彭只好带着家人投奔南阳太守甄阜。

甄阜责怪岑彭没有守住县城，于是扣押了他的母亲和妻子。岑彭无奈，只好率领很少的士兵返回与刘演作战。随着甄阜战死，岑彭受到的束缚解除。他收拢队伍退到宛城，抵御刘演的进攻。在刘演连续围攻几个月后，城里的粮食已经用尽，出现了人吃人的现象。岑彭不愿拖累城中百姓，便打开城门向刘演投降。

刘演的部将们都吃过岑彭的苦头，因而对其充满恨意，建议将其杀掉。刘演认为岑彭是难得的人才，为人有忠义的名声，便向更始帝刘玄上书，请求留下岑彭的性命，封给他官职。岑彭被封为归德侯，归于刘演麾下。

更始帝刘玄的政权内部争权夺利，他本人也对功臣不放心。在大臣李轶和朱鲔的撺掇下，他杀掉了刘演。这使得刘演的弟弟刘秀彻底寒了心，从此与更始帝刘玄离心离德。刘演死后，岑彭被调拨到大司马朱鲔的属下，担任校尉。岑彭追随朱鲔讨平了淮阳郡，被升迁为淮阳都尉。岑彭平定了淮阳守将徼伟发动的叛乱，因功升迁为颍川太守。当刘茂率领他的势力攻占颍川时，岑彭没有办法履行职务，只好投奔河内太守韩歆。

更始帝二年（24），刘秀进军河内。岑彭劝韩歆归降刘秀，但韩歆不听，最后战不过，才被迫投降。刘秀要杀韩歆，岑彭说："我曾是大将军刘演的旧部，他对我有救命之恩，我还没来得及报答，他就被杀了，这成为我心中永远的遗恨。今天见了他的亲人，我愿意誓死效命。"他又劝刘秀不要杀韩歆，说韩歆是个仁人君子，是创业中必不可少的人才。刘秀很高兴，赦免了韩歆，封岑彭为刺奸大将军。刘秀非常看重岑彭的才能，对他委以重任。当时吕植在淇园拥兵，岑彭请命劝降他，既避免了血战，又壮大了刘秀团队的力量。

更始帝三年（25），刘秀在河北千秋亭称帝，是为光武帝，任命岑彭为廷尉。当时天下尚未统一，刘秀与刘玄二帝并立，赤眉军和其他曾经反抗王莽的起义军各自为政，不相统属。更始帝的大司马朱鲔坚守洛阳，刘秀麾下的 11 名大将一起率军围攻，连续几个月都没能攻破。岑彭献上劝降的计策，得到光武帝刘秀的认可。尽管朱鲔是杀死兄长刘演的主谋，但那是私仇，现在刘秀已经贵为皇帝，应该顾及公德，因而承诺朱鲔投降后不会对其进行报复。

岑彭去城下劝降，对他说："我从前受到您的大恩，一直想报答但没有机会，现在更始帝败亡，您坚守城池还有什么意义呢？"朱鲔担忧遭到清算，得到岑彭的保证便归降了。刘秀赐封朱鲔为扶沟侯、平狄将军。

岑彭在"云台二十八将"中位置靠前，为光武帝刘秀立下了赫赫战功。他与吴汉的好杀、贾复的武勇有所不同，但凡能够不用武力征伐的，他都采用招降手段，不多杀戮，将损失降到最低，尽可能地削弱对立面。他非常严格地约束士卒，对百姓秋毫无犯，获得了广泛的美名。光武帝称帝后第五年，交趾郡、荆州等地方依旧没有平定，岑彭给交趾州牧邓让写信，说明光武帝的仁德与威福，不发一兵一卒便将其归附于东汉政府。岑彭又命令偏将军屈充向江南发布檄文，先后将江夏、武陵等郡归附于东汉政府。

岑彭是创业团队中典型的领导者，具有高瞻远瞩的目光、宽广的胸怀，能够收纳各方阵营中的人才为己所用。 对于品德好、声望高、能力强的人，他极力保全，即便曾经是敌方阵营的人物，他也会向光武帝求情，这奠定了东汉发展的人才基础。岑彭的一些决策方式，也影响到了光武帝的认知，使光武帝迅速地用最小的代价统一了全国，建立了开明的王朝。

反观那些失败的创业团队，不仅缺乏有胸襟的领导者，在发展了基本盘之后，也缺乏吸纳外来人才乃至地方人才的能力，仅凭最初的创业伙伴支撑局面。这导致他们在不断扩大事业的过程中缺乏人手，无法进一步发展，更甚者嫉贤妒能，内部倾轧不断，最终走向失败。

刘穆之：最受信赖的经理人

世界上最稳定的关系，就是各取所需。

东晋王朝的晚期，贵族政治朝着军阀政治转向。桓玄篡权，自立为帝。元兴三年（404），北府军将领刘裕在京口起兵讨伐桓玄，寻求主簿的人才，刘穆之投入其麾下。主簿是掌管文书的佐吏，类似于秘书，职务不高，但由于与主官亲近，往往会成为主官的心腹人物。也就是从这里开始，刘穆之成为刘裕的合作伙伴，成为刘裕团队的经理人，为刘裕登上帝位提供了助力、奠定了基础。

刘裕讨伐桓玄，得到了北府军将领刘毅、老将刘牢之的外甥何无忌的支持，于当年十二月彻底肃清了桓氏家族的势力。晋安帝归位后，下诏褒扬刘裕的功绩，升迁他为侍中、车骑将军、都督中外诸军事，"使持节、徐青二州刺史如故"。之后，刘裕的职权越来越大，共都督十六州诸军事。一同起兵的刘毅、何无忌都加官进爵，成为位高权重的大臣。此战中刘穆之谋划甚多，成为刘裕最为倚重的左右手。几乎所有大事，刘裕都会咨询他的意见。当时东晋的法令松弛，阀阅世家倚仗权势为非作歹，令百姓苦不堪言。刘穆之针对这种情况调整了法令，使刘裕率先以身垂范，从而极大地改变了社会风气。这展现了刘穆之良好的向上管理水平。

义熙三年（407），与刘裕关系密切的领扬州刺史、录尚书事王谧亡故。按晋位顺序，刘裕接掌其官职。由于对权力的渴望，早先合作过的伙伴之间的关系已经悄悄发生了变化。南平郡公、豫州刺史刘毅不愿让刘裕获得坐镇中枢的权力，而是提出让中领军谢混接任扬州刺史、吏部尚书孟昶接任录尚书事，从而达到分权的目的。他派遣尚书右丞皮沈向刘裕通告自己的提议，皮沈先去见了刘穆之，向他透露了这件事和当时朝廷官员们的看法。刘穆之假装如厕，告诫刘裕不能顺从刘毅。

对此，刘裕不是很明白。京口起兵时，孟昶也是刘裕的支持者，甚至倾尽家财支持刘裕起兵，所以孟昶算是自己人。刘穆之直言，扬州是朝廷的根基，录尚书事可以执掌中枢，东晋的天命已尽，如今刘裕已是骑虎难下，以他的地位，即便想做一个平民也不可能全身而退，只能尽力向前。刘裕接受了刘穆之的谏言，入朝议事争取这个位置，接掌了王谧空出来的官职，从此掌控了中枢权力。

义熙五年（409），刘裕北伐南燕，刘穆之作为智囊团成员随行。之后，刘裕荡平孙恩、卢循之乱，刘穆之也是重要的筹划者。刘毅一向不喜欢刘穆之，因而在刘裕面前诋毁他，说他权位太重。刘裕不但没有疑忌，反而把更多的权力交给刘穆之。

刘毅移镇江陵，擅自扩充军事力量。刘裕上书朝廷，请求讨伐他，二刘由此决裂。刘裕出征后，留下刘穆之留守都城建康，充当自己的代理人。

诸葛长民和刘毅一样，早先也是刘裕的合作伙伴。他也早有异心，刘裕征刘毅就让他非常不安。他向刘穆之试探道："太尉（指刘裕）与我不睦，你知道原因吗？"刘穆之十分从容地说："太尉出征在外，把老母和幼弟都交给你照顾，怎么会与你不睦呢？"就这样，刘穆之稳住了诸葛长民，使他一时间下不定决心起兵造反。刘毅被诛后，荆州、江州落入刘裕彀中。返回建康后，刘裕诱杀了准备反叛的诸葛长民，消除了京城建康的不安定因素。

义熙九年（413），在刘穆之的辅佐下，刘裕荡平了割据益州的谯蜀政权，使巴蜀重新回归东晋治下。随后，刘裕加授羽葆、鼓吹及班剑等20人。此后不久，刘穆之晋位为前将军，开府治事，成为执掌军事大权的重号将军。

义熙十一年（415），刘穆之晋升为尚书右仆射。府台的事，无论大小，都由他拿主意。次年，刘裕有了一统天下的雄心，于是起兵北伐，让世子刘义符监太尉留府。刘穆之镇守建康，不但掌朝中大事，还领监军、中军二府的军司。有了刘穆之在后方支持，无论是对长江以南局势的掌控，还是人员的协调、军械粮草的补给，刘裕都无后顾之忧。

两年后，刘裕灭掉立国30多年的后秦，收复关中地区。他决定以此为基业，逐步统一北方。但是十一月份，传来刘穆之去世的消息。刘裕震惊不已，他知道自己丧失了最重要的支持。京师建康无可靠、能掌控大局的人，刘裕南北一统的梦想再也无法实现了。

永初元年（420），刘裕称帝，追封刘穆之为南康郡公。在刘裕的事业发展中，刘穆之是他最得力的助手，是他打天下的经理人。在刘穆之的辅佐下，刘裕一步步控制了东晋局势，在内部消灭了篡权的桓玄家族，荡平了巨寇孙恩、卢循多年来的战乱，诛杀了不和自己一条心的刘毅、诸葛长民，掌22个州的军事，成了东晋朝堂上最有影响力的人；在外部灭掉了割据的南燕政权、谯蜀政权、后秦政权，迫使仇池小王国把抢夺的汉中吐了出来。

刘穆之早期担任的是纯粹的参谋职务，后来则走向前台，全盘负责政事、军事、人事。可以说，刘穆之就如同汉高祖的萧何、魏武帝的荀彧，既能为主上提供政治上的建议、做军事上的谋划，还能镇守后方，提供源源不断的人员和物资支持，是真正的全能型人才。当然，最重要的一点是，他**能够与老板保持同一立场，为同一目标奋斗。**

张宾：正确而果断的决策能力

一次正确可能是运气，次次正确一定是能力。所以，当你偶尔正确时，先别骄傲，把正确延续下去，别人自然会看到你的价值。

张宾是后赵开国君主石勒的创业伙伴。石勒在十六国时期的群雄中能有一席之地，与张宾的辅佐有很大的关系。张宾虽然是石勒的幕僚，但他却有创业团队中罕见且必需的魅力，那就是正确而果断的决策能力。这种能力堪称石勒集团的灵魂引导。

石勒最初在汉赵（前赵）皇帝刘渊麾下效力。刘渊死后，他又效力于刘聪。永嘉四年（310），石勒率领大军进据江汉平原，虎视东晋。张宾认为机会还不成熟，建议石勒率军北归。但石勒没有采纳这个建议，很快便军中缺粮，士兵的战斗意志很低。这个消息被东晋王导探知，于是派遣晋军反击。石勒大败，只好听从张宾的建议，返回北方。此后，张宾成为石勒集团的核心决策人物。

汉赵政权在刘聪统治时期内部非常不稳，率军的大将多有异心，各自扩充势力。司隶校尉王弥一直想吞并石勒，因而经常给他送礼物，并装出很亲善的样子。

张宾认为，王弥包藏祸心，要找机会除掉他。但王弥善战，令石勒十分忌惮。汉赵军攻陷洛阳，王弥得到了很多珍宝和美女，但他都将它们送给了石勒。当时石勒俘虏了晋军骁勇善战的大将苟晞，任命他为左司马。王弥写信来祝贺："您俘获了苟晞，并重用他，这太有胸怀了，让他在您的左、我在您的右，我们就可以天下无敌了。"张宾认为王弥势力大，但却频频示好，一定是别有所图，坚定了石勒并吞王弥的决心。

王弥与武装流民组成的刘瑞交战，相持不下，请求石勒支援。张宾建议石勒出兵相助，以取得王弥的信任。在石勒的助攻下，刘瑞被击败。王弥以为石勒放下了对自己的戒心，因而也对石勒放松了警惕。石勒邀请王弥赴宴，身边的人都劝阻他，但他没有当回事儿。这是一场典型的"鸿门宴"，只不过石勒不是项羽，张宾也不是范亚父，二人果断行事，杀死了王弥，兼并了他的人马。

永嘉六年（312）二月，石勒奉命进攻建业（今南京）。当时江淮一带雨水连绵，汉赵军队疾疫流行，加上粮食不足，决战不利，死了很多人。面对随时可能崩溃的大军，右长史刁膺认为应该暂时向对面的晋军投降，等机会成熟时再反击。石勒的谋臣夔安、孔苌、支雄也都附和这一建议。但张宾坚决反对，他一针见血地指出，石勒率军攻陷了晋朝的帝都，俘虏并囚禁了天子，杀死了很多晋臣，这时候如果向对方投降，必定会遭到清算。邺城城高墙厚，设施完整，建造有三台（铜雀台、金虎台、冰井台），易守难攻，且有山河之险，应该作为发展的根据地，占领它，而不是在这里与晋军做无谓的消耗。

石勒担心撤军会遭到晋军的追击，张宾却认为晋军志在自保，汉赵撤军他们只会弹冠相庆，绝不会来袭击后方。他还建议让辎重先撤，大军在后徐徐撤离，如此便可保无虞。石勒对张宾的建议非常认可，升迁他为右长史，不直呼他的名字，而是称"先生"。至此，张宾完全进入了石勒集团的决策层。

晋朝幽州刺史王浚势力很大，一直想灭掉石勒。鲜卑段部的军事集团是他的雇佣军，共有 5 万余人，王浚命令他们进攻石勒的根据地襄国（今邢台襄都区）。石勒面对强敌的围攻，指挥士兵与敌人血战，损失非常严重。石勒准备突围，谋臣们则主张坚守疲敌，等敌人的锐气磨尽再反击。

张宾不同意这些主张，他认为鲜卑段部的核心人物是段末杯，我方可以暂时不出战，敌人攻城，后面就会空虚，这时候悄悄挖地道出去俘虏主帅，就能取胜。石勒接受了张宾的谋划，挖了 20 条暗道，突然杀出，抓获了段末杯。段部雇佣军的士气遭到毁灭性打击，大败亏输。石勒释放了段末杯，并与他歃血为盟，彼此不再攻伐。没有了鲜卑段部的支持，王浚的实力大减。

张宾认为，王浚虽然是晋朝的臣子，但一直有叛逆之心，想自己当皇帝。我们可以先向他示弱，假装支持他，然后寻机灭掉他。石勒认为张宾说得有道理，便给王浚送去厚礼，并称臣，表示愿意支持他登上皇位。王浚信以为真，以为石勒是真心投诚，因而未加防范。石勒向王浚上表，表示要在当年（314）三月赴幽州，加入劝进的队伍。但二月，就在张宾的支持下，石勒就发动了偷袭幽州的计划。军队行进到柏人县时，石勒犹豫了，止步不前。原来，他是恐惧。

石勒的恐惧是有理由的：偷袭幽州的军队需要走十天左右的路程，而乌桓、鲜卑部落的骑兵很快就会发现他们。更为可怕的是晋朝猛人、并州刺史刘琨也近在咫尺，弄不好偷袭幽州不成，反而会被三方吃掉。身处险地，张宾果断地说："我们长途奔袭，在于兵贵神速，我们都是轻骑兵，就算被发现了，也能很快撤回。刘琨与王浚虽然都是晋臣，但他们一向不和，很乐意看到对方灭亡。我们需要快快做出决断，还停在这里干什么呢？"石勒高兴地说："我不能做的决断，先生都为我做了，没有什么可疑虑的了。"石勒立即派使者给刘琨送信表明想法，刘琨果然不再插手。

三月，石勒的军队渡过了易水，依旧没有引起王浚的警惕。军队到了城门外，石勒驱赶上千头牛羊入城，宣称是给王浚送礼来了。王浚的士兵没有反应过来，加上道路被堵塞，石勒杀入城中，俘虏了王浚，一代枭雄就此丢掉性命。

光初二年（319）二月，石勒自称赵王，设置百官，后赵立国。张宾以勋臣的身份统领朝臣，位同宰相。在石勒集团的发展中，**每到关键时刻，张宾都能给出正确的建议，并帮助老板拍板**。若非他的果决，石勒的事业肯定会大打折扣。

杜如晦：团队中的决策大师

当你只剩下一个选择时，无论这个选择多么不好，都总比没有选择强得多！

隋末天下大乱，薛举割据于陇西，李轨称王于凉州，刘武周起兵于马邑，窦建德崛起于河北，王世充自立于洛阳……一时间，群雄并起，隋朝晋阳留守李渊也树立大旗，加入争夺天下的洪流中。

在这场竞逐中，李渊之子李世民，也就是后来的唐太宗，立下了不世之功。李唐王朝之所以能够成功，除了推行正确的策略与拥有强大战斗力的军队外，一个很重要的原因就是充分发挥了人才优势。以秦王李世民为例，他的麾下不但有一批能征善战的将领，还有一个完善的智囊团体，为其提供战略指导。

李世民于贞观十七年（643）命画家阎立本绘制24位功臣的画像，将他们悬挂在凌烟阁，以昭示他们立下的功勋。在这个既有文臣也有武将的序列中，名列第三的杜如晦尤其耀眼，是这个团队的核心人物之一。可以说，李世民能够建立不世之功，登上帝位，杜如晦起了巨大的作用。

李世民立志扩大自己的基本盘，对人才的网罗可以说不遗余力。征召杜如晦后，李世民最初让他担任秦王府的法曹参军，主管司法事务。太子李建成见李世民羽翼颇丰，对自己形成巨大威胁，因而上奏李渊，请求外调秦王府的官员，以削弱秦王府与太子府抗衡的能力。

事实上，太子府与秦王府的争斗已经让李渊焦头烂额。一方面，秦王李世民确有统兵之才，要荡平群雄，李渊还得依赖他；另一方面，李世民雄厚的势力也挑战了太子李建成的储君之位，李渊不希望发生骨肉相残的事。外放秦王府的官员，削弱秦王府的势力，进而打消李世民对皇位的觊觎，可以说是两全其美的事。

李渊的诏书下达后，秦王府的官员纷纷被外调出长安，这令李世民非常忧虑。房玄龄对李世民说："府中的其他官员被外放，没有什么可惜的，只有杜如晦，要想办法将他留下。大王如果安于做个王爷，那用不上他；但若想执天下的权柄，就非他不可。"李世民当即上书，请求留下杜如晦。

当时，秦王府的大批官员均已外任，只留下一两个人给秦王打下手。在李渊看来，这合情合理，因此同意了。在随后的几年里，李世民每次出征，必定携杜如晦同行，君臣之间结下了深厚的情谊。

唐武德九年（626），杜如晦的高光时刻来了。随着与唐王朝争天下的外部势力全部被扫平，其内部矛盾开始暴露出来。东宫太子府的属官魏徵、王珪都劝李建成除掉李世民，避免陷入"人为刀俎，我为鱼肉"的下场。但李建成疑虑重重，加上秦王府已成气候，迟迟不肯下手。他企图收买和拉拢秦王府的铁杆支持者，如尉迟恭等人，进而削弱对自己的威胁。可惜这一招不奏效，遭到了尉迟恭等的拒绝。拉拢不成，他便派人刺杀，同样遭到失败。

为了斩断李世民的这条臂膀，李建成上书李渊，给尉迟恭找了个罪名，将他打入大牢。在李世民的求情下，尉迟恭被放了出来，但双方的争斗已是箭在弦上，不得不发。

尽管李世民内心渴望成为储君，但不论是按照法统还是道统，李建成都是无可争议的储君，要争夺帝位，必定要与东宫兵戎相见。权柄之争，是你死我活的斗争，纵然是骨肉血亲、父子兄弟，也容不得私情。

秦王府的文臣武将虽然是秦王府的属官，但更是朝廷命官，他们获得的荣誉和官位都是朝廷颁赐的。为李世民争夺利益和争夺帝位，这是两回事：争夺利益，是团队之争；争夺帝位，则是造反的死罪，是一条不归路。故而，面对东宫太子的步步紧逼，李世民犹豫不决，尉迟恭和长孙无忌等重臣也都非常疑虑。

长孙无忌建议立刻招来杜如晦，但此时杜如晦和房玄龄等秦王府旧臣都被外放到了地方，一时间无法咨询。李世民当即解下佩刀交给尉迟恭，让他无论如何都要招来房玄龄和杜如晦。就这样，房玄龄和杜如晦化装为道士，从外地赶回长安，秘密进入秦王府。

杜如晦分析了当前局势：太子李建成是合法的储君，如果他率先发难，秦王府一众人等将死无葬身之地。纵然事后李渊追究罪责，业已成为事实。秦王府方面，臣僚们并没有获得主上明确的发难信号，都处于未做准备状态，一旦太子发难，士兵们极有可能放下武器，四处奔逃，有眼光的志士，恐怕不等太子发难就已经逃离了。如果秦王李世民不立刻做出决断，失败是必然的。秦王府唯一能成功的方法，只有占得先机。

杜如晦的话，令李世民醍醐灌顶，当即与文武官员们制订了详细的计划，又召集心腹将佐，向他们明确传达了自己的指令。

剩下的一切，就不用多说了。历史上的"玄武门之变"发生，太子李建成与齐王李元吉被杀，唐高祖李渊被迫封李世民为皇太子，后来又让出皇位。后来，论功行赏，杜如晦被拜为兵部尚书、晋爵莱国公，赐食邑1300户。

对于这个封赏，淮南王，也就是李世民的叔叔李神通十分不满，他认为杜如晦不过是一介刀笔吏，抄抄写写罢了，为何功居前列？真正做出贡献的，应该是那些冲锋在第一线、流血牺牲的将士。李世民向他解释，杜如晦虽然不曾上阵杀敌，但是运筹帷幄，如果没有他，他们会流很多血，且未必能够成功。他的功劳和地位，可以与汉高祖的大臣萧何相比。李神通听后，便不再说什么。

毫无疑问，杜如晦是一个团队中不可或缺的人物。尤其是**在创业团队中，决策人物非常重要，他们能够对各方局势做出判断，给出合理建议，进而让团队朝着正确的方向前进。很多时候，往往是决策人物的缺失，导致进取型团队的失败。**以项羽为例，他的智囊团队中仅有范亚父一人，而且他的决策不被重视。如果项羽听从范亚父的话，在"鸿门宴"上诛杀刘邦，整个历史也就改写了。

赵普：团队发展的顶层设计者

只有不惧用最坏的一面揣测人心，才能在任何情况下都做出万全的准备。

赵普是五代至北宋初年的著名政治家，北宋王朝的开国名臣，也是赵匡胤、赵光义兄弟团队中的顶层设计者。北宋的建立及其运作机制，都有赵普的参与。可以说两宋300余年，基本上没有脱离赵普在宋代初期设计的政治结构。因此，他是宋朝事业发展中真正的奠基性人物。

赵普出身官僚世家，祖父和父亲都担任过司马（军职）一类的官。后周显德年间，他在永兴军节度使刘词幕下做幕僚。刘词病逝后不久，他投入赵匡胤幕下，担任司法官员。柴世宗去世后，幼主柴宗训即位。赵普为赵匡胤谋划上位，做出了紧锣密鼓的安排。

显德七年（960）正月元日，情报说契丹与北汉联兵来袭。在没有对情报进行核实的情况下，宰相范质等大臣就下令让赵匡胤出征。初三那天，赵匡胤率领禁军到了开封东北四十里之外，夜宿陈桥驿。当天晚上，赵普让赵匡胤的亲信将领在军中散布言论，说："皇帝年幼，无力亲政，我们为国家战斗，谁会了解呢？不如点检赵匡胤为天子，再出征。"这些言论煽动了将士们的兵变情绪。赵匡胤的胞弟赵匡义和赵普趁机将一件准备好的黄袍披在假装醉酒的赵匡胤身上，将士们罗拜三呼万岁。

赵匡胤假装十分惊讶，好像被逼迫无奈当皇帝一样，很勉强地说："你们贪图富贵，逼迫我当天子，能听我的命令，我就答应，不然的话，我不能当你们的主上。"将士们连声应诺。赵匡胤兄弟牢牢控制住军权后，赵普一方面派人回去告知留在都城开封的赵氏家人，让他们不要慌乱；另一方面通知赵匡胤的结拜兄弟、殿前都指挥使石守信，以及殿前都虞侯王审琦等，让他们做好内应工作。由于一切安排周详，赵匡胤率军回都城时，几乎没有遇到抵抗，只有侍卫亲军马步军副都指挥使韩通准备反制，被军校王彦升诛其一家。

赵匡胤回到都城时，宰相范质正在吃饭，听闻消息后，和另二相王溥、魏仁浦一起来见。赵匡胤痛哭流涕，说自己这么做都是被士兵威逼的。还不等范质回应，旁边的军校罗彦环便手持钢刀，大声喊道："我们没有主上，今天必须立赵太尉为天子。"其余的士兵都跟着呼喊起来。范质走下殿阶，掐着另一宰相王溥的手说："都是我们仓促派遣的罪过啊。"王溥的手掌几乎被掐烂，但他们都清楚大势已去，在得到赵匡胤保全年幼的周恭帝的承诺下，举行了禅位仪式。

军校罗彦环后来被赵匡胤任命为控鹤左厢都指挥使，累官至节度使。很显然，他在朝堂上的那声大喊，并不是偶然的。他本就是赵匡胤的亲信，是赵普安排他在朝堂上演了一出戏罢了。北宋建立后，赵匡胤任命赵普为谏议大夫、枢密直学士，成为赵匡胤最倚重的文臣。

赵匡胤篡夺了后周皇权，义成军节度使李筠率先反对，并联合从前的敌人、北汉皇帝刘钧起兵。就在赵匡胤踌躇不定的时候，赵普建议御驾亲征。行军途中，赵普又说："我们应该昼夜兼程，让仓促起事的敌人没有反应的机会。"

李筠的从事闾丘仲卿认为，用一支军队反抗赵匡胤，没有胜算，虽然北汉答应出兵，但是胜利的机会也很渺茫，不如率军西下太行山，拿下怀州、孟州（今河南孟县），守住虎牢关，待占领洛阳后，再向东夺取天下。但是李筠拒绝了这一建议，他认为自己是后周老臣，只要起兵，其他大臣和将军就会响应。不过，他高估了自己的影响力，也低估了赵匡胤的反应能力。

在赵普的谋划下，宋军大将石守信和慕容延钊兵分两路夹击李筠。在泽州高平县（今山西晋城市高平），李筠的军队被斩首三千。在泽州城南，赵匡胤和石守信一起击败了李筠的主力大军。李筠坚守泽州，城破后点火自焚。

李筠的叛乱被平定后不久，原后周淮南节度使李重进又在扬州发动了反对赵匡胤的战争。赵普认为，淮南外无援助，内无粮草储备，李重进本人也不得人心，建议"速取之"。这是一场没有悬念的胜利。赵普对敌人的判断，展现了他对敌情的深刻了解和丰富的政治经验。

自唐末以来，梁、唐、晋、汉、周五个王朝轮替，全都是军事将领上位。用当时一位节度使的话说："天子宁有种耶，兵强马壮者为之耳。"赵匡胤就是获利者之一。

如何改变这样的局面，建立长久的王朝呢？赵匡胤向赵普倾诉自己的困惑。赵普对这个问题早已深思熟虑，因此当赵匡胤提问时，他便道出了症结所在。他说："五代以来，军将为天子，在于藩镇权力太大，主弱臣强。藩镇大将不但有军权，还有事权和财权。要解决这个问题，无非就是剥夺他们对事权的专擅，罢去对钱粮的征收，再收回掌控的精兵。"赵普的一席话，归纳起来可以称为十二字方针：削夺其权，制其钱粮，收其精兵。

赵匡胤击节赞叹，从而上演了史上著名的"杯酒释兵权"。跟随赵匡胤起家的石守信、高怀德、王审琦、张令铎、慕容延钊等握有重兵的大将都交出了兵权，赵匡胤则赐给他们良田美宅，让他们享受生活。如此一来，既保全了君臣之间的恩义，又避免了历代开国皇帝屠戮功臣的惨痛事件。

当然，**杯酒释兵权只是一个表象，深层次的解决方式还在于确定分权机制**：在朝廷上，以参知政事（副相）、枢密使（副使）与三司使分割宰相的权力，相互制衡。在地方上，以文职代替武职，推崇文官，让他们的地位在武将之上；设置知州及副职通判为行政官员，重要文件由两个官员一起签；通判要充当皇帝耳目，对知州有督察之责。同时，将厢兵中骁勇的士兵收编到禁军，从而使得由皇帝指挥的禁军无论在数量还是质量上都高于地方部队，没有一支地方军能够与禁军抗衡，也就是"强干弱枝"。在钱粮问题上，在地方设转运使，将大部分地方钱粮输送到中央。地方军官除了领兵作战外，无论是财权还是事权，他们都不掌握，而且政治地位较低，叛乱的可能性就微乎其微了。

在宋太祖赵匡胤执政时，赵普独相（一人担任宰相）达10年之久。**他为宋太祖、宋太宗兄弟俩制定了"先南后北、先易后难"的战略。在这一思想的指导下，北宋逐渐灭掉了割据荆南的高氏政权、后蜀政权、南汉刘氏政权、南唐李氏政权。**随后，吴越与福建、漳泉等地的割据势力也相继投降。最后，北汉也被灭。

赵普在宋太祖、宋太宗两朝三度为相，地位极高，与两位皇帝私下里犹如兄弟，是赵宋王朝建立团队中的第一智囊，也是策划人，几乎参与了政治、军事、民政等所有方面重要方针的制定和实施。宋太宗将他比作管仲、诸葛亮、房玄龄和杜如晦。

柒

运筹·领导者的能力素质

领导者不必是专业人才，但必定是善于整合资源之人。昭烈帝刘备文不如诸葛，武不如关张，但却是团队领导，就在于他善于用人之所长：智则取其谋，愚则取其力，勇则取其威，怯则取其慎。在任何时代，运筹都是领导者必须具备的最大能力。

赵襄子：以弱致胜的秘密

一个不成熟男子的标志是他愿意为某种事业英勇地死去，一个成熟男子的标志是他愿意为某种事业卑贱地活着。

前 633 年，晋文公为了称霸，进行了军事改革，设立中、上、下三军，每军设将、佐各一名，依次为中军将、中军佐、上军将、上军佐、下军将、下军佐。六名将佐为世袭制，称为"六卿"，出则为将，入则为相，成为晋国百年霸业的支柱。先后有狐氏、先氏、郤氏、胥氏、栾氏、范氏、中行氏、智氏、韩氏、赵氏、魏氏 11 个家族把持六卿，按照"长逝次补"的原则，轮流担任执政官（正卿）。

然而，晋国成也六卿，败也六卿。至春秋末期，起家六卿的贵族们相互兼并得厉害，最后只剩下智、韩、赵、魏 4 家，无论谁上台，都会架空晋国国君，拥有独立的地盘与军队系统。

前 493 年，晋国执政智文子荀跞病故，中军佐赵鞅凭借在军队中的巨大影响力，替代荀跞成为正卿，开启了长达 17 年的执政生涯，世称"赵简子"。赵简子执政后，逐步将晋国的军政、外交、司法大权全部拢到自己手中。《史记·赵世家》中说："赵名晋卿，实专晋权！"

赵简子认为要成就大业，就要先培养继承人，因而他非常重视对儿子的教育。他曾将儿子叫到一起集中训话，并将修身之语写在木牍（制作书简的木片）上，发给儿子，希望他们将之作为座右铭，时时告诫自己，重视学习，不要懈怠。三年过后，他把儿子们召集起来，逐一考校。有的儿子记得木牍上的一些话，有的则完全不记得，长子伯鲁甚至不知道将木牍丢到哪里去了，这让赵简子十分失望。轮到庶子，也就是小妾生的儿子赵毋恤时，他倒背如流。这引起了赵简子的注意，他内心十分高兴，也开始重视起这个庶出之子来。

赵毋恤作为庶子，按照当时的继承人制度，是没有继承权的。但是他性格沉毅，身上没有纨绔子弟的气息，爱好学习，手中经常拿着经典书简。一次，赵简子又将儿子们召集在一起，对他们说："我将一块宝符藏在了恒山（指今河北大茂山，汉代避汉文帝刘恒讳，改名常山，系古恒山），你们谁能找到，我就重赏他。"

赵氏诸子一听，纷纷率领仆人，骑着马朝恒山奔去，有的扒拉树洞，有的翻捡石缝，有的拨开草丛，似乎要把这座山翻个底儿朝天。但是茫茫大山，对于几个人来说，要寻找一块宝符，无异于大海捞针。天黑的时候，所有的儿子都回来了。赵简子问他们找到了没有，他们无不伸出空空的双手摇头。此时，早早就回来的赵毋恤却说："我找到了宝符。"

赵简子问："宝符在何处？"

赵毋恤说："凭借常山的险峻，进而攻占代国，代可为赵所有。"

赵简子大吃一惊，久久地盯着这个儿子，想不到这个年幼的孩子竟有这样的战略眼光，因而废掉世子伯鲁，·改立赵毋恤为世子。赵简子病逝后，赵毋恤成为赵家的当家人，世称"赵襄子"。

按照递补次序，智伯瑶（荀瑶）成为晋国的正卿，大权重新回到智氏家族。智伯瑶执政后，极力发展家族势力，并设法削弱其他家族。他对韩、赵、魏三家的掌门人说："执政者应该以国家为念，晋国丢掉霸主的位置很多年了，我们每家献出一万户给公室，以巩固公室的地位。"

韩康子、魏桓子明知这是智伯瑶打着晋国国君的旗号肥己，但慑于智氏家族的强大势力，不敢违命，各自乖乖地献出了一万户。只有赵襄子拒绝了这一要求，他对智伯瑶说："土地是我从先人那里继承来的，哪敢随便舍弃呢？"智伯瑶大怒，联合韩、魏两家一起攻赵。赵氏打不过三家联兵，便不断撤退。赵襄子记得父亲说过："晋阳是我们的根据地，如果哪天局势危急，就撤回晋阳，以地理之险抗拒敌人，寻机还击。"

待赵襄子撤回晋阳，智伯瑶很快就率领联军围困晋阳。晋阳墙高沟深，粮食充足，暂时可以挡住敌军。但赵军的弓箭很快就用完了，只怕防御不能持久。这时一个家臣对赵襄子说："我听说先主公修建晋阳宫殿的时候，曾用荻蒿荆条筑墙，为何不拆开看看？"赵襄子立刻命令众人拆掉宫墙，发现墙体是空的，里面藏了大量的荻蒿荆条，都是制作箭杆的优质材料。赵襄子亦喜亦忧，对那人说："箭杆是有了，可是制作箭镞的材料从何而来呢？"

家臣说："先主公当年修建宫殿，曾用大量的铜铸铜柱，正可一用。"

赵襄子立即命令众人将宫殿的铜柱拆下来，熔化后制作箭镞。

当智伯瑶率领三家联军攻城时，迎接他们的是密集的箭雨，联军因此受到重创。就这样，晋阳城被围困了三年，依旧没有被攻破。一天，智伯瑶率领韩康子、魏桓子一起视察战场地形。看到晋阳东北的晋水时，他顿时心生一计，说道："晋水绕晋阳城而过，如果挖一条人工河直通晋阳，然后堵住上游，等水足够多的时候，猛然掘开水坝，顺人工河而下的洪流，不就可以淹了赵家吗？"

说完，他因自己的足智多谋而哈哈大笑。韩康子、魏桓子听后先是一愣，随即也陪着笑起来。

实际上，两个人心里苦得不得了。因为韩氏的封邑平阳（今山西临汾市西南）、魏氏的封邑安邑都有一条像晋水一样的河，将大的城市建造在河流旁边，这是发展人口和经济的必然途径，但也容易遭到水淹。智伯瑶既然能用水灭赵，自然也能用水灭韩、魏。韩康子、魏桓子二人心里越想越怕。

晋阳城被水淹后，百姓们全都上了屋顶避难，住在屋顶过夜，在屋顶上生活做饭，但就是不投降。面对危若累卵的局势，赵襄子急得像热锅上的蚂蚁。

这时候家臣张孟谈说："我看是时候了，韩、魏两家虽然跟着智伯瑶，恐怕不是真心的，不如我去说服他们反水。"

当天夜里，张孟谈用一根从城墙上垂下去的绳子出了城，悄悄地拜会了韩康子和魏桓子，约他们一起反击智伯瑶。二人最初还比较犹豫，经张孟谈说明其中利害，最后终于同意反击。

第二天夜里，智伯瑶睡到三更，只听外面喊杀声不断，赶紧从床上爬了起来，发现自己的营帐里全是水。他以为是大坝溃堤了，赶紧叫士兵们堵住水口。可是刚一出帐门，就见韩、赵、魏三家联军驾驶着小船，在攻击落水的智氏士兵，原来是韩、魏用水灌了智伯瑶的大营。智伯瑶没有来得及抵抗，就被抓住处死了。之后，三家联军掉转兵锋，杀向智氏的城邑，彻底灭掉了智氏一族，并瓜分了他的地盘。

就这样，赵襄子以弱势之力获得了最终的胜利。纵观赵襄子的一生，首先是他**善于隐忍，暗暗积蓄力量，增强自己的实力，不与强者争锋**，以庶子出身获得父亲青睐，成为当家人。

之后，又一退再退，躲避强敌，在晋阳扛下了敌人猛烈的攻击。弓箭射完了，就拆掉宫殿，熔铜柱造箭；粮食吃完了，就吃草根和树皮，甚至出现了人吃人的现象。但他最终寻得了敌人的弱点，一举获得成功。赵襄子身上有一股不服输的领导者气质，这是他取得胜利的根本原因。

三代以后，赵襄子的侄孙赵烈侯和魏文侯一起得到周烈王的承认，成为诸侯。可以说，赵襄子是赵国的实际开创者之一。

作为赵氏家族的领导者，赵襄子着眼于未来，对形势有准确的把握，并进行了积极布局，使得后代子孙成就了王业。

晋武公：蛇吞大象，不是没可能

> 本事不大，脾气就不要太大，否则你会很麻烦。能力不大，欲望就不要
> 太大，否则你会很痛苦。

公元前678年，曲沃武公姬称攻破晋国都城翼城，杀了晋侯缗，登上了晋国国君之位，开启了小宗替代大宗的漫长之路。之后，他又用财宝贿赂仍然挂着天子招牌的周釐王，得到了他的认证后，让自己坐稳了诸侯的位子。

什么是大宗，什么是小宗呢？以周王室为例，周天子有很多儿子，作为继承人登上天子之位的那个儿子，就是大宗，没有登上天子宝座但被封到各地的贵族，如晋、郑、燕、鲁、卫、曹等诸侯国，都属于小宗。同样，在诸侯国内，诸侯也有很多儿子，有继承权的那一支是大宗，没有继承权的是小宗。晋武公的家族就属于小宗，他原本是不可能成为晋国国君的，但因为他有一个强悍的祖父，使得他的家族像一条巨蟒，逐步地将晋国这头大象吞进了自己的肚子里。那么，蛇是如何吞下大象的呢？

晋国的第十二任国君晋昭侯有个叔叔，名叫成师，很有威望和才能。为了表示对叔叔的敬重，晋昭侯准备将曲沃（今山西曲沃县）封给成师。对此，晋国大夫师服非常不赞同，因为这违背了周礼的规定。

曲沃的规模比晋国的都城还要大，如果臣下的土地、人口和力量都强于国君，这不利于统治。但晋昭侯不为所动，坚持将曲沃封给成师，世称"曲沃桓叔"。尽管曲沃桓叔已经58岁了，但是他政治经验丰富，不断树立仁德形象，很多有才能的人都投奔他。经过他苦心孤诣地经营，曲沃很快就成了晋国的第二个政治、经

济和文化中心，实力也超过了首都翼城。曲沃名义上虽是晋国的小宗封地，但实际上已经成了独立于晋国的政权。随着力量的增强，曲沃的野心也在膨胀，就连晋昭侯的身边都有曲沃桓叔的亲信，但这位糊涂的国君却未采取任何措施。

晋昭侯在位的第七年（前739），与曲沃桓叔勾结的大臣潘父杀掉了晋昭侯，打算迎接曲沃桓叔进入都城。但晋国的其他臣僚和百姓不认同曲沃桓叔，将他击退，立晋昭侯的儿子公子平为国君，是为晋孝侯，最后弑君的潘父被处死。晋孝侯八年（前731），72岁的曲沃桓叔去世，他至死也未能踏入晋国都城。他把这一梦想留给了儿子姬鳝，世称姬鳝为"曲沃庄伯"。

曲沃庄伯性格刚毅，善于笼络人心，简直是他父亲的翻版。他不断地侵袭国都，与晋孝侯斗了六年。晋孝侯十五年（前724），晋国东部的赤狄袭扰晋国，晋国军队前去抵御，都城空虚，曲沃庄伯趁机进攻，杀死了晋孝侯。眼看曲沃庄伯就要成功了，但晋国旁边的小诸侯国荀国看不下去了，伸出援手，和晋国人联手再次击退了曲沃一方。曲沃庄伯见已经丧失先机，只好退回到自己的地盘。随后，晋国的大臣们立孝侯之弟姬郄为国君，是为晋鄂侯。

功败垂成的曲沃庄伯不屈不挠，于晋鄂侯六年（前718）春天再次攻晋。为了在角逐中占据绝对优势，他联合郑国、邢国一起出兵，甚至还花重金贿赂了周天子。周桓王派大夫尹氏和武氏领兵协助，一起进攻翼城。晋鄂侯不敌，逃出都城，躲到了随邑（今山西省介休市东南），同年忧愤而死。眼看曲沃庄伯要赢了，但这时他和周桓王闹翻了，周桓王转而支持晋国，派大臣虢公率兵将他打了回去。在周天子的支持下，晋鄂侯的儿子光被立为国君，是为晋哀侯。

晋哀侯二年（前716），带着一万个不甘心的曲沃庄伯也去世了。尽管父子两代都未能成功，但是晋昭侯、孝侯、鄂侯的非正常死亡，加之连年的战争，也极大地削弱了晋国国君一系的力量。而曲沃方面，又一位雄主登上宝座，他就是曲沃庄伯的儿子姬称，世称"曲沃武公"。双方开始了新一轮的争斗。

晋哀侯八年（前 710），晋国占领了都城南边的陉廷。所谓敌人的敌人就是朋友，陉廷人与曲沃武公联合起来，于第二年联兵伐晋，陈兵于陉廷。曲沃武公坐在战车上，亲自指挥作战，猛将韩万为他驾车，梁弘挥着戈在车右战斗。晋军兵败，曲沃武公穷追不舍，在汾水边的烂泥地里死死地咬住晋哀侯不放。由于拉车的战马深陷泥潭，晋哀侯才暂时逃过一劫。不过，还没来得及喘口气，当天夜里，他再次被追上最后被抓为了俘虏。

晋国人得知国君被俘，便立晋哀侯的小儿子为国君，即晋小子侯。得知晋国有了新的国君，而俘虏来的这个君主就没有意义了，曲沃武公一怒之下让韩万杀了晋哀侯。晋小子侯当了四年国君，就被曲沃武公诱骗到自己的地盘上杀死了。已经与曲沃方面闹翻的周桓王决定维护一次正义，派虢公领兵支持晋国，将曲沃军打得大败。晋哀侯的弟弟姬缗被立为新君，是为晋侯缗。周桓王两次支持晋国大宗，都有一个关键人物，那就是虢公，善战的虢公是他手里的一张王牌。晋侯缗的宝座还没有坐热，周桓王那边就和虢公闹翻了，虢公为了保命逃到虞国。趁周天子无人可派，曲沃武公出兵拿下翼城，晋侯缗只能逃走。

晋侯缗二年（前 703）秋天，周桓王再次打出天子的旗帜，拉着虢国、芮国、梁国、荀国、贾国等一众小国群殴曲沃武公。曲沃方面退出翼城，晋侯缗重新复位。在之后的 26 年里，曲沃方面继续和晋侯缗死磕。这期间，一直支持晋国大宗的周桓王去世了。周桓王的儿子周庄王即位。不过，周王室内部也出现了小宗与大宗的争权，周庄王的弟弟王子克企图夺哥哥的权，发生了一场内乱。

晋侯缗二十八年（前 678），曲沃武公打败晋军，杀死了晋侯缗，将都城迁入翼城。当时的周天子是周庄王的儿子周釐王。曲沃武公拿出大量财宝贿赂他，周釐王认可了他登上晋国国君宝座的事实，从此曲沃武公成了名正言顺的诸侯，变成晋武公。曲沃方面前后用了 70 年，三代人前赴后继，熬死晋国六任国君，犹如巴蛇吞象，最终以小吃大，获得了胜利。

　　晋国小宗之所以战胜大宗，除了曲沃方面在军事上不断削弱翼城的晋君实力外，很大一个原因是它政治上的成功。曲沃首先在政治上孤立身为大宗的晋国国君，对贵族们施以恩惠，甚至得到了周天子的支持。另外，三代君主均为明主，治下政治清明，支持率较高，影响力也渐渐地超过晋国大宗。

　　"曲沃代翼"，表面上是以小宗为代表的贵族集团战胜了国君，实际上是人心向背，即便大宗后来有周天子的支持，在道义上占据上风，但依旧无法避免覆灭的结局。

魏文侯：小信成，则大信立

　　诚信是一个人在世上能够获得的最有说服力的名片。有了这张名片，你的其他头衔、荣誉、过往才会被人真正认可。

　　魏文侯魏斯是三家分晋后，联合赵烈侯、韩景侯一起向周天子请封的发起者。韩、赵、魏三家晋国大夫，后来成为被天子认证过的正牌诸侯，魏文侯也就成了韩、赵、魏三家的大哥。魏文侯当大哥有一个准则，那就是立信。

　　魏文侯曾与虞人约定，某天一起出去打猎。当天，魏文侯与一群官员饮宴，笙歌曼舞，室内充满欢乐的气氛，可宫殿外下着瓢泼大雨。魏文侯看了一眼沙漏后站起来，告诉客人继续饮酒观赏歌舞，自己要出去一趟。亲近的臣子就问他："今日如此欢乐，外面又下大雨，主公要去哪里？"

　　魏文侯说："我与虞人约定今天一起打猎，虽然饮宴十分欢快，但怎能因此失约呢？"说完，他就命令侍从官准备车马、弓矢，自己则穿着避雨的蓑衣，朝山林里去了。

大雨如注，虞人以为魏文侯不会来了，没想到时间刚到，魏文侯的车子就出现在他的眼前，他顿时大喜过望。虞人只是个小官儿，但魏文侯不因他身份低微就轻视与他的约定。正因为魏文侯连这种很小的约定都不违背，所以他得到了韩、赵两国君主的尊重。

三家分晋后，韩、赵、魏三国瓜分了晋国的版图。三国土地犬牙交错，他们都想将分散的地块整合起来，故而彼此之间离心离德。赵（此时尚未得到周天子认证，名义上仍是晋国大夫）的当家人先派使者秘密会晤魏文侯，希望联合魏国一起出兵，灭掉韩国，瓜分其土地，但遭到魏文侯的拒绝。魏文侯让使者把自己的话转达给赵献侯："我把韩国视作兄弟之国，怎能去打兄弟呢？"不久，韩国也派使者会晤魏文侯，目的与赵国一样。魏文侯同样拒绝，让使者转告韩武子："赵国是兄弟之国，我们怎能打自己的兄弟呢？"韩、赵知道了魏国的态度，十分佩服魏文侯。魏文侯为了消除彼此的猜忌，向韩、赵当家人分析了当前的局势。

韩、赵、魏三家，赵国最强，韩、魏较弱，赵国无论是企图灭魏还是灭韩，都会导致韩、魏联合起来对抗；反之，赵国如果搞各个击破的阴谋，无论是联韩还是联魏，最终都是唇亡齿寒，得利的只能是赵。虽然赵国是韩、魏的最大威胁，但是如果两国联合攻赵，他们也不会获得更大的利益。韩、魏联合的力量最多与赵国持平，打起来只会两败俱伤，自损元气。就算联合灭掉赵国，韩、魏两国也难以避免内斗。与其如此，不如大家诚心相待，抱团向外发展，打破困局。

魏文侯在外交上的努力，赢得了韩、赵的支持，彼此间没有了牵制，都走上了向外发展的道路。赵国在魏国的北方，向北发展会造成互斗；同样，力量较弱的郑国是韩、魏的共同邻居，向郑国方向发展，会引起与韩国竞争。那么，唯一的发展方向就是向西，进攻秦国。

魏文侯二十七年（前419），魏国大军渡过黄河，在少梁（今陕西韩城西南）修建了多座军事堡垒，为打击秦国囤积粮草和军械。秦国立刻展开反击，试图夺取这些堡垒，但都没有成功。为了阻止魏军前进的脚步，秦国沿着黄河建造了大量城障，将其作为防御工程。

翟璜出身戎人，但其才华得到了魏文侯的重视，被任命为相。翟璜善于识人，给魏文侯推荐了吴起，魏文侯当即任命他为魏军主帅，负责进攻秦国的军事行动。魏文侯三十三年（前413），吴起指挥魏军在西河大破秦军，撕开了秦军的西河防线。之后，魏军长驱直入，进入秦国境内，直趋渭河平原上的重镇郑地（今陕西省华县）。秦国朝野震惊。

魏军一旦拿下郑地，渭河平原上出产的粮食就会成为其源源不断的补给，而秦国也就失去了最大的粮仓。当时秦国的都城在雍（今陕西省凤翔县），魏军会一路杀到城下，灭掉秦国。

秦简公为了避免灭国，向齐、楚求援。齐、楚立刻出兵从背后捅魏国的屁股，魏文侯见齐、楚得手，并不慌张，因为丢失的几块土地都是飞地，对魏国而言不算什么损失，因而命吴起继续进攻秦国。吴起在郑与秦军厮杀，吸引了秦国的主力军。魏国太子魏击指挥军队趁机渡过黄河东岸，夺取了秦国西河防御线上的重要城市繁庞（今陕西韩城东南）。

秦国的西河防线被撕开后，其军事据点被一一拔掉。魏国相继占领了临晋（今大荔东南）、王城（今大荔）、元里（今澄城南）、洛阴（今大荔西南）、合阳（今合阳东南）、阴晋（今华县东）等城市。到魏文侯三十八年（前408），整个西河地区全部落入魏国手中。

吴起号令严明，士兵们对当地百姓秋毫无犯。魏文侯十分清楚，军事上的胜利并不是真正的胜利，软实力的胜利才是最终的胜利。他需要的不只是秦国的土地，还有这片土地上的人心。于是，他决定从文化上入手。

魏文侯亲自拜访孔子的高徒，大儒卜商，希望他到西河讲学。卜商当时已是百岁老人，而且双目失明，不可能亲自授课，但魏文侯依旧拜他为师。卜商被魏文侯的诚意所打动，带领学生公羊高、谷梁赤、段干木，还有子贡的学生田子方到了西河。

卜商虽然不能讲学，但他是一面旗帜，他的高足们将他的思想传播给了年轻的学子，从而开创了"西河学派"，为魏国培养了大批合格的人才。西河人受到教化，从而成为魏国之民。

魏国占据西河地区后，又夺取了函谷关（今河南省三门峡西），遏制住秦国向中原地区的发展通道。

为了彻底将秦国锁死在洛水西面，魏文侯下令在洛水东岸修建城障，南端与阴晋衔接，北面与雕阴（今陕西省甘泉县道镇）相连。秦国这条巨龙，就像被铁链锁住一般，在此后的18年里，未能向中原迈进一步。魏国有了西河这个大粮仓，又控制了关西与中原的通道，国富民强，列国人才都来效力，从而成为战国初期最强的国家。

所谓小信成则大信立，大信立则大事成。在之后的几年里，魏国相继与赵国联合，灭掉中山国，又击败了齐国和楚国。

魏文侯四十三年（前403），韩、赵的老当家人都已去世，魏文侯是晋之三家大夫中资格最老的。于是，他率领韩虔、赵籍一起拜会周天子。自春秋以来，周天子就有名无实，只剩下天下共主这个还在闪光的金字招牌了。

但他手里毕竟还掌管着礼法程序，没有他的认可，韩、赵、魏虽然拥有自己的土地和官僚系统，但名不正，言不顺，与其他诸侯国往来时，在外交上很是被动。此次拜会，他们得到了周威烈王的认可，成为与齐、楚、燕、秦并驾齐驱的诸侯，战国七雄的格局由此形成。

综观魏文侯的一生，可以说是他以信取人、以信立国、以信成就霸业的一生。

田氏代齐：蚂蚁搬山的气概

> 所有与众不同的人的背后，一定有那些不为人知的努力，要么是血，要么是汗，要么是大把无人问津的寂寞时光。

"田氏代齐"和"三家分晋"一样，是战国时期的一件大事。齐国的开创者是辅佐周文王、周武王的姜太公（又称吕尚），然而姜氏齐国传了32任君主，到了齐康公时，他竟成了最后一任君主。当然，齐国并未灭亡，只是君主不再是姜太公的后代，而是田和与他的后代。田和本人得到了周安王的认可，成为诸侯，他也被后世称为"齐太公"。那么，一个外国的臣子，是如何夺取齐国的君权的呢？

田和的祖宗名叫陈完，本是陈国贵族，因遭受陈宣公的猜忌，便带领一家人逃到齐国。齐桓公任命他为卿，陈完禀告说："我作为一个外国臣子，寄居在齐国，有幸不负劳役，就是对我的恩惠了，怎能担任高官呢？"桓公因而任命他担任工正，主管工程营建的官。因齐桓公曾赐田给他，他又称田完。从田完往下，田氏经过五代，到了田桓子，齐国也换了九个君主。到了齐庄公时期，田氏已经成了齐国响当当的贵族，齐庄公甚至将女儿孟姜嫁给了田桓子。也就是从田桓子开始，田氏贵族开始和齐国君主一系的贵族争夺权力，开启了夺权的漫长道路。田桓子为这个家族树立了领导典范。

齐国的大贵族主要有三家，除了君主吕氏外，还有长期担任上卿的国氏和高氏。这两氏同为姜太公的后裔，属于齐国王室的旁系，是齐国的支柱性家族。田氏要取代姜姓的吕氏，必须削弱这两个家族的势力。

齐景公临死前，让两大家族的当家人国夏、高张辅佐太子荼即位，是为晏孺子。田桓子的儿子田釐子一向与齐景公的另一个儿子阳生交好，想拥戴他做国君。这也是除掉国、高两家的一个机会。他表面上支持国、高二人为相，私下却在大夫中间散播不利于二人的消息。转头，他又对国、高二人说："最初大夫们都不支持晏孺子，但你俩支持他，如今大夫们人人自危，都想作乱。"通过这一番操作，他成功地恶化了国、高二人与其他贵族的关系。田釐子又煽动大夫们说："高张掌权肯定不会放过你们的，不如趁早动手。"在他的忽悠下，大夫鲍牧和其他贵族手持武器冲入宫廷，目的就是诛杀国、高二人，虽然晏孺子也被殃及，但他跑掉了。

　　齐国无主，田釐子将阳生从鲁国接回来，藏在自己家里。他欺骗大夫们到自家赴宴，然后让阳生出来。大夫们都行了拜见礼，就这样，阳生被立为新国君。大夫鲍牧发觉自己中了圈套，非常生气地对其他大臣说："你们忘了景公遗留下的命令吗？"这时候大夫们都想反悔，阳生发话说："你们觉得我可以当国君就支持我，如果不合适，那就作罢。"鲍牧感觉形势对自己不利，赶紧改口说："都是景公之子，当然可以。"就这样，阳生登上宝座，是为齐悼公。他让田釐子担任国相，田氏从此登上人臣的巅峰。

　　从田釐子开始，田家世袭相位，极大地削弱了齐国的君权和影响力。早在齐景公时期，老百姓向田家借贷粮食，是按照旧度量衡借的，还的时候，田家却允许按新度量衡还。旧度量衡是大斗，新度量衡是小斗，也就是说借的多，但是还的却少。老百姓都感恩田家的恩德，齐国的民心从吕氏转向田氏。名臣晏婴就预测，将来田氏会代替吕氏，成为齐国的国君。齐景公问该怎么办，晏婴认为应该用"礼"来约束。一方面，加强管理，不允许大夫们损公肥私；另一方面，只准在自己的采邑施恩，手不能伸到国君的地盘上来。齐景公自己就奢侈无度，他尚且不能约束自己，又怎能要求大夫们自律呢？

　　大夫鲍牧虽然勉强地认可了齐悼公，但二者的关系终究是磕磕绊绊的，因此，他干脆作乱杀了悼公。贵族们又让悼公的儿子即位，是为齐简公。

齐简公任命田釐子的儿子田成子和监止担任左、右相。监止一族的另一个贵族子我不满意田氏掌权，想诛杀田成子，还把这个消息告诉了田成子的远房族人田豹，并说杀了田成子后，准备让田豹填补田家留下的权力空缺。田豹一听，立刻将这个消息透露给了田成子。就这样，田成子发动反击，将子我和监止一起杀掉了。

在诛杀子我时，齐简公想有所为，但太史子余却说："田恒（即田成子）不敢作乱，他只是为国除害而已。"这样一来，简公就没有插手。不过，田成子得知这一情况后，为了以防万一，他干脆把齐简公也杀了，改立简公的弟弟为国君，是为齐平公。经过这一波操作，齐国有影响力的大夫和贵族被严重削弱，国君也被牢牢地掌控在田氏手中。

田成子害怕自己的行为引起诸侯们的不满，因而极力取信于诸侯。他归还了齐国夺取的鲁国、卫国的土地，还与晋国的韩、赵、魏三家大夫订立盟约。这样一来，他在诸侯中赢得了好名声。田成子还扩大了自己的封邑，使得田家地盘比国君拥有的还大。田成子有70多个儿子，后来全在齐国的城邑为长官（大夫）。

齐康公吕贷即位后，沉湎于酒色，使其道德影响力进一步下滑。这位国君在位的14年间，彻底纵容田氏掌控齐国。田氏的当家人田和将齐康公迁移到海滨，给了他一座小城当食邑。

齐康公十八年（前387），田和与魏文侯（周天子新册封的诸侯）会晤，请求他支持自己，代为向周天子申请，也认可自己的诸侯地位。魏文侯就是晋国的大夫上位成为诸侯的，他当然要支持田和。一年后，周安王对田氏进行认证，田氏从而代替了吕氏。田氏代齐，共经历10代，用了286年。

从一个流亡贵族到一国之君，他们犹如蚂蚁搬山一般，一代又一代朝同一目标前进，毅力之坚韧，手段之诡谲，在古代政治史上也十分罕见。

刘邦：自己不猛没关系，能驾驭猛人就够了

> 如果你太在意别人的看法，那么你的生活将变成一条裤衩。别人放什么屁，你都得接着。

汉高祖刘邦出身草根。论武力值，他打不过樊哙；论谋略，远不如张良；论指挥才能，离韩信很远。但他身上有一种他人没有的东西，那就是领导气质。正是这种气质，使得他能够驾驭各色猛人，从而建立大汉江山。

我们在前篇说过，九江王英布在刘邦的谒者随何的游说下，叛楚归汉。项羽得知消息后，立刻率兵进攻英布。英布当然不是西楚霸王的对手，被打得大败，从小道逃跑，投归汉军。

英布来了之后，被安排在馆舍里，每天食用十分粗陋的饭菜，等了几天也没有见到刘邦，这让他十分不爽。

不久，他总算被召见了。进了刘邦的大帐之后，他看见刘邦穿着平常衣冠，一左一右两个美女正在侍候他洗脚。这让英布大为羞惭，随即怒火中烧。按照礼节，刘邦和英布都是诸侯，应该穿衮服，也就是礼服会晤，用极为隆重的礼仪来接见他。在女子伺候洗脚的时候见英布，这跟见个仆人没有什么区别，是非常无礼的，难怪英布又羞又怒。

英布与刘邦会面结束，心中五味杂陈，后悔当初不该被随何忽悠，叛楚归汉，落得今日的下场。急怒之下，他差点儿拔剑自尽。这时候，刘邦安排的侍从带着他来到安排好的府邸。他抬头一看，大喜过望，进了院落后，简直是又惊又喜。原来，刘邦给他安排的住所高大轩敞，规模和等级都很高，侍奉的人鱼贯而出，

有好几百人，和汉王的规格一样。如此礼遇，英布很快就将刚才的羞惭抛到九霄云外了。

刘邦为何要用这样一种方式对待英布呢？这其实是一种心理战术。英布的九江王和刘邦的汉王，都是项羽封的，地位平等。如果刘邦按照诸侯相见的礼仪见英布，那么英布的归附就相当于合作，两个人是合作伙伴的关系。

刘邦在洗脚时安排见英布，故意折辱英布，给他一个下马威，是提醒他现在的落魄处境。尔后，再以极高的礼遇对待，怎能不让英布这个武夫感激涕零呢？果然，英布来到淮南召集自己的残部，得到精锐几千人。在后来刘邦与项羽的决战中，英布立下了大功。

刘邦在洗脚的时候会见人，在《史记》中还有一处记载。我们在前篇曾提及，纵横家的牛人郦食其拜见他时，他也是在两个美人的伺候下洗脚，结果惹得郦食其一顿狂怼。刘邦赶紧穿上正式的衣服，向郦食其赔礼，并向其请教。刘邦这种前倨后恭的态度，给人一种认识到错误能立刻改正、善于礼贤下士的姿态。这对于像高阳酒徒这样不按套路出牌的人，当然是印象深刻。刘邦就是用这种方式收服郦食其和英布的。

不过，对于不同的人，往往采用不同的手段。韩信在刘邦手下当了很久的小官，觉得没什么上升空间，就辞职不干了。刘邦最得力的助手萧何连声招呼都不打，立刻骑马去追，以至于刘邦误以为萧何也逃跑了。追回来后，萧何请求刘邦重用韩信，刘邦答应了，想用任命一般官员的礼仪公布一下就行了，但萧何认为不可，一定要举行大典，登坛拜将。

为何任命韩信，必须举行那样排场的典礼呢？这是因为韩信不是普通人，要收服这样的人，必须以国士视之。就像豫让说的，"众人遇我，我故众人报之；国士遇我，我故国士报之。"于是，刘邦先行斋戒，命令士兵修筑祭坛，选定吉日，然后拜将。至此，汉军拥有了锋利的战刀，韩信为刘邦打赢了一场又一场的战争，直到取得终极胜利。

　　刘邦麾下的猛人众多，除了跟随自己起家的老哥们，还有很多角逐天下的诸侯，但都成了他的属下，拥戴他登上天子之位。这与他超群的领导力是分不开的。

汉文帝：处变不惊才能游刃有余

> 决定你成为一个怎样的人的，不是你的能力，而是你的选择。

　　汉文帝刘恒即位的第三年，匈奴发兵入侵汉境。文帝命令丞相灌婴为帅，指挥汉军反击，自己也到太原去视察。济北王刘兴居得知文帝在太原的消息，趁机发动了叛乱。济北王是文帝刘恒上位的推手之一，此时为何造反了呢？面对外有强敌、内有叛贼的情况，文帝是如何处理的呢？

　　吕后死后，谣言说宫里的孩子，包括少帝都不是汉惠帝的儿子，皇位血统可能被吕氏替换，因此大臣决定除掉吕后家族的吕禄、吕产等人。刘邦的庶长子刘肥被封为齐王，其长子刘襄继承齐王王位，次子朱虚侯刘章、三子东牟侯刘兴居则居住在长安，刘章、刘兴居想拥立哥哥刘襄为皇帝，故而在长安充当内应，让刘襄在齐地起兵，为外援，这样就与朝中大臣的想法不谋而合。

　　吕禄、吕产等吕氏族人被杀后，周勃等大臣一商量，认为齐王刘襄的外家驷钧很凶暴，害怕又出来一个翻版吕后，因而立刘襄为帝的议题被否决了，迎立了母族较弱的代王刘恒，也就是汉文帝。

　　尽管兄长刘襄没有当上皇帝，但大臣们承诺事成后封二人为地盘极大的赵王和梁王，故而，汉文帝被迎立入宫前，刘兴居和汝阴侯夏侯婴一起入宫，将汉惠帝年幼的儿子赶出皇宫，说他不是刘氏血脉，后来这几个孩子很快就被诛杀了。

文帝即位后，得知刘章、刘兴居曾有拥立刘襄为帝的打算，就压下他们的功劳，把齐国的城阳郡（十余个县）分割给了刘章，封他为城阳王。又将同属齐国的济北郡（约十个县）分割出来，封给刘兴居，是为济北王的地盘。这样的小号王爷，地盘是从大哥的土地上划出来的，当然无法与有几个郡、几十座城的赵、梁相比。碍于文帝宝座已经坐稳，刘襄、刘章、刘兴居三兄弟只好咽下这口恶气。刘襄无缘皇帝宝座，在文帝元年就郁郁而终。英风绝伦的年轻王爷刘章同样没活多久，在被封王的第二年也去世了。老三刘兴居始终不甘心，他像一头躲在草丛里伺机而动的豹子，在等一个机会。很快，这个机会就出现了。

汉文帝三年五月，匈奴右贤王侵袭汉朝边郡上郡。文帝到离边境比较近的甘泉宫，命丞相灌婴率领车兵和骑兵共计八万余人，进取高奴（今陕西延安附近），同时从中尉所属的军队中选拔精锐，交给卫将军加强长安的防守。灌婴率领汉军与匈奴右贤王尚未决战，匈奴军就窜到塞外。文帝从甘泉宫出发，先到高奴，之后到太原，赏赐了他当代王时的旧部。

当时的代地，是防御匈奴的前沿。高祖刘邦将年龄比较大的儿子刘恒封为代王，目的也是将对抗匈奴的重任交给他。刘恒此时赏赐代地官员，免除当地税赋，一方面是对龙兴之地的重视，另一方面也是慰勉当地官民，加强抗击匈奴的信心。济北王刘兴居的情报显然不够灵通，他将刘恒到太原慰劳旧部当成御驾亲征的信号，以为皇帝要出塞和匈奴决战，就发动了叛乱。

汉文帝刘恒在代地得知刘兴居叛乱后，立刻命令灌婴率领大军返回长安，同时任命棘蒲侯柴武为大将军，率领十万大军平叛。昌侯卢卿、共侯卢罢师、宁侯魏遫、深泽侯赵将夜等将领归柴武节制。文帝还命令祁侯缯贺率军在荥阳防守。对楚汉之争稍有了解的人都知道，荥阳是军事要冲，楚汉两军在这里进行过一场血战，刘恒有着非常深远的战略目光，让缯贺守住荥阳。万一柴武战败，战局也不会一发不可收拾。

当年七月，汉文帝进一步瓦解刘兴居的部署。他下诏说："济北王悖逆，还让济北国的官员和百姓受到牵连，只要济北的官员和百姓在朝廷大军来临前，停止追随刘兴居的叛乱活动，出城投降或者献出城池的，都将被赦免无罪，而且可以保住原来的官位。开始就追随济北王的死党，只要肯投降，同样赦免。"文帝的这一招釜底抽薪，非常管用。

当年八月，柴武击溃叛军，济北王刘兴居自杀。济北国被废除，重新变成济北郡，收归朝廷管辖。回头再说匈奴，右贤王被汉军逐出塞后，匈奴大单于栾提冒顿自然知道发生了什么，几个月后（文帝四年），就给汉朝写了一封信。

信中说，上一年贵国的官员和右贤王发生冲突，右贤王未曾向我请命就出兵了，破坏了我们两国的和平盟约，我惩罚了他，让他进攻西面的月氏国。得到上天的庇佑，我们灭掉了大月氏，他们的部族或杀或降，楼兰、乌孙等26国也都归附于我，我让草原上的部族成为一家人。如今，我们想停止干戈，互赠礼物，实现真正的和平。

匈奴灭了大月氏，威服整个草原，大单于栾提冒顿为何要给汉文帝写这么一封信呢？很显然，这是一封充满威胁意味，但外交辞令华丽的信。信中说要停止干戈，实现真正的和平，但明里暗里都在彰显自己强大的武力。

那么，文帝是如何回应的呢？文帝的回应同样文质彬彬，他说自己很欣慰，两国终于可以实现古代圣王所倡导的太平了。匈奴和大汉是兄弟之国，我们赠给你们的礼物很丰厚，但背弃盟约的事情总是你们挑头。至于右贤王做的事，发生在我国大赦天下之前，现在就不必再责罚他了。如果单于想实现真正的和平、安定，就明发布告，让你的官员遵守盟约，不要随意越界。当然，我们也会守约的。文帝的信滴水不漏，绵里藏针，既没有过度责备匈奴人，也将匈奴毁约在先的事说得明明白白。栾提冒顿见了信，也明白文帝不可轻欺。不久，栾提冒顿就病故了。汉匈之间的历史，将迎来新的一页。

文帝不是好战之君，但在处理匈奴入侵和济北王叛乱时，举重若轻，游刃有余，杀伐果断之中有静气，无疑是古代政治家中极具领导才能的人。

赵佗：面对强者时的智慧

> 在情绪冲动的情况下做出的决策伤人伤己，总是让人追悔莫及。能忍住自己的脾气，是一种修养，更是一种能力。

赵佗，恒山郡真定（今河北正定）人，秦朝南海郡龙川县令。秦末群雄逐鹿中原，赵佗阻断了岭南与中原的通道，杀掉了秦朝在南海郡的官吏，任命亲信为官，建立了包含桂林郡、象郡在内的割据政权南越，自称南越武王。

一山不能容二虎，天下不能容二主。汉高祖十一年（前196）夏天，刘邦决定解决赵佗的问题。大夫陆贾表示不需一兵一卒，他就能让赵佗投降。刘邦当即任命陆贾为大使，让他带着诏书和礼物以及随从出发了。

陆贾到了番禺后，赵佗故意装束成当地人的打扮，表现得非常傲慢。陆贾对他说："你本是中原人，祖坟和族人都在中原，现在背叛父母之国，不念祖宗，放弃华夏衣冠，打算以南越弹丸之地和天子对抗，大祸恐怕即将来临。秦失其鹿，英雄共逐之，只有当今陛下先入关中，夺取咸阳。项羽背叛义帝，自称西楚霸王，诸侯们都臣服于他，可以说他非常强大了，但与汉王争天下，还是失败了。您与项羽比，谁更强大呢？你在南越称王，宰相和将军们都建议提大军来征讨，只有当今陛下不愿百姓再遭受战乱的痛苦，派我前来，授予你王的印信和符节，你应该面朝北恭敬地称臣，否则朝廷会挖掘你的祖坟，屠戮你的家族，命令一员上将军率领十万人来征讨。到那时，你的部下就会杀了你然后投降。"

陆贾的话，吓得赵佗冷汗直流。这倒并非陆贾恐吓他，与汉王朝正面对抗，其结局必然如此。只是在此之前，他从未如此清晰地面对这种危险。不过，作为一方豪雄，赵佗也有他过人的地方。他怕是怕，但表现得却十分得体。

他一改刚才的倨傲，非常恭敬地向陆贾道歉，说道："我与蛮夷相处得久了，染上了一些坏习惯，忘记了咱们中原的礼仪，还请先生原谅。"就这样，赵佗向汉朝称臣，接受了诏书和印绶，成了汉王朝的藩属国。当然，由于天高皇帝远，汉王朝既不能像管理别的诸侯国那样派遣国相，也不能直接任命官员，南越实际仍由赵佗统治。面对强者，赵佗选择了示弱。

汉高祖去世后，吕后登上政治舞台。在吕后当政的第七年，汉王朝与南越交恶。在经济上，对南越实行经济封锁，禁止出口铁器和其他生活用品；在军事上，命令隆虑侯周灶率领大军去征讨。由于汉军不适应当地的酷热气候，又染上瘟疫，所以战事迁延。赵佗的情报也很准确，得知周灶是跟随刘邦打过天下的名将，不是易与之辈，就写信给周灶，表示愿意求和。一年后，吕后驾崩，周灶班师，这场仗并没有真正打起来。后来，赵佗还对毗连的另一诸侯国长沙国耀武扬威了一番。

不论以何种手段保全自己，这时候赵佗开始抖了起来，他先是打压东边的闽越国，接着控制住西边的西瓯、雒越部落，一时风头无两。赵佗干脆自称"南越武帝"，过足了皇帝的瘾。

汉文帝刘恒上台后，再一次正视赵佗。这一次与上一次不同，上一次他只是没有纳入汉王朝统治序列的异姓王，好比没有接受朝廷招安之前的弼马温自称"齐天大圣"，是与天日争辉的僭越行为。而陆贾再次出场，充当了太白金星的角色。

文帝让陆贾带着自己的信，将其亲手交给赵佗。后世将这封信称为《汉文帝赐南越王赵佗书》。这封信不长，归纳起来有两层意思。第一，你的祖坟我修葺了，你的族人我照顾了；第二，你应该守规矩，称臣。文帝的信虽然写得平平淡淡，但是赵佗并不傻，这是一封暗藏杀机的信。他的反应和孙悟空极为相似，表示愿意重新归顺天朝，年年进贡，永远称臣，做大汉的藩属国，并亲手给文帝写了回信。这封信实在太精彩了，照录如下。

蛮夷大长老夫臣佗昧死再拜上书皇帝陛下：

老夫故粤吏也，高皇帝幸赐臣佗玺，以为南粤王，使为外臣，时内贡职。孝惠皇帝即位，义不忍绝，所以赐老夫者厚甚。高后自临用事，近细士，信谗臣，别异蛮夷，出令曰："毋予蛮夷外粤金铁田器；马、牛、羊即予，予牡，毋与牝。"老夫处辟，马、羊、羊齿已长，自以祭祀不修，有死罪，使内史藩、中尉高、御史平凡三辈上书谢过，皆不反。又风闻老夫父母坟墓已坏削，兄弟宗族已诛论。吏相与议曰："今内不得振于汉。外亡以自高异。"故更号为帝，自帝其国，非敢有害于天下也。高皇后闻之大怒，削去南粤之籍，使使不通。老夫窃疑长沙王谗臣，故敢发兵以伐其边。且南方卑湿，蛮夷中西有西瓯，其众半羸，南面称王；东有闽粤，其众数千人，亦称王；西北有长沙，其半蛮夷，亦称王。老夫故敢妄窃帝号，聊以自娱。老夫身定百邑之地，东西南北数千万里，带甲百万有余，然北面而臣事汉，何也？不敢背先人之故。老夫处粤四十九年，于今抱孙焉。然夙兴夜寐，寝不安席，食不甘味，目不视靡曼之色，耳不听钟鼓之音者，以不得事汉也。今陛下幸哀怜，复故号，通使汉如故，老夫死骨不腐，改号不敢为帝矣！谨北面因使者献白璧一双，翠鸟千，犀角十，紫贝五百，桂蠹一器，生翠四十双，孔雀二双。昧死再拜，以闻皇帝陛下。

这封信的内容基本上可分三部分，第一部分总结为"甩锅免罪"，第二部分为

"示强显德"，第三部分为"示弱求存"。三部分合起来，构成一封非常高明的自我辩护和保护文件。

先说第一部分，也就是将与汉王朝交恶这件事甩锅给吕后。他说自己是外臣，在汉高祖、汉惠帝时期都保持了不错的关系，但吕后被小人所蒙蔽，听信谗言，在经济上对南越进行封锁，不卖给我们生活生产用的金属物件和铁器，卖给我们的马、牛、羊只有公的，没有母的，导致南越没有办法繁殖牲畜，牲畜都老了。我认为是自己祭祀不够周到，上天降罪于我，所以派官员向汉朝谢罪，汉王朝都将他们扣留了。我还听说父母的坟茔被刨了，族人也被杀掉了。我后来出兵长沙国，是怀疑长沙王挑拨我与汉廷的关系，所以才攻击他。无疑，汉文帝背了这个锅，反正不是甩给自己的。赵佗也通过甩锅，把自己出兵骚扰汉境、进攻长沙国的罪名给撇清了。

在第二部分，精彩的内容来了。赵佗暗戳戳地说，我西面的蛮夷部落西瓯，半数以上的人赢弱不堪，他们的头儿称王；东面的闽越，才有几千人，他们的头儿也称王；西北面的长沙国，一半人是蛮夷，他们的头儿也称王。我之所以在这一群蛮王里面称帝，不过是自娱自乐罢了。我治理的土地有上百座城市，东西和南北的距离有千万里（这个夸张有些过分），我能指挥的甲士有上百万人，但还是向大汉称了臣。为什么呢？因为不敢背弃先祖。赵佗的意思是，那些只有几万人乃至几千人的家伙都称了王，我称帝只是图个乐而已。他还炫耀了一把自己的实力，并通过夸耀把自己推上了道德制高点。信中这一句非常重要，"然北面而臣事汉，何也？不敢背先人之故。"这里的先人是指谁呢？一是指赵佗的父母和先祖，意思是不敢忘怀故国，也就是不能背叛祖宗的文化；二是指文帝的先人，也就是汉高祖刘邦，两人定有盟约，赵佗向大汉称臣，大汉认可赵佗家族的统治。在军事上，赵佗告诉文帝，他有抵抗汉军的资本；在道义上，他希望文帝保护好祖宗坟墓，善待他的族人，更重要的是继续认可他的地位。

第三部分，赵佗说自己到南越已经 49 年了，现在是抱孙子的老人了，但是吃不好，睡不好，对音乐也没了兴趣。为什么呢？是因为没能侍奉大汉。他取掉帝号，恢复原来的称号，希望和朝廷能像高祖时互通使者，保持密切的联系。之后送上了礼物清单。当然，这些礼物以土特产为主，对汉朝皇帝来说，象征意义大于实际意义。

赵佗在这封信里表达的意思，汉文帝刘恒会接受吗？当然会接受。陆贾还因这次出使成功获得了文帝的嘉奖。

赵佗从秦始皇时期就在南越为官，他一直活到汉武帝建元四年（前 137），生命长达 100 多岁，是古代史中记载的著名的长寿人物。面对实力远在自己之上的强者，赵佗懂得示弱，但他的示弱不是一味地退让，而是以示弱的方式实现利益最大化。

光武帝刘秀：开创二元体制的权力模式

> 且视他人之疑目如盏盏鬼火，大胆去走你的夜路。

新朝的王莽政权被推翻后，更始帝刘玄登上皇位。由于对建立大功的刘演、刘秀的猜忌，更始帝为了削弱二刘的影响，杀了时任大司徒的刘演，但为了安抚刘秀又晋封其为破虏大将军、武信侯。此时的刘秀十分惶恐，担心屠刀会降临在他的头上。要摆脱危机，只有一个办法，那就是离开都城，发展自己的势力。当时"更始政权"并未获得地方上的认同，黄河以北的州郡还持观望态度，光禄勋刘赐建议让刘秀招抚河北，但遭到大司马朱鲔的反对，他认为这是放虎归山。刘秀迫切地想得到这个外放的机会。

主簿冯异建议刘秀厚加结交左丞相曹竟及其子曹诩。曹诩担任尚书，在更始帝刘玄面前很有影响力。果然，刘秀得到了这个外放机会，被任命为大司马，赴河北慰抚。刘秀渡过黄河后，率领自己的班底开拓地盘，但是他的处境十分困难。

西汉宗室后裔刘林（西汉赵缪王之子）、赵郡豪族李育，在邯郸拥戴一个名叫王昌（又称王朗）的人称帝。这个人自称汉成帝的儿子刘子舆，还得到了河北的另一家汉室王族广阳王之子刘接的认可，遂起兵响应。这样一来，在河北也出现了一个朝廷。为了和刘玄的汉朝区别，被称为"赵汉"。刘秀准备暂离河北，得到上谷、渔阳两郡的支持后，才站稳了脚跟。不过，要完全把河北变成自己的地盘，刘秀还需要一个盟友，那就是真定王刘扬。刘扬是汉景帝的七世孙，世袭王爵，拥兵十余万，他也支持邯郸的赵汉皇帝王昌。刘秀需要将他拉过来，为自己所用。为了搞定刘扬，刘秀亲自去了真定王府，向刘扬的外甥女郭圣通求婚。通过联姻，刘秀取得了刘扬的支持，在南栾之战中击败王昌，彻底得到了河北。

刘秀的创业团队，由一个庞大的功臣集团组成。由于他们主要来自南阳，故而称为"南阳勋贵"。称帝后的刘秀需要平衡皇权与功臣集团之间的关系。他采取的方法是扶植外戚，也就是给皇后家族加官进爵，让他们进入朝堂，避免功臣占据全部政府席位。皇后郭圣通的背后是真定王刘扬，虽然刘扬在建武二年（26）谋反被诛，但刘秀并未株连皇后背后的势力。

事实上，刘秀与郭圣通的婚姻是一场彻头彻尾的政治婚姻。他并不喜欢郭圣通，他的真爱是阴丽华，即他的原配妻子。还是太学生时，刘秀就发出了"娶妻当得阴丽华，为官当作执金吾"的赞叹。但他需要一个微弱的平衡，因而直到建武十七年（41），也就是光武帝称帝后的17年，他才决心废后。

在没有培植起新的足以平衡朝堂功臣集团力量之前，废后意味着自断羽翼，所以光武帝只是将郭皇后移出中宫，并未动摇郭家所代表的势力，反而是进一步加强了他们的势力。他封郭圣通的弟弟郭况为节侯，从兄郭竟为新郪侯，从弟郭匡为发干侯，就连郭家女婿陈茂也被封为南侯。阴丽华被册封为皇后，其子刘庄被立为太子，光武帝开始培植阴家的势力。

西汉亡于外戚王莽，为何光武帝不吸取这一教训，打压外戚势力，反而培植其力量呢？这是因为，光武帝刘秀面对着和汉高祖刘邦一样的处境。王朝建立后，皇帝发现自己面对一个更加严峻的问题——功臣集团。当年汉高祖建立西汉，就是以吕后的外戚集团来平衡功臣的，但是吕后一死，大臣们联合起来打着扶立汉室的旗号诛杀了吕家的势力，就连嫡长子汉惠帝刘盈那些年幼的孩子也被全部杀掉，迎立外藩的代王刘恒即位，是为汉文帝。这是典型的杀嫡立庶。虽然它被史学家们写成了正面典型，但身为皇帝的刘秀未必这么看。

功臣集团的威胁性，还可从下面的事例中看出。建武十五年（39），进行土地清查时，地方官员进京述职，刘秀看到陈留的官员上呈的木牍上写着"颍川、弘农可问，河南、南阳不可问"，他不明其意，向官员询问，官员也说不清楚。这时刘秀12岁的儿子刘庄说："河南是帝城，南阳是帝乡，这里是跟随父皇您的功臣们的故土，大量田地被抢占，官吏怎么敢过问呢？"刘秀找来当地官员询问，果然如此。功臣们仗着跟随皇帝打天下，爵位高，在家乡强占大片土地，自然不乏为非作歹者，地方官连税都不敢征收。刘秀不愿像汉高祖刘邦那样血腥地处理功臣，这样处理的代价很大，他虽是皇帝，也未必有胜算。最好的方式当然是政治手段，何况他是这方面的高手。

皇后阴丽华的弟弟阴兴担任黄门侍郎，兼任守期门仆射，管理皇宫卫队，后来又被赐爵为关内侯。建武二十年（44）刘秀病重时，甚至想任命他为三公之一的大司马，但阴兴认为自己德不配位，刘秀才作罢。阴丽华的异母弟阴识被封为阴乡侯，还担任能与皇帝接近的侍中，负责京城安全的执金吾。皇后最小的弟弟阴就被封为信阳侯，阴就的儿子阴丰娶了光武帝的女儿郦邑公主刘绶。光武一朝，外戚阴家一门五侯，阴家推荐的人，光武帝都任命他们为州郡的主官，多达十余人。阴氏成了东汉仅次于皇帝的显赫家族。

　　光武帝明面上是权力的最高掌管者，但为了平衡与功臣的关系，他实际上建立了一个与皇后家族共同掌权的二元体制。这一点深深地影响了东汉政权。汉明帝刘庄即位后，进一步限制了功臣集团，但因避免外戚集团坐大，所以对母族阴氏和前太后郭圣通家族一视同仁，继续重用功臣的代表邓禹家族，在宗室、外戚、功臣、官僚之间寻求平衡。他将皇后马氏的兄弟也都封了侯。马廖为顺阳侯，官至九卿之一的卫尉；马防为颍阳侯，官至光禄勋；马光为许侯，后来也担任了保护皇帝安全的卫尉。

　　整个东汉一朝，阴、马两皇后的家族权力很大，但因为皇后极力限制家族势力扩张，皇帝的平衡也做得很好，所以问题并未凸显。汉恒帝的皇后窦妙，汉和帝的皇后邓绥，汉安帝的皇后阎姬，汉顺帝的皇后梁妠，并无限制自己家族的觉悟，在皇帝去世后，她们直接控制了朝政大权，并让自己的家族渗透到皇位传递中，导致外戚与宦官争权，政治越来越糜烂，最终汉王朝覆灭。

　　刘秀创立的二元体制，寻求外戚与功臣的平衡，避免了血腥争夺，在明帝、章帝、和帝时期都起了很关键的作用。对于东汉王朝而言，它的确是有效的，但在皇权体系下，也有其弊端。与其他王朝相比，作为创业者，刘秀应该算是最擅长处理与功臣关系的领导者了。

　　优秀的领导者，具备了以下六种能力。一是拥有前瞻性的目光，拥有制定组织发展战略的能力；二是有感召力，能够做到公平和公正，对团队成员有精神上的吸引力；三是有影响力，在事业发展中，威望足以服众；四是有决断力，面对智囊团队提出的各项建议，能够采纳正确的建议；五是有控制力，在目标实现过程中，能够驾驭团队朝着目标前进，并获得成功；六是有不怕输的坚韧力，无论遇到怎样的困难，都百折不回、迎难而上，成为勇敢的带头人。很显然，刘秀是具备以上六种能力的领导者。

曹操：风险控制与纠错能力

> 风浪在所难免，我们能做的，就是不要在同一条河里、被相同的风浪掀翻两次。

东汉建安元年（196），曹操将汉献帝迎到许昌，从而开始他"挟天子以令诸侯"，扫荡群雄的征程。作为创业家，在人情方面他非常注意以下两点。一是人脉关系中的风险控制；二是犯错以后有没有纠错能力，纠错周期是多长。

定都许昌，是曹操事业的重大转折点。他打着天子的旗号，师出有名，行兼并和诛灭之实。从创业者角度来说，这就是市场拓展。

抛开后来人的上帝视角，把曹操放在当时的历史版图上看，他只是创业者之一，是否能够成功，还是未知数。当时袁术在淮南根基稳固，兵多将广，准备称帝；孙策脱离了袁术集团，在江东攻城略地，有了自己的基本盘；吕布占据徐州，窥伺曹操；袁绍在河北与公孙瓒酣战，高歌猛进，拓展市场；董卓部将张济的侄儿张绣占据了宛城，并与荆州刘表结盟，像一柄利剑直刺曹操的肋骨。

面对众多的割据势力，就轻重缓急而言，曹操决定先拿下宛城，折断顶在自己下肋的那把利剑。解决宛城问题有两种方式，一是招降，二是战争。招降是最好的方式，不用损失人马，而且能减少钱粮损耗，但招降是需要资本的，招降后的内部整合也是一个大问题。

建安二年（197），曹操率领大军进驻淯水（今称白河）。张绣见曹操兵容甚盛，器械精良，自度不是对手，率众投降曹操。曹操进驻宛城后，举行酒宴款待张绣的文武官员，这实际上是彼此表达诚意的好机会。

通过酒宴，双方确认了自己的位置。曹操虽是赢家，但创业不可能是一个人打天下。张绣作为地方豪杰，不但有卓绝的军事水准（人才管理能力和市场运营能力），还有人马。曹操收降张绣，一方面要让张绣为我所用，另一方面要把张绣的人马整合进自己的团队。反过来，张绣投降曹操，也是有条件的。一是自己能否得到曹老板的信任，二是自己能够获得多大的利益。以上这些，都不可能拿到明面儿上说，要在人情世故上体现。

整个酒会上，曹操行酒时，猛将典韦始终手持一柄斧刃超过一尺的大斧不离曹操左右，搞得张绣的文武官员无人敢仰视，都是低着头向曹操敬酒。在气势上，曹操就压住了张绣的将领们。

从风险控制的角度来说，曹操给了张绣的属下一个心理暗示，那就是不要有异心，不然没有好果子吃。再说，未投降之前，宛城城高池深，张绣的兵力也足以一搏，有主场优势。一旦投降，已经丧失这种优势，剩下的只是在新老大那里获取好的位置而已。这就要看每个人的姿态了。

所以，曹操向张绣的文武官员敬酒，实际上是摸底，而张绣的文武官员向曹操敬酒，则是输诚。如果双方都朝着这个方向努力，张绣集团能够很好地被曹操整合。不过，只要是人，就有弱点，只要有弱点，在人情上就绝不可能滴水不漏。

张绣集团原来的领导者是张济，张济死后，遗孀邹夫人被张绣视为母，得到了极好的照顾。坊间有一个段子，说曹魏父子（曹操、曹丕）爱人妻，江东君臣（孙策、周瑜）爱萝莉。曹操爱人妻，娶张济遗孀邹氏为妾就是实锤之一。张绣跟了曹操，固然是政治上的投靠，从个人关系上说，是上下级关系，但不是主子和奴隶的关系。上下级关系中间有一条基本线，就是上对下仁、下对上忠。主奴之间没有这条线，主子对奴隶是生杀予夺，予取予求。

曹操在还没有彻底将张绣的基本盘整合进自己的团队时，这么做实际上是打破了张绣的底线。接下来发生的事，更是让张绣嗅到了阴谋的味道。张绣手下有一名将领叫胡车儿，以剽悍善战著称，曹操私下给胡车儿送金银，这是典型的收买行为。按照朝廷法度（曹操代天子出征，代表的就是朝廷法度），曹操对投诚者封赏，是要公开的、自上而下的，或封官，或赐爵。私下给级别较低的官员封赏，意味着对投诚者的领导不信任，是为了架空做准备。

张绣将自己的疑虑告诉了谋士贾诩，贾诩建议他袭击曹操。贾诩认为，曹操兵不血刃，没有付出任何代价就招降了张绣，低估了张绣的实力，故而对张绣缺乏重视，甚至是轻视他。在这个前提下，张绣集团的文官武将也不会获得重视，得不到该有的尊重。张绣反水，既有个人因素，也有群众基础。张绣奇袭曹操，将他杀得措手不及，衣甲都没有穿好，就上马逃窜。猛将典韦、曹操长子曹昂、侄儿曹安民都被杀，曹操大败而去。

此次征张绣，开场极佳，结局惨败。建安三年（198）三月，曹操第二次征张绣，率军包围了张绣的驻地穰城。不过很快就传来袁绍企图趁虚而入夺取许昌的消息，曹操不得不撤军。张绣的斥候立刻传来情报，张绣下令追击曹军，同时将情报与刘表共享，让刘表出兵夺取安众，断了曹操的退路，前后夹击，试图灭曹。

曹操早已料到这一点，分兵出击，击败了张、刘的联军，随即快速撤退。这次，张绣亲自率精锐追击曹操，谋士贾诩苦苦劝谏张绣不要追击，但张绣不听，结果被曹操击败。张绣收拾被击溃的士兵，退回军营后，贾诩建议张绣立刻再追击。张绣当即领兵再追击，结果击破了曹操殿后的军队，获得了很多战利品。

事后，张绣问贾诩："为何我不听你的建议追击会失败？我已经失败了，你又劝我追击，却能获胜呢？"

贾诩说:"表面看,这是军事上的胜利,其实不过是人心罢了。曹操击败您和刘表的联军,快速北撤,为了安军心,必定会亲自殿后。将军您虽然善战,但并非曹操的对手,所以追击必定失败。曹公虽然赢了,但却不尽全力回击,肯定是后院起火。他以为我们败了就不会再组织二次追击,因此留下他人殿后。此时,获胜之军必定骄傲,殿后也就松懈了。因此,将军再去追击,就能获胜。"

张绣对贾诩的判断大为钦佩,自此对他言听计从。

曹操回军对付袁绍,本着"敌人的敌人就是我们的朋友"的原则,两大集团都动手拉拢对方的敌对者。建安四年(199),袁绍派人招降张绣。客观地说,袁绍的这次招降是做了充分工作的,他知道贾诩对张绣的影响力,因而极力结好贾诩。不过,当张绣准备投诚袁绍时,贾诩却当着张绣的面拒绝了袁绍的使者,劝张绣投降曹操。他给张绣分析了投袁的劣势,袁绍虽然兵多将广,谋士众多,但是气量狭小,不能容人。张绣投降袁绍,不过是锦上添花。投降曹操则有三点好处,其一,曹操奉天子号令讨贼,师出有名;其二,曹操处于弱势,正是用人之际,您去了是雪中送炭;其三,曹操胸襟广阔,能够不计前嫌。

张绣接受了贾诩的建议,归顺了曹操。前面说过,人是有弱点的,并不是不犯错,而是犯了错有没有纠错能力,纠错的周期有多长。曹操在征宛城时轻视张绣,并突破了张绣的底线,因而招致失败。几次与张绣作战,也没有占到便宜,这让他意识到张绣的价值。因而当张绣第二次投降时,他拉着张绣的手,示以亲和,而不是威慑。为了取信于张绣,他还让儿子曹均娶了张绣的女儿,两家联姻,并启奏朝廷,封张绣为扬武将军。毫无疑问,这是一次非常成功的纠错。张绣此前伤害过曹操,因而在官渡之战中与袁军作战十分卖力,立下了大功。曹操也奉着有功必赏的原则,奏请朝廷封张绣为"破羌将军"。

可以说,二次招降张绣,是曹操自我纠错的一个典型事例。此事成,则有心投降曹操的割据势力心理压力小;此事败,曹操统一北方的阻力会变大,甚至影响事业发展。如何将张绣集团彻底整合进自己的团队，表面上看是考验曹操的用人智慧，本质上是对人之常情的把握。这一点其实不难，那就是曹操如何对待张绣。建安十年（205），张绣追随曹操大破袁谭后，曹操将张绣的食邑增加到2000户，在诸将中位居第一。至此，张绣手下的精锐尽归曹操，像贾诩这样的战略人才也归入曹操麾下，成为曹操五大谋士之一。张绣追随曹操作战，直到建安十二年（207）在征乌桓的路上病逝，也算是鞠躬尽瘁。

在曹操对张绣的"相爱相杀"背后，贾诩这个人物很容易被忽略，实际上他不但是"张绣投曹"背后的推手，还是"奠基三国"的操盘手。依着对人性的通透了解，进入曹操阵营后，他收敛锋芒，一步一步扶持曹丕，从世子成为魏帝。贾诩本人，最后官至太尉，晋爵寿乡侯，是曹操五大谋士中地位最高的。

刘备：苦心孤诣，做大自己的品牌

> 你要搞清楚自己人生的目的——不是父母生命的延续，不是子女的"前传"，更不是其他人的点缀。对待自己的生命，不妨大胆一点儿，既然你终将会失去它，不如勇敢做自己。

刘备自称大汉皇叔，是中山靖王刘胜的后裔。我们来看看他这个皇叔的含金量有多高，刘胜是西汉第六个皇帝汉景帝刘启的儿子，汉献帝是东汉皇帝，两汉之间还夹着王莽的新朝，刘备的皇族先人与汉献帝之间隔了300多年。刘备与汉献帝的血缘之远，说是八竿子打不着也不为过。从另一角度来说，刘胜有100多个子孙，刘备究竟是哪个小妾的后裔，估计他自己也说不清楚。但他深谙"名不正，言不顺"的道理，只要有了名头，剩下的就是奋斗。

势力与名头相符，血统再稀薄，人们都会认这个皇室宗亲；德不配位，就算是皇帝的父亲，也会遭人轻视。为了获得与"正统之名"相符的势力，刘备苦心孤诣，在做大自己的品牌方面，可以说丝毫不输他那位老祖宗刘邦。

刘备早期的生涯很像低配版的刘邦，军事人才有关羽、张飞、赵云，幕僚集团有麋竺、简雍、孙乾。关、张、赵可为一军之将，但乏统帅之才；麋竺善于经商，解决了刘备的财务困境；简雍有辩才，孙乾擅长外交。

凭借这个班底，刘备小有成绩。但三国时代，群雄并起，各有精英班子，这与汉初陈涉起家、草莽英雄遍地的情况又有所不同。要打好"皇叔"这张牌，像袁术那样贸然称帝，是非常危险的。

事实上，魏、蜀、吴三国的创业者，在称帝这件事上都非常克制，并且十分谨慎。曹操有称帝的资本，但终其一生，也没有走出这一步。孙权积家族三世之功，得父亲孙坚、兄长孙策之绪，江表虎臣之辅佐，江东诸多家族的支持，一直到建安二十四年，也就是吕蒙偷袭荆州，关羽身死，孙刘联盟破裂，仍然领受汉献帝册封的"南昌侯"，以汉臣身份管理地盘。甚至在 220 年曹丕称帝、221 年刘备称帝之后，孙权依旧接受了曹丕册封的"吴王"爵位。直到 8 年后的 229 年，孙权才最终称帝，撑起皇帝这个招牌。由此可见，在汉末要打出自己的帝王品牌，风险有多高。

刘备在汉王朝获得的最高身份是"左将军"，这也是他给麾下的文武官员册封时不得不发明一堆杂号将军的原因。曹操虽然擅权，但名义上大汉王朝仍在，他所册封的官员名义上都是汉朝的官员。要与这样的人竞争，有多难自然不必多说了。所以，在没有获得诸葛亮这种战略性人才之前，刘备依附过老同学公孙瓒，也就是赵云的前上司。后来又依附陶谦、曹操，还抱过袁绍的粗腿，受庇于刘表，甚至和吕布结盟。不过，这未必是坏事，这些年他的地盘虽然屡得屡失，但是他积攒了名望；虽然打了不少败仗，但却锻炼了他的业务能力。

其实，当时有资格称"大汉皇叔"的，绝不止刘备一人。益州牧刘璋、荆州牧刘表、兖州刺史刘岱、扬州刺史刘繇、幽州刺史刘虞都称大汉皇叔。刘璋、刘表、刘岱、刘繇是西汉皇室宗亲，只有刘虞是汉光武帝刘秀之子东海恭王刘彊的五世孙，血缘上与汉献帝最近。当然，这个近也是相对而言的。那么，为何这些人都败亡了呢？

首先，刘备勇于一直扛起"皇叔"这杆旗子，屡仆屡起，不甘为他人门下，吸取失败经验，积累了军事素养和地方施政能力。其次，扩大基本盘，也就是借壳上市，早期依附公孙瓒，后来借荆州，其实是一个思路。从某种程度上说，夺取益州，也是这个思路的升级版。最后，尽可能地吸纳人才，这可以说是刘备最欠缺的。当然，自从得到诸葛亮，他在这一方面得到了巨大加持。在远期规划上，有了明确的方向和目标，依旧不遗余力地吸纳人才。武将除了关、张、赵之外，黄忠、马超、魏延也加盟了。在综合性人才方面，有法正、李严、黄权等人。可以说，刘备的人才资源达到了巅峰时期。

建安二十四年（219），刘备夺取汉中，在群僚拥戴下，称"汉中王"。这个名号，正是汉高祖刘邦获得的封号。

曹操死后，曹丕继承其父魏王的爵位，并在延康元年（220）逼迫汉献帝禅位，自己登上皇位。

次年，刘备才登基称帝，以继承大汉统绪。从中平元年（184）24岁的刘备镇压黄巾起义开始，到称帝，他奋斗了整整38年。然而，仅仅登上皇位3年，他就因兵败夷陵，在白帝城驾崩。创业道路之艰辛，可见一斑。

孙权：领导者具有的通达与权变

> 人生最大的荒唐，就是在烂人、烂事上纠缠，它能耗光你所有的正能量。
> 遇到烂人，及时抽身，遇到烂事，及时止损。

建安五年（200），江东六郡的统领者、讨逆将军、吴侯孙策被许贡门客刺伤，伤重不治而亡。19 岁的孙权，被东汉朝廷拜为讨虏将军，兼领会稽太守，成为东吴割据政权的实际领导者。孙策生前对弟弟孙权说："举江东之众，决机于两陈（阵）之间，与天下争衡，卿不如我；举贤任能，各尽其心，以保江东，我不如卿。"

事实是否真的如此呢？

我们看看孙策给孙权留下了什么。当时孙氏在江东，统治集团大体分为三大派系。一是与孙氏有血缘关系的宗亲，如担任庐陵太守、平南将军的孙辅，他是孙权伯父孙羌的儿子；担任定武中郎将的孙贲，他是孙权叔父孙静的儿子；担任丹杨太守的孙翊，他是孙权的胞弟；担任庐江太守的孙河，是孙权的族兄。偏将军徐琨，虽不姓孙，但他是孙权的表哥。此外，还有相当多的孙家宗族子弟担任军政两个系统的要职。二是孙权父亲孙坚的部将，如程普、黄盖、韩当、朱治等。孙权兄长孙策的部将，如周瑜、太史慈、蒋钦、周泰、陈武、董袭等。他们可统称为孙氏旧将。三是江东士族，尤其是以顾、陆、朱、张为首的四大家族，他们在江东数代为官，即便不在朝堂上，也是当地知识界的领袖人物，是真正的本土豪强。

孙权要真正掌控江东，首先要镇得住这三大派系的人物，团结他们，为自己所用，毕竟一个人是不可能打天下的。除了内部环境外，与江东共用长江天险的荆州刘表，是孙家的死敌。孙权的父亲孙坚，就死于刘表的部将黄祖之手。黄祖与孙坚多次交战，始终窥伺江东，是江东的大敌。

先说孙氏宗亲。这些人虽与孙权出于一脉，但未必忠诚于他，盖因都是孙氏子孙，所以自我感觉良好，觉得自己也有继承权，从而成为孙权的竞争对手。比如镇守乌程的孙暠，得到孙策的死讯后，立即发兵准备夺权，只因名臣虞翻的警告和威慑，才不得不打消主意。至于孙辅，更加令孙权头疼。他虽是孙权的堂兄，在江东也受重用，但却与曹操眉来眼去，经常给曹操写信传递消息，几乎算是曹操的卧底。既为孙氏宗室忠臣，为何吃里扒外呢？原来，孙权伯父孙羌生有二子，长子名叫孙贲，次子是孙辅。由于父母早逝，长兄孙贲抚养孙辅长大，故而他视长兄如父。孙贲的女儿嫁给曹操之子曹昂，孙贲与曹操就成了姻亲，这样一来，孙辅与曹操也成了裙带关系。孙辅怀疑孙权的能力不足以守住江东，因而为自己做打算，向曹操通风。

孙权首先从宗室动手，他召来孙辅，问道："兄弟间有事，可以说个明白，为何想依托外人呢？"孙辅当然不肯承认通敌的罪名，孙权就让张昭拿出截获的书信递给他。孙辅只好认罪。孙权诛杀了孙辅的全部心腹，削减了他的部曲，将他罢职幽禁。过了几年，孙辅就在郁闷中去世了。孙权虽然罢黜了孙辅，但却不杀他，反而重用了孙辅的四个儿子。孙辅临死前醒悟，一再告诫子孙，要孙氏和睦。对于宗亲，孙权既打又拉，以壮大同宗势力。

东吴旧将是孙权父兄的起家班底，孙权一方面树立自己的权威，另一方面恩威并用，能力强的重用如故，致仕退休的厚加赏赐。对于不听话的，则严厉打击，毫不手软。如庐江太守李术，本是孙策旧将，得知旧主死讯后，便对孙权三心二意起来，还悄悄收降纳叛。为了弄明白李术的真实意图，孙权亲自致信，要李术扣留那些逃亡者，并交给自己处置。不料李术竟然回信说："有德见归，无德见叛，不应复还。"很显然，李术企图据守庐江，另做打算。孙权当即出兵，进击庐江。

李术一方面闭城坚守，另一方面向曹操写信求救。对此，孙权早有对策。他也给曹操写了一封信，信中说：

"严刺史昔为公所用，又是州举将，而李术凶恶，轻犯汉制，残害州司，肆其无道，宜速诛灭，以惩丑类。今欲讨之，进为国朝扫除鲸鲵，退为举将报塞怨仇，此天下达义，夙夜所甘心。术必惧诛，复诡说求救。明公所居，阿衡之任，海内所瞻，原敕执事，勿复听受。"

原来，李术攻击扬州，杀了刺史严象，这件事可能是孙策指使的，但是从名义上说，李术也好，严象也好，都是汉臣，李术道义上的确有亏。种种迹象表明，李术野心勃勃，已经成了小军阀。当曹操收到这封信后，他并未对李术施以援手，就这样，李术败亡。李术的死，使得江表旧臣意识到孙权手段之高明。再说这些人大多是外乡人，要想身居高位，与江东本土豪族竞争，只能效忠于孙氏。反过来，孙权又可用这些人制衡江东本土豪族。正是孙权的通达权变，江东出现了"江表十二虎臣"拱卫孙氏的局面。

在对待江东本土豪族的问题上，孙权是花了一番心思的。孙策活着的时候，用武力威服这些掌握舆论和资源的豪门，维持了表面的平静。事实上，这些人始终未能与孙氏一心，这主要是因为孙策没能把他们纳入自己的团队。

孙策的死，背后就有江东豪族的影子。当年孙策荡平江东六郡，实际上是对当地上层力量的一次洗牌，必然会遭到豪族们的抵抗。以孙策讨庐江郡为例，当时的庐江太守是吴郡人陆康，他是江左四大家族中最具代表性的人物。孙策围攻两年，后来陆康病死，城池才陷落，陆氏族人，一大半罹难。此后，陆氏遗族虽然被孙策委任官职，但职非清贵。

孙权掌权后，立刻任命陆康的儿子陆绩为奏曹掾，主管文武官员的议事。陆绩的长子陆宏后来担任都尉，另一儿子陆睿则担任长水校尉。后来，陆氏家族的英杰成为东吴的柱国之臣，先后有三人成为将相。陆康的族孙陆逊，在夷陵之战中击败了刘备，挽救吴国于危亡，成为吴国的大都督，后来出任丞相。陆逊的儿子陆抗，最后官至大司马，击退西晋大将羊祜进攻，诛灭叛将步阐，最后官至大司马、荆州牧。陆逊的侄儿陆凯，在吴主孙休时出任丞相，是最后的顶天白玉柱。其他陆氏儿郎，也都在孙权团队中任职，可谓人才济济。

孙权表现出的虚怀以待的态度，使得原本对孙氏持观望或敌对态度的豪族，纷纷投效门下，从而扩大了其统治基础。无论是巅峰时期的刘备，还是国势鼎盛时的曹魏，都未能撼动孙权在江东的统治，其根本原因就在于东吴政权内部是稳固的。

与孙权形成鲜明对比的是刘璋。刘璋的父亲益州牧刘焉，是汉室宗亲，政治地位比孙坚、孙策高得多，而且是由汉王朝亲自任命的，具有政治合法性。

刘焉死时，刘璋面对的内部环境和外部环境，和孙权非常相似。内部有刘氏子弟、益州本土豪族、东州派。刘焉留给刘璋的家底，丝毫不输于孙权，益州八郡，汉中、巴郡、广汉、蜀郡、犍为、越巂、牂柯，可以说沃野千里、物阜民康。刘璋初掌权时的作为，的确可圈可点。当时，刘焉在成都的儿子除了刘璋外，还有三子刘瑁。

刘焉活着时，南阳、三辅一带有几万百姓流亡益州，都被刘焉收为部众，称为东州派，法正、吴懿、费观就是这些人的代表。大量东州兵进入蜀地，必然与蜀地本土豪强争夺资源，产生矛盾，故而刘焉将东州派培养成嫡系，血腥镇压那些敢于反对自己的人。刘焉以武力震慑益州豪强，与孙策打压江东豪强，几乎如出一辙。

不过，东州派更看好刘瑁。既然东州派属意刘瑁，益州本土豪强就扶持刘璋，以赵韪为首的文武官员将刘璋拥立为主后，驻守在汉中的刘焉旧将张鲁首先表示不服。刘璋立刻杀掉留在成都的张鲁母亲（其父刘焉的情妇）和弟弟，除掉内线。之后，调任庞羲率领东州兵去巴西，与汉中的张鲁厮杀，消耗他们的力量。另外，刘焉旧将沈弥、娄发、甘宁也发动叛乱，刘璋便派赵韪镇压，沈弥等叛乱者败逃到荆州。之后，又令赵韪监视荆州方向的窥伺。等到赵韪回过神来，他发现刘璋已将他踢出统治核心，故而他与荆州方面和好，掉过头来进攻成都。这时候，刘璋已经调整了自己和东州兵的关系，长子刘循甚至娶了庞羲的女儿为妻。所以，当赵韪的叛军进攻时，东州兵拼死抵抗，杀得赵韪大败。赵韪逃走后，被自己的部下杀死。

就这样，刘璋稳住了局势。可以说，早期的刘璋身上有那么一点"英主"的影子。然而，祸患并未彻底消除。首先是汉中的张鲁，由于刘璋杀掉其母，因而结成死仇，他彻底成了独立小军阀。在益州内部，刘璋未能调和东州派与本土豪强之间的关系。当然，这与刘璋本人的素养有关。东州兵多豪杰，渴望建功立业，而外来户刘璋只安于做"土皇帝"，享受奢侈的生活，未能给东州派更大的施展抱负的机会。忠直之士如王累、黄权，都劝谏他不要招纳刘备，奈何刘璋不听意见。这样一群人，志向一旦不得伸展，就会选择新的主人。

我们来看看刘璋拥有的人才团队：文官方面，有法正、李严、邓芝、张裕、王累；武将方面，有张任、黄权、吴懿、孟达、吴兰、泠苞、吴班。张任有勇有谋，射杀了刘备的军师庞统；法正则是知名谋臣；李严和黄权都是文武兼备的综合性人才。如此强大的人才队伍，白白被刘璋拱手让给了刘备。

刘备与刘璋一样，同样以客籍入蜀。我们来看看他是如何任用这些人的。李严后来累官至尚书令并成为托孤大臣，黄权累官至镇北将军后来归于曹魏开府仪同三司，法正累官至尚书令、护军将军，邓芝累官至车骑将军，刘备娶了吴懿的妹妹、当时寡居的吴氏，她原本是刘璋哥哥刘瑁的妻子。这里有个故事，当年有人给吴懿之妹算命，说她有大贵之相，能够位至皇后，因而刘焉让其成为儿子刘瑁之妇。不料刘瑁早逝。

刘备娶吴氏，这个故事未必是决定因素，但有一点可以肯定，吴懿是东州派的元老，娶了吴氏（称帝后立为皇后），刘备就稳住了整个东州派。除了张任和泠苞这两个刘璋的铁粉被刘备所杀，刘璋其余的旧臣几乎都被刘备纳入麾下，要么在朝堂为官，要么担任各郡的主管领导，可以说各尽其用。

有趣的是，面对强大的敌手，孙权和刘璋都曾联合刘备，而且借地盘给刘备。只是孙权在联合刘备这个枭雄时，一方面合作，另一方面做好了防备。刘璋则毫无防备，对刘备在后勤和军备方面有求必应，导致刘备反客为主。在对待刘备的策略方面，孙权也始终比刘璋高一手，既借刘备挡住了曹操对荆州方面的压力，又在时机成熟后立刻夺回荆州，彻底驱逐刘备的势力。其通达权变，实在堪称高手。